Filosofia da Nova Música

Coleção Estudos
Dirigida por J. Guinsburg

Equipe de realização – Tradução: Magda França; Revisão: Alice Kyoko Miyashiro;
Produção: Ricardo W. Neves e Raquel Fernandes Abranches.

Theodor W. Adorno

**FILOSOFIA
DA NOVA MÚSICA**

 PERSPECTIVA

Título do original alemão

Philosophie der neuen Musik

Copyright © 1958 by Europaische Verlagsanstalt GmbH, Frankfurt am Main

Dados Internacionais de Catalogação na Publicação (CIP)
(Câmara Brasileira do Livro, SP, Brasil)

Adorno, Theodor W., 1903-1969.
Filosofia da nova música / Theodor W. Adorno ;
[tradução Magda França]. -- São Paulo : Perspectiva, 2011.
-- (Estudos ; 26 / dirigida por J. Guinsburg)

Título original: Philosophie der neuen Musik
4ª reimpr. da 3. ed. de 2002.
Bibliografia
ISBN 978-85-273-0297-5

1. Música - Filosofia e estética 2. Música - História e
crítica 3. Schoenberg, Arnold, 1874-1951 4. Stravinski, Igor
Fiodorovitch, 1882-1971 I. Guinsburg, J. II. Título. III. Série.

07-0679   CDD-780.1

Índices para catálogo sistemático:
1. Música : Estética e filosofia 780.1
2. Música : Filosofia e estética 780.1

3ª edição – 4ª reimpressão

Direitos reservados em língua portuguesa à
EDITORA PERSPECTIVA S.A.

Av. Brigadeiro Luís Antônio, 3025
01401-000 – São Paulo – SP – Brasil
Telefax: (0--11) 3885-8388
www.editoraperspectiva.com.br

2011

Sumário

Prefácio 9

Introdução 13

Schoenberg e o Progresso 33

Stravinski e a Restauração 109

Prefácio

Este livro compreende dois estudos, escritos com um intervalo de sete anos e uma introdução. A estrutura e o caráter do conjunto podem justificar algumas palavras de esclarecimento.

Em 1938 o autor publicou, na *Zeitschrift für Sozialforschung,* um ensaio intitulado "Über den Fetischcharakter in der Musik und die Regression des Hoerens". Este ensaio pretendia expor a mudança da função da música atual, mostrar as transformações internas que os fenômenos musicais sofrem ao serem subordinados, por exemplo, à produção comercializada em massa e também determinar de que maneira certos deslocamentos ou modificações antropológicas da sociedade massificada penetram até na estrutura do ouvido musical. Já então o autor pretendia dar um tratamento dialético à situação da composição musical, a única que na verdade decide sobre a situação da própria música. Saltava-lhe aos olhos a violência da totalidade social, até em domínios, como o da música, aparentemente desligados. Não podia, pois, escapar-lhe, que a arte em que se havia educado não permanecia isenta nem sequer em suas formas mais puras e livres de compromissos, desse caráter objetivo positivo predominante em toda parte, mas tinha aguda consciência de que, precisamente no empenho de defender sua integridade, a música engendra caracteres da mesma índole daqueles a que se opõe. Ao autor interessava, pois, reco-

10 FILOSOFIA DA NOVA MÚSICA

nhecer as antinomias objetivas em que está necessariamente envolvida a arte quando — em meio a uma realidade heterônoma — pretende realmente permanecer fiel a suas próprias exigências intrínsecas, sem levar em consideração as conseqüências, antinomias que só podem ser superadas quando examinadas, sem ilusões, até o fim.

Destas considerações nasceu o trabalho sobre Schoenberg, terminado somente em 1940-41. Permaneceu então inédito e, fora do estreito círculo do *Institut für Sozialforschung* de New York, acessível a muito poucos. Hoje é publicado em sua forma original, com alguns adendos que se referem às últimas obras de Schoenberg.

Mas quando o autor decidiu publicá-lo na Alemanha, depois da guerra, pareceu-lhe necessário anexar ao estudo sobre Schoenberg um outro sobre Stravinski. Se o livro tinha realmente algo a dizer sobre a nova música considerada em seu conjunto, era preciso que o método nele empregado, oposto às generalizações e às classificações, não se aplicasse tão-somente ao tratamento de uma escola particular, mesmo que esta fosse a única a responder às possibilidades atuais objetivas do material musical e a única que sem nenhuma concessão enfrenta as dificuldades desse material. O procedimento diametralmente oposto de Stravinski se impõe ao exame e à interpretação, não somente por sua validez pública e oficial e seu nível de composição — já que o próprio conceito de nível não pode ser postulado de maneira dogmática e, assim como o do "gosto", está sujeito a discussão — mas sobretudo porque destrói a cômoda escapatória segundo a qual se o progresso coerente da música conduz a antinomias, deve-se esperar alguma coisa da restauração do passado, da revocação autoconsciente da *ratio* musical. Nenhuma crítica ao progresso é legítima, nem mesmo quando se trata de uma crítica dirigida ao momento reacionário do progresso em meio a uma falta geral de liberdade e repele inexoravelmente todo abuso que possa ser feito a serviço dos poderes constituídos. O retorno positivo do que já caiu em decadência revela-se mais radicalmente ligado às tendências destruidoras da época do que aquilo que recebe o estigma de "destruidor". A ordem que se proclama a si mesma nada mais é do que o véu que encobre o caos. De modo que se Schoenberg, o músico radical, inspirado pela expressão, desenvolve seus conceitos próprios no plano da objetividade musical, o antipsicológico Stravinski, por outro lado, expondo o problema do indivíduo lesado, a quem se dirige em toda a sua obra, também aqui opera um motivo dialético.

O autor não pretende dissimular os impulsos provocativos de seu propósito. Parece realmente cínico que, depois

PREFÁCIO 11

do que ocorreu na Europa e o que ainda ameaça ocorrer, dedique tempo e energia intelectual a decifrar os problemas esotéricos da moderna técnica da composição; além disso, as obstinadas discussões do texto, puramente formais, com freqüência referem-se diretamente a uma realidade que não se interessa por elas. Mas talvez este começo excêntrico lance alguma luz sobre uma situação cujas conhecidas manifestações somente servem para mascará-la e cujo protesto só adquire voz quando a conivência oficial e pública assume uma simples atitude de não-participação. Trata-se apenas da música. Como poderá estar constituído um mundo em que até os problemas do contraponto são testemunhos de conflitos inconciliáveis? Até que ponto a vida estará atualmente perturbada, se cada estremecimento seu e cada rigidez sua se reflete ainda num plano a que não chega nenhuma necessidade empírica, numa esfera em que, segundo os homens acreditam, há um asilo seguro contra a pressão da norma funesta, e que cumpre sua promessa apenas negando-se ao que os homens esperam dela?

A introdução contém considerações comuns às duas partes do livro. Em algum sentido serve para pôr em relevo a unidade do conjunto, ainda que não possam ser apagadas as diferenças, especialmente lingüísticas, entre a parte mais antiga e a parte nova.

No período que transcorreu entre os dois ensaios, o trabalho do autor com Max Horkheimer, que já se estende por mais de vinte anos, resultou numa filosofia comum. O autor é o único responsável pelo material musical, mas seria impossível estabelecer a qual dos dois pertence este ou aquele conceito teórico. O livro está concebido como uma digressão à *Dialektik der Aufklaerung*. Tudo o que nele atesta uma perseverança, uma fé na força dispositiva da negação resoluta, deve-se à solidariedade intelectual e humana de Horkheimer.

Los Angeles, Califórnia.

Introdução

> Pois na arte temos que ver, não através de um simples jogo agradável ou útil, mas ... através de um desdobramento da verdade.
>
> HEGEL, *Estética*, III.

"A história filosófica como ciência da origem é a forma que, a partir dos extremos opostos, dos excessos aparentes da evolução, dá nascimento à configuração da idéia, entendida como uma totalidade caracterizada pela possibilidade de uma coexistência plena de sentido de tais contrários." O princípio seguido por Walter Benjamin, por motivos de crítica gnosiológica, em seu tratado sobre o drama alemão, pode derivar do próprio objeto, num tratamento filosófico da música moderna, que se limite substancialmente a considerar os dois protagonistas cada um por si. Na verdade, a natureza desta música está impressa unicamente nos extremos e só eles permitem reconhecer seu conteúdo de verdade. "O caminho do meio", lê-se no Prefácio às *Sátiras para coro* de Schoenberg, "é o único que não leva a Roma". Por essa razão — e não pela ilusão de que se trata das maiores personalidades — somente estes dois autores são considerados. Se se quisesse examinar toda a produção não cronológica, mas qualitativamente moderna, com inclusão de todas as transições e conciliações, terminar-se-ia, inevitavelmente, por desem-

14 FILOSOFIA DA NOVA MÚSICA

bocar repetidamente nesses dois extremos, na medida em que alguém não se contentaria com a simples descrição ou com a apreciação do especialista. Todavia, isto não implica necessariamente um juízo sobre o valor e nem sequer sobre a importância representativa do que permanece entre os dois extremos. Os melhores trabalhos de Béla Bartók, que em certos aspectos procurou conciliar Schoenberg e Stravinski[1], são provavelmente superiores aos de Stravinski em densidade e plenitude. E a segunda geração neoclássica, que reúne nomes como os de Hindemith e Milhaud, adaptou-se à tendência geral da época com vacilações menores e, dessa maneira, pelo menos aparentemente, a reflete com mais fidelidade do que o dissimulado conformismo da escola principal que, precisamente por causa de sua ficção, cai no absurdo. Contudo, o estudo desta tendência conduziria necessariamente ao dos dois inovadores, não porque a eles corresponda a prioridade histórica e os demais derivem deles, mas porque somente eles, por uma coerência que não conhece concessões, exaltaram os impulsos presentes em suas obras até transformá-las nas idéias imanentes do objeto. Isto foi realizado na constelação específica do procedimento de composição de cada autor e não no esboço geral do estilo. Os estilos, enquanto reconhecem o guia de lemas culturais de grande ressonância, deixam o caminho aberto, em seu caráter geral, precisamente a essas mitigações desnaturalizadas que impedem a coerência da idéia não-programática, imanente à própria coisa.

Mas o tratamento filosófico da arte se refere à arte e não aos conceitos de estilo, por mais contatos que tenha com estes. A verdade ou a falta de verdade de Schoenberg ou de Stravinski não pode ser estabelecida na simples discussão de categorias como atonalidade, técnica dodecafônica, neoclassicismo, mas somente pela cristalização concreta de tais categorias na estrutura da música em si. As categorias de estilo pré-constituídas satisfazem seu caráter acessível ao não expressar a conexão da imagem, já que se situam irremediavelmente neste lado da configuração estética. Se, em troca, se considera o neoclassicismo procurando determinar qual é a necessidade interna da obra que a leva a este estilo, ou como se comporta o ideal estilístico frente ao material da obra e sua totalidade de construção, torna-se virtualmente possível resolver até o problema da legitimidade do estilo.

O que se encontra entre os dois extremos não necessita hoje, na realidade, uma interpretação esclarecedora, já que antes com a indiferença, torna supérflua a especulação. A

---

(1) Ver René Leibowitz, "Béla Bartók ou la possibilité du compromis dans la musique contemporaine", em *Les Temps Modernes*, Paris, ano 2, pp. 705 e ss., out. 1947.

INTRODUÇÃO 15

história do movimento da nova música já não tolera "a coexistência plena de sentido dos opostos". Desde a década heróica, ou seja, desde os anos da Primeira Guerra Mundial, é em toda a sua amplitude uma história de decadência, uma regressão ao tradicional. Essa separação da objetividade, própria da pintura moderna, que nessa esfera representa a mesma ruptura que a atonalidade representa na música, esteve determinada por uma posição defensiva contra a mercadoria artística mecanizada, sobretudo contra a fotografia. A música radical, em sua origem, não reagiu de outra maneira contra a degradante comercialização do idioma tradicional. Foi o obstáculo colocado frente à expansão da indústria cultural em sua esfera. É verdade que o processo pelo qual se passou à produção calculada de música como artigo de consumo demorou mais a desenvolver-se do que o processo análogo verificado na literatura ou nas artes plásticas. O elemento não conceitual e não concreto da música, que desde Schopenhauer a remeteu à filosofia irracionalista, fê-la contrária à *ratio* da vendibilidade. Somente na era do cinema sonoro, do rádio e das formas musicais de propaganda, a música ficou, precisamente em sua irracionalidade, inteiramente seqüestrada pela *ratio* comercial. Mas assim que a administração industrial de todo o patrimônio cultural se faz totalitária, ela adquire ainda poder sobre tudo o que não admite conciliação do ponto de vista estético. Com o poder dos mecanismos de distribuição de que dispõem o mau gosto e os bens culturais já ultrapassados e com a predisposição dos ouvintes determinada num processo social, a música radical caiu, durante o industrialismo tardio, num completo isolamento. Para os autores que querem viver, este é o pretexto moral e social para uma falsa paz. Forma-se assim um tipo de estilo musical que, por mais que proclame a pretensão irrenunciável do moderno e do sério, se assimila à cultura das massas em virtude de uma calculada imbecilidade. A geração de Hindemith ainda possuía talento e arte. Seu moderantismo apoiava-se numa flexibilidade espiritual que não conhecia nada seguro. Fazia-se música segundo o capricho do dia. eliminando em suma tudo o que poderia ser musicalmente desagradável junto ao frívolo programa. Esses compositores terminavam num néo-academismo rotineiro, mas mesmo assim inteiramente respeitável, o que por certo não se pode censurar na terceira geração. A conivência com o ouvinte, sob o disfarce de humanidade, começa a dissolver os critérios técnicos a que já havia chegado a composição de vanguarda. O que tinha validez antes da ruptura, a constituição de uma coerência musical mediante a tonalidade, se perde infalivelmente. E a terceira geração não acredita nos trítonos perfeitos que escreve olhando com desdém, nem os meios sonoros poderiam

16 FILOSOFIA DA NOVA MÚSICA

ser empregados por si mesmos para obter resultados que não fossem vazios. Essa geração quer, todavia, subtrair-se às conseqüências da nova linguagem que premia os mais árduos cansaços da consciência artística com o completo fracasso no mercado. A força histórica, a "fúria do eclipse[2]", impede esteticamente o compromisso ou a conciliação, que está aqui tão irremediavelmente condenado quanto no terreno político. Enquanto os compositores buscam proteção em tudo o que está garantido pelos antigos e afirmam que já estão fartos do que a linguagem da incompreensão chamava "experimentos", entregam-se inconscientemente ao que lhes parece o pior de todos os males, a anarquia. A busca do tempo perdido não somente faz com que se perca o caminho que conduz à casa, como também faz perder toda a consistência; aquele que conserva arbitrariamente o que já está superado compromete o que quer conservar e se choca de má fé contra o novo. Além de todo o limite geográfico, os epígonos daqueles que foram inimigos irredutíveis de todo o epigonismo imitam-se uns aos outros numa mescla de destreza e incapacidade. Schostakovich, chamado à ordem sem razão, como bolchevista da cultura, pelas autoridades de seu país, os atentos discípulos do vicariato pedagógico de Stravinski, Benjamim Britten com sua presunçosa mesquinhez..., todos eles têm em comum o gosto pela falta de gosto, a simplicidade por falta de preparo, uma imaturidade que se crê bem madura, e a falta de capacidade técnica. Na Alemanha, a *Reichsmusikkammer* deixou atrás de si uma montanha de escombros. O estilo cosmopolita que se seguiu à Segunda Guerra Mundial, é o ecletismo do enfraquecido.

Stravinski representa um dos extremos do movimento da nova música, ainda que se possa registrar de obra em obra a capitulação de sua própria música, quase pelo peso de sua gravitação; mas hoje se torna evidente um aspecto geral que não pode ser atribuído diretamente a ele e que está indicado somente de maneira latente na variação de seus procedimentos de composição: o desmoronamento de todos os critérios de boa ou má música, tais como se haviam sedimentado desde os primórdios da época burguesa. Pela primeira vez se lançam ao mercado *dilettanti* de todas as partes como se fossem grandes compositores. A centralização econômica da vida musical assegura-lhes o reconhecimento oficial. Há vinte anos, o êxito e a fama de Elgar pareciam um fenômeno local e, os de Sibelius, um caso excepcional de ignorância crítica. Mas hoje, fenômenos deste nível, ainda que às vezes mais liberais no uso das dissonâncias, constituem a norma. Desde meados do século XIX a grande música

---

(2) HEGEL, *Phaenomenologie des Geistes*. Leipzig, ed. Lasson, 1921. p. 321.

INTRODUÇÃO

divorciou-se completamente do consumo. A coerência de seu desenvolvimento está em contradição com as necessidades que se manejam e que ao mesmo tempo satisfazem o público burguês. O círculo, numericamente estreito, de conhecedores fica substituído por todos aqueles que podem pagar uma poltrona e que querem mostrar aos demais sua cultura. O gosto público e a qualidade das obras ficaram divorciados. A qualidade se impõe devido somente à estratégia do autor, que por certo não pertence à própria obra, ou devido ao entusiasmo dos críticos e peritos musicais. Mas a música radical moderna já não podia contar com isso. Entretanto, pode-se julgar a qualidade de qualquer obra de vanguarda dentro dos mesmos limites de uma obra tradicional e até com a mesma validade (e talvez até melhor, uma vez que não existe ainda uma linguagem musical de validade geral que alivie o compositor do peso da exatidão técnica). Os supostos mediadores profissionais perderam a capacidade de decidir em tais casos. Desde o momento em que o processo de composição se mede unicamente segundo a conformação própria de cada obra e não mais segundo razões genéricas tacitamente aceitas, já não é possível "aprender" a distinguir entre música boa ou música má. Quem quiser julgar deve considerar de frente os problemas e os antagonismos intransferíveis da criação individual, sobre a qual nada ensina a teoria musical geral ou a história da música. Aqui ninguém seria mais capaz de formular juízos valorativos do que o compositor de vanguarda, a quem falta, contudo, toda a disposição discursiva. Já não pode contar com um mediador entre o público e ele. Os críticos se atêm literalmente ao alto discernimento de que se fala em um dos *lieder* de Mahler*: avaliam segundo o que entendem e não entendem; e os executantes, sobretudo os maestros, deixam-se guiar sempre por aqueles momentos de mais direta e exterior eficácia e compreensibilidade da obra executada. Por isso, a opinião de que Beethoven é compreensível e Schoenberg, incompreensível, é, de um ponto de vista objetivo, um engano. Enquanto para o público, que está fora da produção, a superfície da nova música parece estranha e desconcertante, os mais típicos representantes desta música estão condicionados pelos mesmos pressupostos sociais e antropológicos que condicionam o ouvinte. As dissonâncias que o espantam falam de sua própria condição e somente por isso lhe são insuportáveis. Por outro lado, o conteúdo daquela outra música familiar a todos está tão distante do que hoje pesa no destino humano que a experiência pessoal do público já não tem quase nenhuma comunicação com a experiência testemunhada pela música tradicional. Quando

---

(*) Num concurso de canto entre um cuco e um rouxinol, em que o árbitro é um cuco, este declara vencedor o cuco. (N. da T.)

18   FILOSOFIA DA NOVA MÚSICA

o público acredita compreender, não faz senão perceber o molde morto do que protege como patrimônio indiscutível e que desde o momento em que se converteu em patrimônio é algo já perdido, neutralizado, privado de sua própria substância artística; algo que se converteu em indiferente material de exposição. Na realidade, na concepção que o público tem da música tradicional, permanece importante apenas o aspecto mais grosseiro, as idéias musicais fáceis de discernir, as passagens tragicamente belas, atmosferas e associações. Mas a estrutura musical que dá sentido a tudo isso permanece, para o ouvinte educado pelo rádio, não menos escondida numa sonata juvenil de Beethoven quanto num quarteto de Schoenberg, que, contudo, pelo menos o adverte de que seu céu não vibra cheio de violinos, cujos doces sons o embelezam. Com isto não afirmo que uma composição seja compreensível espontaneamente apenas em sua própria época e que está destinada à degradação ou ao historicismo. Mas a tendência social geral, que eliminou da consciência e do inconsciente do homem essa humanidade que outrora constituía o fundamento do patrimônio musical hoje corrente, faz com que a idéia da humanidade se repita ainda sem caráter de necessidade e somente no cerimonial vazio do concerto, enquanto a herança filosófica da grande música somente por acaso atinge quem desdenha esta herança. O manejo comercial da música, que envilece o patrimônio existente ao exaltá-lo e galvanizá-lo como algo sacro, confirma somente o estado de consciência do ouvinte em si, para quem a harmonia alcançada no classicismo vienense e a transbordante nostalgia do romantismo se converteram indiferenciadamente em artigos de consumo. Na verdade, uma audição adequada das mesmas obras de Beethoven, cujos temas vai assobiando o homem que viaja no metrô, exige um esforço ainda maior do que a da música mais avançada: exige despojá-las do verniz de uma falsa interpretação e da fórmula reacionária criada com o tempo. Mas como a indústria cultural tem educado suas vítimas para evitar-lhes todo esforço no tempo livre que destinam ao consumo dos bens espirituais que lhes fornece, elas se aferram com tenacidade ainda maior à aparência que apaga a essência. O tipo de interpretação atualmente em moda, brilhante até na música de câmara, vem de encontro a tudo isto. Não somente o ouvido do povo está tão inundado com a música ligeira que a outra música lhe chega apenas como a considerada "clássica", oposta àquela; não somente os sons onipresentes de dança tornam tão obtusa a capacidade perceptiva que a concentração de uma audição responsável é impossível; mas a sacrossanta música tradicional se converteu, pelo caráter de sua execução e pela própria vida dos ouvintes, em algo idêntico à produção comercial em massa e nem

INTRODUÇÃO 19

sequer sua substância permanece sem se contaminar. Na música se dá também o que Clement Greenberg chamou de divisão de toda arte em falsidade grosseira e vanguarda; e a falsidade grosseira, o preceito dos benefícios sobre a cultura, há tempos recolheu-se a esta na esfera particular que lhe está socialmente reservada. Por isso as reflexões sobre o desdobramento da verdade na objetividade estética limitam-se unicamente à vanguarda, que está excluída da cultura oficial. Atualmente, a filosofia da música só é possível como filosofia da nova música. A única defesa consiste em denunciar a cultura oficial, já que essa cultura por si mesma só serve para fomentar precisamente a selvageria que se esforça em combater. Poder-se-ia quase pensar que os ouvintes cultos são os piores, pois são aqueles que ante uma obra de Schoenberg dizem prontamente: "Não o entendo", declaração cuja discrição racionaliza a ira em competência de conhecedor.

Entre as críticas que eles repetem monotonamente, a mais difundida é a do intelectualismo: a nova música nasce do cérebro, não do coração ou do ouvido; não se deve imaginá-la verdadeiramente em sua realidade sonora, mas somente avaliá-la no papel. A mesquinhez dessas frases é evidente. Argumenta-se como se o idioma tonal dos últimos trezentos e cinqüenta anos fosse "natureza" e como se fosse ir contra a natureza superar o que está bloqueado pelo tempo, sendo que o próprio fato de tal bloqueio é testemunha precisamente de uma pressão social. A segunda natureza do sistema tonal é uma aparência formada no curso da história; deve sua dignidade de sistema fechado e exclusivo ao intercâmbio social, cuja própria dinâmica tende à totalidade e cujo desgaste concorda plenamente com o de todos os elementos tonais. Os novos meios da música são contudo o resultado do movimento imanente da música antiga, da qual se distingue também por um salto qualitativo. De maneira que a afirmação de que as obras-primas da música moderna são mais cerebrais e têm menos caráter sensível do que as tradicionais representa uma pura projeção da incapacidade de compreender. Até em matéria de riqueza de colorido, Schoenberg e Berg souberam superar, sempre que a necessidade assim o pediu, como ocorreu no conjunto de câmara de *Pierrot* ou na orquestra de *Lulu*, as ostentações sonoras dos impressionistas. Além disso, o que o antiintelectualismo, complemento da *ratio* comercial, chama de sentimento não faz senão abandonar-se geralmente à ordem rotineira dos acontecimentos; é absurdo pensar que o tão popular Tchaikóvski, que pinta o desespero com melodias de canções da moda, seja superior, no tocante a sentimentos, ao sismógrafo

20 FILOSOFIA DA NOVA MÚSICA

da *Erwartung* de Schoenberg[3]. Por outro lado, essa coerência objetiva do ·próprio pensamento musical, que é o único que confere à grande música a sua dignidade, pretendeu sempre que a consciência subjetiva do compositor a governasse. A elaboração de semelhante lógica da coerência, às custas da percepção passiva do som físico, define a verdadeira posição musical diante do gosto culinário. Na medida em que a nova música, em sua pura conformação de lógica da coerência, medita sobre o novo, cai na tradição da arte da fuga, de Beethoven e de Brahms. Se se quer falar de intelectualismo tem-se que acusar antes, e com mais razão, esse modernismo moderado que experimenta uma mistura de interesse real e banalidade, do que aquele modernismo que obedece à lei integral da estrutura e ao acordo íntimo para criar a forma, correndo o risco de impedir a compreensão automática dos momentos particulares. Mas, apesar de tudo, a censura ao intelec'ualismo é tão tenaz que convém reconhecer no processo cognoscitivo geral os fatos em que aquele se baseia, ao invés de nos contentarmos em rebater com argumentos válidos os argumentos tolos. Nos movimentos conceitualmente mais discutidos e desarticulados da consciência geral se ocultam, junto com a mentira, vestígios dessa negatividade da coisa de que não se pode prescindir ao determinar o objeto. A arte em geral e a música em particular mostram-se hoje abalados justamente por esse processo de *Aufklaerung*, em que eles mesmos tomam parte e com o qual coincide seu próprio progresso. Se Hegel exige do artista "a livre educação do espírito, em que toda superstição e toda fé limitadas a determinadas formas de intuição e representação devem ser reduzidas a simples momentos e aspectos parciais, sobre os quais o espírito livre, sem considerá-los como condições sagradas em si mesmas ou por si mesmas de sua própria exposição e maneira de configurar, possa exercer sua soberania"[4], imediatamente se explica por que a indignação contra o suposto

(3) Não há dúvida de que ao apetite do consumidor importa menos o sentimento em virtude do qual nasce a obra de arte do que o sentimento que a obra produz, a ganância em termos de prazer que ele persegue. Este valor prático do motivo da arte foi sempre solicitado, mesmo na época do iluminismo vulgar, e Hegel respondeu a certo aristotelismo inerente a esse movimento com as seguintes palavras: "Tem-se perguntado que sentimento deve despertar a arte; se terror e compaixão, por exemplo, e como estes, todavia, podem ser agradáveis, como a contemplação de uma infelicidade pode suscitar satisfação. Esta direção do pensamento remonta aos tempos de Mo:es Mendelsshon e podem ser encontradas em seus escritos muitas dessas considerações. Mas semelhante investigação não conduz muito longe, pois o sentimento é, entre todas a; regiões do espírito, a região mais obscura e indeterminada; o que se sente emotivamente permanece velado na forma da subjetividade individual mais abstrata e por isso também as diferenças da sensação são completamente abstratas, pois não são diferenças da própria coisa ... A reflexão que tem por objeto o sentimento contenta-se em observar o efeito subjetivo e suas particularidades, em lugar de submergir-se, para aprofundá-la, na coisa, na obra de arte, e se contenta, portanto, em deixar perder a própria subjetividade e suas condições particulares". (HEGEL, G. F. W. *Vorlesungen über die Aesthetik.* Berlim, ed. Hotho, I, 1842, pp. 42 e ss.)

(4) HEGEL. *Aesthetik. loc. cit.*, II, pp. 233 e ss.

INTRODUÇÃO

21

intelectualismo do espírito, tão liberto das suposições evidentes por si mesmas de seu objeto e da verdade absoluta das formas herdadas, atribua ao espírito, como desgraça ou como culpa, o que existe objetivamente e com caráter de necessidade. "Não devemos, entretanto, considerar isto como mera desgraça acidental, que tenha alcançado a arte superficialmente, em virtude da necessidade da época, do espírito prosaico, da falta de interesse etc., mas é antes a ação e o progresso da própria arte que, levando à intuição subjetiva e real o material que lhe é imanente, oferece em cada passo do progresso uma ocasião de libertar-se do conteúdo representado"[5]. O conselho de que seria melhor que os artistas não pensassem demasiado, pois essa liberdade faz com que voltem inevitavelmente ao ato de pensar, atesta a aflição, própria da cultura das massas e desprovida de todo conteúdo, pela perda da ingenuidade. Hoje o motivo romântico primitivo chega ao ponto de submeter-se, evitando a reflexão, a esse material e a essas categorias formais que a tradição precisamente oferece e que já estão mortas. O que se lamenta não é, na realidade, uma decadência parcial que tenha remédio racionalmente, mas a sombra do progresso, cujo momento negativo predomina tão visivelmente sobre sua fase atual, que se recorre à arte como antídoto, a qual por sua vez se encontra sob o mesmo signo. A ira contra a vanguarda é tão desmedida e ultrapassa tanto a sua função real na sociedade industrial tardia e, também, excede demasiado sua participação nas ostentações culturais desta sociedade, somente porque a consciência angustiada encontra, na arte nova, fechadas as portas através das quais esperava escapar à *Aufklaerung* total, porque hoje a arte, pelo menos a arte realmente substancial, reflete sem concessões e lança à superfície tudo o que se queria esquecer. Partindo deste fato tão significativo chegou-se logo à conclusão de que a música de vanguarda carece de significação e já não pode dar nada à sociedade. A compacta maioria vale-se do que a sóbria força de Hegel distinguiu em seu momento histórico: "Através da arte ou do pensamento temos como objeto, diante dos olhos sensíveis ou espirituais, algo tão completo que seu conteúdo se esgota e tudo se exterioriza sem que já nada permaneça de obscuro e interior, com o que desaparece o interesse absoluto"[6]. Trata-se precisamente desse interesse absoluto que, no século XIX, aprisionou a arte, enquanto a tendência dos sistemas filosóficos à totalidade seguira até às últimas conseqüências a mesma pretensão que a religião: a concepção bayreuthiana de Wagner constitui o testemunho extremo de tal *hybris,* nascida da necessidade. A arte moderna

(5) HEGEL. *loc. cit.* II, p. 231.
(6) HEGEL. *loc. cit. ibid.*

22 FILOSOFIA DA NOVA MÚSICA

em seus representantes essenciais liberou-se dela, sem privar--se por isso deste não sei quê de obscuro por cuja conservação temia Hegel, nisto já um burguês autêntico. Na verdade, o obscuro, que com o progresso do espírito recebe sempre novos ataques, renovou-se até aqui num aspecto diferente, graças à pressão que o espírito autoritário exerce na natureza interior do homem e na natureza exterior a ele. O obscuro não é o puro ser em si e por si, segundo se diz em passagens como a já citada da *Estética* hegeliana. Trata-se, antes, de aplicar à arte a teoria da fenomenologia do espírito, para a qual todo imediatismo é já em si mesmo uma mediação, ou, dito com outras palavras, um produto da autoridade. Se a arte perdeu a segurança em si própria, a qual provinha de matéria e formas aceitas sem discussão, aumentou, contudo, na "consciência dos sofrimentos"[7], na dor ilimitada que aflige os homens, e os sinais que esta dor deixou no próprio indivíduo, esse não sei quê de obscuro que como episódio não interrompe a *Aufklaerung* total, mas encobre sua fase mais recente e por certo quase exclui, com sua força real, a representação mediante a imagem. Quanto mais a todo-poderosa indústria cultural invoca o princípio esclarecedor e o corrompe numa manipulação do humano, a fim de fazer prolongar o obscuro, tanto mais a arte opõe, ao onipotente estilo atual das luzes de néon, configurações dessa obscuridade que se quer eliminar e serve para esclarecer somente enquanto convence conscientemente o mundo, tão luminoso na aparência, de suas próprias trevas[8]. Somente numa humanidade pacificada e satisfeita a arte deixará de viver: sua morte, hoje, como se delineia, seria unicamente o triunfo do puro ser sobre a visão da consciência que a ela pretende resistir e se opor.

Contudo, esta ameaça pende até sobre as poucas obras de arte intransigentes que ainda assim conseguem nascer. Ao realizarem em si a *Aufklaerung* total, sem consideração alguma com a ingenuidade da rotina cultural, não somente se convertem em antíteses chocantes, por causa de sua verdade, da fiscalização total a que conduz essa rotina, mas ao mesmo tempo se assimilam à estrutura substancial daquilo a que se opõem e com o qual entram em oposição com seu interesse próprio e principal. A perda de "interesse absoluto" não afeta somente o destino exterior dessas obras na sociedade, a qual no fundo pode furtar-se à rebelião que aquelas expressam e com um encolher de ombros permitir que a nova música continue no mundo como uma extravagância, mas a música compartilha o destino das seitas políticas que, por

---

(7) HEGEL. *Aesthetik. loc. cit.,* I, p. 37.

(8) HORKHEIMER, Max. Neue Kunst und Massenkultur. *Die Umschau,* ano III, 1948. Cad. 4, pp. 459 e ss.

INTRODUÇÃO   23

sua desproporção com os poderes constituídos, se vêem impulsionadas em direção à falta de verdade, pondo-se a serviço do estabelecido, mesmo quando bem pudessem conter as configurações teóricas mais progressistas. O ser em si das obras, mesmo depois de haver-se desdobrado destas até alcançar uma autonomia real, não é, apesar de negar-se a servir de passatempo, indiferente à recepção do público. O isolamento social, que a arte por si mesma não pode superar, converte-se num perigo mortal para sua própria realização. Hegel, talvez precisamente por seu distanciamento da música absoluta, cujos produtos mais significativos sempre são, além de tudo, esotéricos, expressou com cautela, como conseqüência de seu repúdio à estética kantiana, um conceito que é essencial para a música. O núcleo de sua argumentação, não desprovida de divertida ingenuidade, ilumina um elemento decisivo neste abandono da música à sua peculiar imanência, como está obrigado a fazê-lo por sua própria lei de desenvolvimento, e pela perda das ressonâncias sociais. No capítulo que fala sobre a música no "Sistema das artes individuais", Hegel diz que o compositor pode "estar interessado, sem que o valor do conteúdo o preocupe, unicamente na estrutura musical de seu trabalho e na riqueza espiritual de tal arquitetura. Deste ponto de vista é contudo fácil que a produção musical se converta em algo completamente vazio de pensamento e sentimento, sem relação com uma profunda consciência da educação e da índole natural. Por causa desta ausência de matéria, não somente vemos que o talento da composição se desenvolveu amiúde desde tenra idade, mas também ocorre que até compositores de muito talento permanecem durante toda a vida freqüentemente os homens mais inconscientes e mesquinhos. A verdadeira profundidade do talento supõe que o compositor se atenha a dois aspectos: à expressão de um conteúdo indeterminado, de um lado, e de outro à estrutura musical, até na música instrumental. Então estará pronto a dar sua preferência à melodia, à profundidade e às dificuldades da harmonia, aos elementos característicos, e sempre lhe restará a liberdade de fundir estes elementos"[9]. Só que esta famosa "ausência de pensamento e sentimento" não pode ser dominada à vontade com o gosto e a plenitude da substância, mas é historicamente intensificada até esvaziar a própria música em virtude do desmoronamento objetivo da idéia de expressão. Hegel tem, por assim dizer, razão contra si mesmo: a opressão histórica vai muito mais além do que diz sua estética e no estado atual o artista tem uma liberdade bem menor do que Hegel podia pensar no início da era liberal. A dissolução de todo elemento preestabelecido não deu como resultado a possibilidade de usar à vontade

(9) HEGEL. *loc. cit.,* III, pp. 213 e ss.

FILOSOFIA DA NOVA MÚSICA

tudo aquilo que a matéria e a técnica põem à disposição dos artistas — só o impotente sincretismo acreditou poder fazer isto, e até concepções grandiosas como a *Oitava Sinfonia* de Mahler naufragaram na ilusão de semelhante possibilidade —, mas estes se converteram simplesmente em executores de suas próprias intenções, que se apresentam como entidades estranhas, como exigências inexoráveis nascidas das imagens com que eles trabalham[10]. Esse gênero de liberdade que Hegel atribui ao compositor e que encontrou sua realização máxima em Beethoven, que o filósofo ignorava completamente, está necessariamente relacionado com elementos preestabelecidos, em cujo âmbito existem múltiplas possibilidades. Ao contrário, o que existe em si e por si não pode ser outra coisa senão o que é e exclui todas as tentativas de conciliação das quais Hegel esperava a salvação da música instrumental. A eliminação de todo elemento preestabelecido, a redução da música quase a uma monodia absoluta, fê-la rígida e destruiu seu conteúdo mais íntimo. Como esfera autárquica, a música dá plena razão a uma sociedade organizada em camadas, ou seja, ao predomínio obtuso do interesse particular que ainda pode ser reconhecido atrás da manifestação desinteressada da monodia.

Toda a música e especialmente a polifonia, que constitui o meio necessário à nova música, teve sua origem em execuções coletivas do culto e da dança, fato que nunca foi superado e reduzido a simples "ponto de partida" pelo desenvolvimento da música para a liberdade, mas a origem histórica está ainda implícita com seu sentido próprio, mesmo que a música tenha rompido há tempos com toda execução coletiva. A música polifônica diz "nós", mesmo quando viva unicamente na fantasia do compositor, sem alcançar nenhum outro ser vivente; mas a coletividade ideal, que esta música ainda leva em si como coletividade separada da empírica, entra em contradição com o inevitável isolamento social e o caráter expressivo particular que o próprio isolamento lhe impõe. A possibilidade de ser ouvida por muitos está na base essencial da própria objetivação musical e, quando a primeira permanece excluída, a última necessariamente se reduz a algo quase fictício, à arrogância do sujeito estético que diz "nós", quando é somente "eu" e que contudo não pode dizer nada sem juntar um "nós". A incoerência de uma obra solipsística para grande orquestra não somente

---

(10) É fato surpreendente que também (FREUD, se tenha defrontado com este problema num de seus últimos trabalhos, justamente ele, que costumava acentuar o conteúdo subjetivo e psicológico da obra de arte: "Infelizmente as faculdades criadoras de um autor nem sempre obedecem à sua vontade; a obra se desenvolve como pode e às vezes se encontra diante do autor como uma criatura independente e até estranha". FREUD, Sigmund. *Der Mann Moses und die monotheistische Religion.* Obras Completas, Londres, 1950, v. XIV, p. 211.

INTRODUÇÃO 25

reside na desproporção entre a massa numérica do cenário e das poltronas vazias ante as quais se executa a música, mas também atesta que a forma como tal transcende necessariamente o eu em cujo âmbito se experimenta, enquanto a música que nasce nesse âmbito e o representa não consegue superá-lo positivamente. Esta antinomia consome as forças da nova música. Sua rigidez deriva da angústia da obra diante de sua desesperada falta de verdade. Convulsivamente procura evadir-se disto, submergindo-se em sua própria regra, que, no entanto, junto com a coerência, aumenta a falta de verdade. O fato é que hoje a grande música absoluta, a da escola de Schoenberg, é o contrário daquela "ausência de pensamento e sentimento" que Hegel temia, mesmo quando pensava no virtuosismo instrumental que já então começava a desenfrear-se. Mas nela se anuncia uma ausência de ordem superior, não diferente da "autoconsciência infeliz" de Hegel: "Mas com sua ausência este *Selbst* pôs em liberdade o conteúdo"[11]. A transformação dos veículos de expressão da música quanto ao material, processo que segundo Schoenberg se verifica continuamente no curso de toda a história da música, tornou-se hoje tão radical que expõe o problema da própria possibilidade da expressão. A coerência da própria lógica petrifica o fenômeno musical cada vez mais e o converte de entidade densa de significado em algo que simplesmente existe e é impenetrável para si mesmo. Atualmente, nenhuma música poderia falar no tom de *Dir werde Lohn*[12]. Não somente a própria idéia do humano como a de um "mundo melhor" perdeu essa força sobre os homens que vivem esta imagem de Beethoven, mas também a severidade do contexto musical, graças ao qual a música pode afirmar-se frente à ubiqüidade do uso, enrijeceu-a de tal maneira que a realidade exterior a ela já não lhe atinge, quando antes era esta circunstância que lhe dava um conteúdo que a tornava verdadeiramente absoluta. As tentativas de reconquistar esse conteúdo de um só golpe chocam-se em geral com a atualidade mais superficial e menos exigente do material; somente as últimas obras de Schoenberg, que constroem e elaboram tipos expressivos e formam as configurações seriais segundo o modelo destes, expõe de novo substancialmente a questão do "conteúdo", embora sem pretender chegar à unidade orgânica com procedimentos puramente musicais. A música de vanguarda não tem outro recurso senão persistir em seu próprio enrijecimento, sem concessão alguma a esse elemento humano que, no ocasião em que continua exibindo sua simpatia, reconhece aquela como máscara de inumanidade. A verdade dessa música parece mais exaltada porque desmente,

(11) HEGEL. *Phaenomenologie des Geistes. loc. cit.,* p. 482.
(12) Segundo ato do *Fidélio*, de Beethoven. (N. da T.)

26 FILOSOFIA DA NOVA MÚSICA

mediante uma organizada vacuidade de significado, o sentido da sociedade organizada que ela repudia, do que pelo fato de ser em si mesma capaz de um significado positivo. Nas condições atuais atêm-se à negação arrojada.

Hoje a música, e com ela todas as manifestações do espírito objetivo, paga a antiqüíssima dívida que havia contraído ao separar o espírito do físico, o trabalho espiritual do trabalho manual: trata-se da dívida do privilégio. A dialética hegeliana de senhor e escravo chega por fim ao senhor supremo, ao espírito que domina a natureza. Quanto mais este espírito avança para a autonomia, mais se afasta da relação concreta com tudo o que domina, homens e matéria por igual. Logo que domina em sua própria esfera (que é a da livre produção artística), o espírito domina tudo até a última heteronomia, até a última entidade material; começa a girar sobre si mesmo como se estivesse aprisionado e desligado de tudo quanto lhe é oposto e de cuja penetração havia recebido seu significado próprio. A plenitude perfeita da liberdade espiritual coincide com a castração do espírito. Seu caráter fetichista e sua hipóstase como pura forma de reflexão tornam-se evidentes desde o momento em que o espírito já não permanece subordinado ao que não é em si espírito, mas que, como elemento subentendido de todas as formas espirituais, é o único fator que a elas confere uma substancialidade. A música não-conformista não está protegida contra essa dessensibilização do espírito, isto é, do meio sem fim. Em virtude da antítese frente à sociedade, conserva sua verdade social, graças ao isolamento; mas precisamente este, passado o tempo, provocará seu perecimento. É como se ´ficasse privada do estímulo para produzir, e é mais ainda, sua *raison d'être*. Com efeito, até o discurso mais solitário do artista vive do paradoxo de falar aos homens, precisamente devido à solidão destes, renunciando a uma comunicação que se tornou rotineira. De outro modo se introduz na produção um elemento paralisador e de destruição, por mais valente que seja a intenção do artista como tal. Entre os sintomas desta paralisação e rigidez, o mais estranho é o fato de que a música de vanguarda, depois de haver afastado de si, em virtude da autonomia, aquele amplo público em sentido democrático, conquistado antes com a própria autonomia, entrega-se agora ao costume de compor por encomenda, costume típico da era anterior à revolução burguesa e contrária, por sua própria natureza, à autonomia. O novo costume remonta ao *Pierrot* de Schoenberg e o que Stravinski escreveu para Diaghilev é coisa deste gênero. Quase todas as obras representativas que ainda surgem não são vendáveis no mercado a não ser que pagas por mecenas ou instituições[13]. O

(13) Esta tendência não se limita de modo algum à composição de vanguarda, mas se dá em tudo aquilo que, sob o domínio da cultura de

INTRODUÇÃO

conflito entre a "encomenda" e a autonomia estética se manifesta numa produção cansativa e forçada, pois hoje, ainda em maior medida do que na época do absolutismo, o mecenas e o artista, que aliás sempre mantiveram relações precárias, são estranhos um para o outro. O mecenas não tem nenhuma relação com a obra, mas a encomenda como um caso particular dessa "obrigação cultural" que por si só mostra a neutralização da cultura; enquanto para o artista basta estabelecer termos, em determinadas ocasiões, para anular o caráter involuntário de que sua capacidade criadora tem necessidade para ser realmente emancipada. Existe uma harmonia historicamente preestabelecida entre a necessidade material de compor por encomenda, necessidade que se deve à invendibilidade, e é esse relaxamento da tensão interior que torna o compositor capaz de levar a cabo — graças à técnica da obra de arte autônoma, conquistada com indescritíveis fadigas — trabalhos heterônomos, relaxamento que ao mesmo tempo o separa da obra verdadeiramente autônoma. Esta tensão, que se resolve na obra de arte, é a tensão entre sujeito e objeto, entre interior e exterior. Hoje, quando sob a pressão da organização econômica total, ambos os elementos se integram numa falsa identidade, numa convivência das massas com o aparato do poder, e junto com a tensão se dissolvem o estímulo criador do compositor e a força de gravitação da obra, que numa época ligava as duas coisas e que hoje já não está secundada pela tendência histórica. Hoje, a *Aufklaerung* depurou completamente a obra da "idéia", que aparece como um simples ingrediente ideológico dos feitos musicais, como uma *Weltanschauung* particular do compositor. E a obra, graças precisamente à sua espiritualização absoluta, converte-se em algo que existe cegamente, em flagrante contraste com a determinação inevitável de toda obra de arte como espírito. O que ainda *é,* graças a um esforço heróico, poderia assim mesmo muito bem *não ser.* A suspeita formulada uma vez por Steuermann de que o próprio conceito da grande música, que viria a ser o conceito da música radical, pode pertencer somente a um determinado momento da história porque a humanidade, na época do rádio e dos fonógrafos automáticos onipresentes, esquece a experiência da música, está muito longe de ser infundada. Tomada como fim em si mesma, a música é afetada por sua própria inutilidade tanto quanto os bens de consumo são afetados por sua pró-

massas, se aponta como esoterismo. Nos Estados Unidos não há um só quarteto que possa sustentar-se sem as subvenções de alguma universidade ou de ricos mecenas. Também aqui se manifesta a tendência geral em transformar o artista, sob cujos pés vacila a base da empresa liberal, num empregado. E isto não ocorre somente no caso da música, mas também se verifica em todos os campos do espírito objetivo, principalmente no literário. A verdadeira razão disso é a crescente concentração econômica e a extinção da livre concorrência.

28 FILOSOFIA DA NOVA MÚSICA

pria utilidade. A divisão social do trabalho[14] mostra, quando não se trata de trabalho socialmente útil, mas da coisa mais importante de todas, ou quando se trata de provocar a utilidade, sinais de duvidosa irracionalidade. Esta última é conseqüência imediata da separação, não só com relação ao ser percebido, quanto com relação a toda comunicação íntima com as idéias, quase, poderia dizer-se, com a filosofia. Esta irracionalidade torna-se evidente logo que a música moderna entra em relação com o espírito, com temas filosóficos e sociais; então, não somente se mostra desorientada mas, mediante a ideologia, renega aquelas tendências que lhe opõem resistência e que ela tem em si mesma. A qualidade literária do *Anel* de Wagner era problemática, já que se tratava de uma alegoria, grosseiramente montada, da negação da vontade de vida, de origem schopenhaueriana. Mas é certo que o texto do *Anel,* cuja música já passava por esotérica, tratava de condições fundamentais da decadência burguesa, e é também certa a relação mais fecunda entre a configuração musical e a natureza das idéias que a determinam objetivamente. Provavelmente algum dia a substância musical de Schoenberg se demonstre superior à de Wagner; entretanto, seus textos não somente dão testemunho, frente aos wagnerianos que compreendem a totalidade, de uma atitude pessoal e casual, mas até estilisticamente se separam da música e proclamam — talvez somente como desafio — lemas cuja sinceridade é negada continuamente por cada período musical: por exemplo, o triunfo do amor sobre a moda. A qualidade musical nunca foi indiferente à do texto: obras como *Così fan tutte* e *Eu-*

(14) Na estética da música, Hegel distinguiu claramente entre o aficionado ou *dilettante* e os *experts* ou peritos que, por efeito da compreensão da música absoluta, são muito diferentes uns dos outros (*Aesthetik, loc. cit.,* III, p. 213).

Hegel submeteu a uma crítica tão penetrante como atual o modo de escutar do profano e sem mais deu razão ao perito. Por mais admirável que seja o desvio do sentido comum burguês, em cujo auxílio Hegel acode com satisfação quando se trata de problemas deste gênero, o filósofo desconhece, contudo, a necessidade da divergência dos dois tipos, que deriva precisamente da divisão do trabalho. A arte se converteu no herdeiro de procedimentos de artesanato especializados em alto grau, no momento em que o próprio artesanato tornava-se inteiramente inútil por causa da produção em massa. Mas também o próprio perito, cuja relação contemplativa com a arte sempre teve algo desse gosto suspeito examinado tão a fundo por Hegel na *Estética,* resolveu-se na não-verdade, complementar à do profano, que apenas deseja que a música soe placidamente para acompanhar sua jornada de trabalho. O perito se converteu em técnico e seu saber (sua única faculdade que lhe permite relacionar-se com o fato artístico) converteu-se numa ciência rotineira que mata a própria coisa. O competente une a intolerância corporativa e a obtusa ingenuidade a respeito de tudo o que vai mais além da técnica entendida como fim em si mesma. Enquanto está em condições de verificar qualquer contraponto, não consegue ver para que serve o todo e, até mesmo se serve ainda para alguma coisa: o conhecimento direto especializado transforma-se em cegueira e o conhecimento converte-se, por assim dizer, num balanço administrativo. Neste zelo pedante empregado na apologia dos bens culturais, o perito entra em contato com o ouvinte cultivado. Sua atitude é reacionária: monopoliza o progresso. Mas quanto mais a evolução converte os compositores em especialistas, mais penetra na íntima estrutura da música, o que o especialista carrega consigo como agente de um grupo que se identifica com o privilégio.

INTRODUÇÃO 29

ryanthe repousam ainda musicalmente em seus libretos, e nenhum expediente literário ou cênico pode salvá-las. A contradição entre a extrema espiritualização musical e o objeto cru dá-se, mais além de toda medida, em certas obras teatrais, em virtude de fatores que precisamente por sua incomensurabilidade podem talvez ter um papel de conciliação; mas não se pode esperar que tais obras tenham um destino melhor do que *Così fan tutte*. Até a melhor música de hoje pode perder-se e naufragar, sem conseguir sequer com esta extrema renúncia um êxito de segunda ordem.

Deveríamos quase remeter tudo a causas imediatamente sociais, à decadência da burguesia, cujo meio artístico mais caracterizado foi a música; mas o costume de desconhecer e desvalorizar, com uma visão demasiado rápida do conjunto, o momento particular imanente a esta totalidade, determinado e novamente decomposto por ela, compromete tal procedimento. Esta é uma tendência estreitamente ligada àquela de abraçar o partido da totalidade, o partido da tendência geral e de condenar tudo aquilo que não se adapta a ele. A arte se converte em mero representante da sociedade e não em estímulo à mudança dessa sociedade; aprova desta maneira essa evolução da consciência burguesa que reduz toda imagem espiritual a simples função, a uma entidade que existe somente para outra coisa, e, em suma, a um artigo de consumo. Ao deduzir da sociedade (negada pela lógica imanente da própria obra) a obra de arte, acredita-se despojar esta última de seu fetichismo e se aceita tacitamente a ideologia de seu ser em si — e na realidade, em certa medida, consegue-se fazê-lo — em troca da objetivação de todos os aspectos espirituais na sociedade mercantil, e se aceita empregar a medida dos bens de consumo para julgar que direito à existência tem a arte, como se aquela fosse a medida crítica da verdade social em geral. Assim se trabalha, sem essa advertência, a favor do conformismo e se inverte o sentido na teoria, que se põe em guarda sobre a aplicação da espécie geral ao exemplo particular. Na sociedade burguesa, impulsionada até a totalidade e ultra-organizada, a potencialidade espiritual de uma sociedade diferente está somente no fato de que não se assemelha à primeira. A redução da música de vanguarda à sua origem social e à sua função social vai apenas um pouco além da definição, hostilmente indiferenciada, segundo a qual a música é burguesa e decadente, ou seja, um luxo. Esta é a linguagem de uma opressão de tipo mesquinhamente administrativo. Quanto mais soberanamente fixa as imagens em seu lugar, mais indefesa se volta contra as muralhas dessas imagens. O método dialético, especialmente quando empregado em seu justo sentido, não pode consistir no tratamento de fenômenos particulares como

FILOSOFIA DA NOVA MÚSICA

ilustrações ou exemplos de algo que já existe solidamente, de algo que está dispensado do próprio movimento do conceito, pois, assim, a dialética degenerou em religião de estado. Este método exige, antes, transformar a força do conceito universal no autodesenvolvimento do objeto concreto e resolver a enigmática imagem social com as forças de sua individualização. Desta maneira não se tende tanto a uma justificação social como a uma teoria social, pois trata-se de explicar a justiça ou injustiça estética, que está no âmago dos objetos. O conceito deve submergir-se na monodia até que surja a essência social da dinâmica que lhe é própria: e não se deve considerá-la como caso particular do macrocosmo ou classificá-la, segundo a expressão de Husserl, "desde o alto". Uma análise filosófica dos extremos da nova música que leve em conta a situação histórica desta, assim como seu processo, separa-se tão totalmente da intenção sociológica como da estética introduzida arbitrariamente de fora e fundamentada em relações filosóficas preordenadas. Entre as obrigações impostas pelo método dialético aplicado a fundo, mais insignificante não é por certo aquela de que "não devemos levar conosco outras medidas e aplicar no curso da indagação nossas descobertas e pensamentos, mas, deixando-os à parte, lograremos considerar a coisa como ela é em si e por si"[15]. Mas no devido tempo o método empregado diferencia-se daqueles que por tradição reservaram-se à consideração da "coisa tal como é em si e por si". Eles compõem a análise técnica descritiva, o comentário apologético e a crítica. A análise técnica está subentendida em toda parte e é empregada amiúde, mas tem necessidade de ser complementada pela interpretação nos detalhes mais ínfimos, se pretende ser algo mais do que uma simples verificação no plano científico dos dados positivos existentes, ou seja, se pretende expressar a relação da coisa com a verdade. A apologia, mais do que nunca adequada à rotina, já que é a antítese da análise técnica, limita-se ao dado positivo. E, finalmente, a crítica se vê limitada à tarefa de decidir sobre o valor e a falta de valor das obras. Seus resultados entram no tratamento filosófico apenas de maneira dispersa, como meios do movimento teórico através da negatividade, através do fracasso estético que está em sua própria necessidade. A idéia das obras e de sua conexão deve ser construída filosoficamente, ainda que à custa de fazê-lo às vezes mais além do que se realiza na obra de arte. Este método descobre os elementos implícitos dos procedimentos técnicos e das obras[16].

---

(15) HEGEL. *Phaenomenologie des Geistes. loc. cit.*, p. 60.

(16) A totalidade do material não é uma condição da intenção filosófica nem de uma teoria estética do conhecimento que espera obter da insistência num objeto particular algo mais que da unidade característica de muitos objetos comparados entre si. Escolhemos o que demonstrou ser o mais fecundo

INTRODUÇÃO   31

E desta maneira procura determinar e seguir a idéia dos dois grupos de fenômenos musicais, até que a coerência dos objetos considerados se manifeste na crítica que se faz deles. Trata-se de um procedimento imanente: a exatidão do fenômeno, num sentido que se desenvolve somente no exame do próprio fenômeno, converte-se em garantia de sua verdade e em estímulo à sua falta de verdade. A categoria condutora da contradição é, ela mesma, de natureza dupla: a medida de seu êxito é dada segundo as obras que expressam a contradição e em tal processo conseguem novamente mostrar os sinais de sua imperfeição, enquanto no momento propício a força dessa contradição escapa do processo de criação e destrói as obras. Um método imanente deste gênero pressupõe naturalmente, como próprio pólo oposto, o saber filosófico que transcende o objeto. Tal método não pode ser abandonado, como em Hegel, à "pura contemplação", que somente promete a verdade enquanto a concepção da identidade entre sujeito e objeto é o fundamento do todo, de modo que a consciência que observa está tão mais segura de si quanto mais perfeitamente se anula no objeto. Num momento histórico em que a conciliação entre sujeito e objeto converteu-se em paródia satânica, em anulação do sujeito na ordem subjetiva, unicamente pode aspirar ainda à conciliação a filosofia que desdenha o engano dessa ordem e faz valer, contra a auto-alienação universal, aquilo de que já está alienado sem esperança alguma, aquilo de que nem sequer a "própria coisa" pode dizer nada. Este é o limite do procedimento imanente que, por sua vez, como em seu momento o procedimento hegeliano, já não encontra dogmaticamente nenhum apoio na transcendência positiva. Assim como seu objeto, o conhecimento permanece ligado à contradição determinada.

---

para a construção da idéia e não consideramos, entre muitas outras coisas, as obras da rica juventude de Schoenberg. Na parte sobre Stravinski falta também o primeiro período, do tão célebre *Pássaro de Fogo* até a primeira sinfonia instrumental.

1. Schoenberg e o Progresso

> Mas a intelecção pura está no princípio sem conteúdo e é, antes de tudo, puro eclipse do conteúdo; porém, mediante o movimento negativo contra o seu negativo, a intelecção se realizará e se dará um conteúdo.
>
> HEGEL, *Fenomenologia do Espírito*.

As mudanças por que a música tem passado nos últimos trinta anos não têm sido consideradas até agora em todo o seu alcance. Não se trata aqui da crise de que tanto se fala, que constitui uma fase de fermentação caótica cujo fim poder-se-ia entrever e que traria a ordem após a desordem. O pensamento de uma renovação futura, seja na forma de grandes obras de arte, seja na feliz consonância de música e sociedade, simplesmente nega o que tem ocorrido e que no máximo poderá ser sufocado, mas não apagado da história. A música, obedecendo ao impulso de sua própria coerência objetiva, tem dissolvido criticamente a idéia da obra redonda e compacta e cortado a conexão do efeito coletivo. Na verdade, nem a crise econômica nem a crise da cultura, em cujo conceito está já compreendida a reconstrução administrativa, conseguiu paralisar a vida musical oficial.

Também na música tem sobrevivido o monopólio dos técnicos e peritos. Não obstante, frente à total dispersão do som que se subtrai à rede da cultura organizada e de seus consumidores, tal cultura se revela como um conjunto de men-

34   FILOSOFIA DA NOVA MÚSICA

tiras. E o costume corrente, que não permite o estabeleci-
mento de outro tipo de cultura, atribui a falta de "talento
criador" precisamente a esse outro tipo de cultura. Aqueles
que estão de fora são homens que abrem novos caminhos,
precursores, e sobretudo figuras trágicas. Os que vêm depois
poderão sair-se melhor; se entram oportunamente na corrente,
é possível que sejam admitidos. Mas os que permanecem de
fora não são por certo os precursores de obras futuras, porque
desafiam precisamente o próprio conceito de capacidade de
produção e de obra. O apologista da música verdadeiramente
radical que pretendesse referir-se, por exemplo, à produção
já existente da escola schoenberguiana, renegaria aquilo que
quer defender. As únicas obras que hoje contam são aquelas
que já não são "obras". Isto se pode notar na relação que
existe entre os resultados alcançados por essa escola e os testemunhos de sua primeira fase. Do monodrama *Erwartung,*
que desdobra a eternidade do segundo em quatrocentos compassos, das imagens de *Die Glückliche Hand,* que se transmu-
tam repentinamente e reabsorvem toda uma vida antes que
possa estabelecer-se no tempo... disso nasceu a grande ópera
de Berg, *Wozzeck.* Trata-se realmente de uma grande ópera.
Parece-se ao *Erwartung* tanto nos detalhes como na concepção
geral, ou seja, como representação da angústia, e à *Die Glückliche Hand* na insaciável superposição de complexos harmônicos, como alegoria da complexa estratificação do sujeito psicológico. Mas a Berg, por certo, não teria agradado o pensamento de haver levado a cabo no *Wozzeck* o que nas obras
expressionistas de Schoenberg estava presente como mera
possibilidade. A tragédia, uma vez posta em música, deve
pagar o preço de sua plenitude extensiva e da sábia contemplação da arquitetura. Os esboços imediatos do Schoenberg
expressionista tornam-se aqui mediatos e convertem-se em
novas imagens emotivas. A segurança da forma é um meio
de absorver os *shocks.* Os sofrimentos do soldado impotente
no mecanismo da injustiça se acalmam ao converterem-se em
estilo. Tranqüilizam-se e enchem-se de doçura. A angústia
transbordante torna-se apta para a forma de drama musical
e a música que reflete a angústia se adapta, resignada, ao
esquema da transfiguração[1]: *Wozzeck* é uma obra-prima, uma

---

(1) Na ópera *Lulu* manifestou-se claramente em que consiste este elemento apaziguador. Graças ao desenvolvimento musical, Alwa converteu-se num
jovem sonhador alemão e com ele se abre certamente a possibilidade de
conciliar do modo mais comovedor as origens românticas de Berg com suas
intenções maduras. Não somente isso, mas o próprio texto foi empregado
idealisticamente: *Lulu* permanece simplificada num ser primitivo de sexo
feminino ultrajado pela civilização. Wedekind reagiu sarcasticamente ante esta
transformação. Enquanto Berg, com humanidade, torna sua a causa da prosti-
tuta, afastando em tempo o aguilhão com que ela irrita a sociedade burguesa.
O próprio princípio em cujo nome Lulu se salva é burguês. Trata-se do
princípio da falsa sublimação do sexo. Em *A caixa de Pandora* as últimas
frases da moribunda Geschwitz dizem: "Lulu, meu anjo, que eu te veja ainda
uma vez. Estou perto de ti. Fico perto de ti... para a eternidade. Oh, maldita
seja! (Morre)". As últimas palavras decisivas, "Oh, maldita seja!", estão riscadas
por Berg. Geschwitz morre de amor.

obra da arte tradicional. Esse aterrado tema que tanto recorda a *Erwartung* converte-se num *leitmotiv* repetível e com efeito repetido. Quanto mais lucidamente aparece no desenvolvimento musical, mais espontaneamente renuncia a que seja tomado literalmente: sedimenta-se num mero veículo de expressão, enquanto a repetição o priva de sua agudeza. Quem considera o *Wozzeck* como um dos primeiros resultados duradouros da nova música desconhece até que ponto os louvores que a ele dedica se dirigem a um trabalho que já padece de senilidade. Antes de qualquer outro, Berg provou com grande habilidade os novos meios em grandes durações de tempo. A riqueza e variedade dos caracteres musicais são inesgotáveis em sua obra, e a grandiosidade das disposições arquitetônicas segue paralela. Na compaixão sem ademanes expressada no som encontra-se vigilante um valente derrotismo. Sem dúvida, *Wozzeck* reabsorve em si sua própria posição de saída, justamente nos momentos em que a desenvolve. Os impulsos da obra, que vivem em seus átomos musicais, rebelam-se contra a própria obra. Não toleram nenhum resultado. O sonho de uma possessão artística duradoura não é perturbado somente pela ameaçadora condição social que lhe é exterior. Perturba--o, em igual medida, o efeito da tendência histórica dos próprios meios. O procedimento de composição da nova música põe em discussão o que muitos progressistas esperam dela: imagens concluídas em si mesmas, que possam ser admiradas de uma vez por todas nos museus musicais, ou seja, em teatros e salas de concerto.

A admissão de uma tendência histórica dos meios musicais contradiz a concepção tradicional do material da música. Este se define fisicamente, em todo caso, segundo critérios de psicologia musical, como conceito essencial de todas as sonoridades de que dispõe o compositor. Mas o material de composição difere destas do mesmo modo que a linguagem falada difere dos sons de que dispõe. Esse material é reduzido ou ampliado no curso da história e todos os seus rasgos característicos são resultados do processo histórico. Carregam em si a necessidade histórica com tão maior plenitude quanto menos podem ser decifrados como resultantes históricos imediatos. No momento em que já não se pode reconhecer a expressão histórica de um acorde, este exige obrigatoriamente que tudo que o circunda leve em conta a carga histórica implicada e que se converteu numa qualidade sua. O sentido dos meios musicais não se manifesta em sua gênese. Entretanto, não é possível separá-lo desta. A música não conhece nenhum direito natural e por isso toda psicologia da música é tão discutível. Na tentativa de reduzir a música de qualquer época a uma "compreensão" invariável, supõe-se a constância do sujeito musical. Mas esta está ligada à constância do material natural bem mais estreitamente do que possa pretender a di-

36 FILOSOFIA DA NOVA MÚSICA

ferenciação psicológica. O que ela descreve gratuita e insuficientemente se busca reconhecendo as leis de movimento do material. Segundo estas, nem tudo é possível em todos os tempos. Naturalmente não se deve atribuir ao material sonoro em si, e nem sequer àquele filtrado através do sistema temperado, um direito ontológico próprio, como ocorre, por exemplo, na argumentação do que pretende deduzir, ora das relações dos sons harmônicos, ora da psicologia do ouvido, que o acorde perfeito é a condição necessária e universalmente válida de toda a concepção musical possível e que portanto a música deve ater-se a ele. Esta argumentação, feita até por Hindemith, não é outra coisa senão uma superestrutura útil para tendências de composição reacionárias. Para invalidá-la basta observar que um ouvido desenvolvido está em condições de apreender as mais complicadas relações de sons harmônicos com tanta precisão quanto as mais simples, sem experimentar por isso uma necessidade de "resolução" das supostas dissonâncias, mas antes se rebela espontaneamente contra essas resoluções, que percebe como uma recaída em modos bem mais primitivos, exatamente como ocorria na época do contraponto, em que as sucessões de quintas estavam proibidas por serem consideradas uma espécie de regressão ao arcaico. As exigências impostas ao sujeito pelo material provêm antes do fato de que o próprio "material" é espírito sedimentado, algo socialmente preformado pela consciência do homem. E esse espírito objetivo do material, entendido como subjetividade primordial' esquecida de sua própria natureza, possui suas próprias leis de movimento. Como tem a mesma origem do processo social e como está constantemente penetrado pelos vestígios deste, o que parece puro e simples automovimento do material se desenvolve no mesmo sentido que a sociedade real, mesmo quando estas duas esferas já nada sabem uma da outra e se comportam com recíproca hostilidade. Por isso a discussão do compositor com o material é também discussão com a sociedade, justamente na medida em que esta emigrou para a obra e já não está à frente da produção artística como um fator meramente exterior, heterônomo, isto é, como consumidor ou rival da produção. As advertências, que o material transmite ao compositor e que este transforma enquanto as obedece, constituem-se numa interação imanente. É compreensível que no surgimento de uma técnica não possam ser antecipados os estados futuros ou que se possa fazê-lo somente de maneira fragmentária. Mas também é certo o contrário. Hoje, o compositor realmente não dispõe de todas as combinações sonoras que foram usadas até agora. Mesmo o ouvido mais obtuso percebe a mesquinhez e planura do acorde de sétima diminuta ou de certas notas cromáticas da música de salão do século XIX. Para o ouvido tecnicamente experiente esse vago mal--estar se converte num preceito de proibição. Se tudo não é

SCHOENBERG E O PROGRESSO 37

engano, o compositor já exclui hoje os meios da tonalidade, isto é, os de toda a música tradicional. E o faz, não tanto porque esses acordes tenham envelhecido e não correspondam à época, mas porque são falsos. Já não cumprem sua função. O estado mais avançado dos procedimentos técnicos musicais delineia tarefas frente às quais os tradicionais acordes parecem impotentes clichês. Há composições modernas em cujo contexto estão ocasionalmente disseminados acordes tonais; e precisamente estes acordes são cacofônicos, e não as dissonâncias em cuja representação eles podem, de vez em quando, estar até justificados. Além disso, não é somente a impureza estilística a responsável pela falsidade desses acordes, mas o horizonte técnico atual, em que os acordes tonais chocam desagradavelmente, compreende hoje toda a música. Se um contemporâneo trabalha única e exclusivamente com harmonias tonais, como por exemplo Sibelius, estas soam falsas, como se fossem cunhas inseridas na esfera atonal. Tudo isso exige, por certo, uma limitação. A verdade ou falsidade de determinados acordes não decide sua aparição isolada. Com efeito, pode-se medi-la somente em relação ao estado geral da técnica. O acorde de sétima diminuta, que soa falso nas peças de salão, é justo e cheio de expressão no início da *Sonata opus 111* de Beethoven[2]. Não se trata aqui, ainda, de uma concessão ao mau gosto, mas deriva da disposição construtiva da obra. Além disso, o nível técnico geral de Beethoven, a tensão entre a extrema dissonância que lhe é possível e a consonância, as perspectivas harmônicas que implicam todos os feitos melódicos, a concepção dinâmica da tonalidade como conjunto, todos esses elementos reunidos conferem ao acorde seu peso específico. Contudo, o processo histórico no qual o perdeu é irreversível[3]. Como hoje está morto, o acorde de sétima dimi-

(2) Pode-se dizer o mesmo no caso da música moderna. No âmbito da dodecafonia, acordes que contêm numerosas reduplicações de oitava soam falsos. A exclusão das oitavas foi uma das mais importantes limitações com respeito à livre atonalidade, mas a proibição é válida somente para o estado atual do material e não para as obras anteriores. As numerosas reduplicações de oitava de *Die Glückliche Hand* são sempre justas e eram tecnicamente necessárias por causa da superposição de planos harmônicos excessivamente ricos, em que se fundamenta a construção dessa obra. Neutralizam-se geralmente pelo fato de que os sons reduplicados pertencem, às vezes, a diversos complexos parciais, porque não estão em relação recíproca direta e o efeito do acorde único e "puro", que aqui realmente não se deseja, permanece sempre em suspenso. Sua legitimação depende da qualidade do material. A livre atonalidade conhece efeitos afins, que se fundamentam na relação de sensível e tônica. Isto condiciona uma permanência tonal, ou seja, o som global considerado como tonalidade fundamental. A isto corresponde a possibilidade das reduplicações de oitava. O que conduz à técnica dodecafônica não é uma obrigação mecânica e nem sequer a maior precisão de uma audição atenta, mas sim certas tendências do material que não coincidem com as tendências da obra individual e que inclusive muito freqüentemente as contradizem. Além disso, os compositores dodecafônicos, que duvidam de si por amor à pureza da escritura, devem evitar todas as reduplicações de oitava ou admiti-las novamente, pela grande clareza que introduzem.

(3) Naquelas esferas em que a tendência evolutiva da música ocidental não se impôs completamente, como em alguns territórios agrários da Europa Meridional e Oriental, pôde ser empregado sem desonra, até o passado mais recente, um material tonal. Basta pensar na arte de caráter regional, mas grandiosa em sua coerência, de Janacek, e também em boa parte da música de Bartók que, com toda a sua inclinação ao folclore, representava simulta-

38 FILOSOFIA DA NOVA MÚSICA

nuta representa uma situação técnica geral que está em contradição com a atual. Mesmo quando a verdade ou falsidade de qualquer elemento musical individual depende do estado total da técnica, este só se torna decifrável em determinadas constelações de obras particulares. Nenhum acorde é falso "em si", pelo simples fato de que não existem acordes em si e porque cada acorde leva consigo o todo e até toda a história. Mas justamente por isso a faculdade que tem o ouvido de distinguir o legítimo ou o falso está irremediavelmente ligada a um determinado acorde e não à reflexão abstrata que se realiza no plano técnico geral. Mas deste modo se transforma, ao mesmo tempo, também a figura do compositor, que perde essa liberdade total que a estética do idealismo está acostumada a atribuir ao artista. O artista não é um criador. A época e a sociedade em que vive não o delimitam de fora, mas o delimitam precisamente na severa exigência de exatidão que suas mesmas imagens lhe impõem. O estado da técnica se apresenta como um problema em cada compasso: em cada compasso, a técnica, em sua totalidade, exige ser levada em conta e que se dê a única resposta exata que ela admite nesse determinado momento. As composições não são nada mais do que respostas deste gênero, soluções de quebra-cabeças técnicos, e o compositor é a única pessoa que está em condições de decifrá-los e compreender sua própria música. O que faz, ele o faz no infinitamente pequeno e se realiza na execução do que sua música exige objetivamente dele. Mas, para acomodar-se a tal obediência, o compositor tem necessidade de uma desobediência total, da maior independência e espontaneidade possíveis. Até esse ponto o movimento do material musical é dialético.

Mas hoje este movimento se endereçou contra a obra fechada e tudo o que está ligado a ela. A enfermidade que ficou presa na idéia de obra pode derivar da condição social que não apresenta nada tão obrigatório e autêntico que garanta a harmonia da obra auto-suficiente. As dificuldades proibitivas da obra não são descobertas, contudo, refletindo-se sobre ela, mas sim na obscura interioridade da própria obra. Se se pensa no sintoma mais visível, a contração da dimensão no tempo, que na música dá corpo às obras somente enquanto têm uma duração, menos que nunca se podem atribuir culpa

neamente parte da grande música européia mais avançada. A legitimação desta música "um pouco à margem" se encontra sempre no fato de que ela dá forma a um preceito técnico em si mesmo exato e seletivo. À diferença das manifestações da ideologia do sangue e do solo, a música realmente regional, cujo material em si fácil e corrente está organizado de maneira muito diferente da ocidental, possui uma força de estranhamento que a aproxima da vanguarda e não da reação nacionalista. De certo modo sai de fora em auxílio à crítica musical imanente da cultura, tal como esta se expressa na música radical moderna. A música ideológica do sangue e do solo é, em troca, sempre afirmativa e se mantém ligada à "tradição", tanto quanto a tradição de qualquer música oficial se encontra em suspenso na expressão musical de Janacek, em meio a todos os acordes perfeitos.

SCHOENBERG E O PROGRESSO

à impotência individual e à incapacidade de realizar configurações formais. Nenhuma obra podéria demonstrar melhor que as mais breves frases de Schoenberg e Webern a densidade e consistência de configurações formais. Sua brevidade deriva precisamente da exigência de uma densidade suprema. Esta proíbe o supérfluo. E assim se rebela contra a extensão no tempo, que é a base da concepção da obra musical desde o século XVIII, por certo desde Beethoven. Um golpe alcança a obra, o tempo e a aparência. A crítica do esquema extensivo se entrelaça com a crítica do conteúdo da frase e da ideologia. A música coagulada no instante é verdadeira como êxito de uma experiência negativa. Reflete a dor real[4]. Com este espírito a música nova destrói os ornamentos e em conseqüência também as obras simétrico-extensivas. Entre os argumentos que quiseram deslocar o incômodo Schoenberg para o passado do romantismo e do individualismo para com melhor consciência poder servir ao coletivo, velho e novo, o mais difundido é o que o considera como "músico do expressivo" e considera sua música como "exagero" do princípio de expressão, tornado agora caduco. Não é necessário negar a origem de Schoenberg no expressivo wagneriano nem passar por cima dos elementos tradicionalmente "expressivos" de suas primeiras obras; estas são duas comprovações que sempre se mostraram perfeitamente inúteis. É importante, em compensação, o expressivo de Schoenberg desde o momento da ruptura que remonta pelo menos às *Obras para piano, opus 11,* e aos *Lieder sobre textos de George,* onde se manifesta qualitativamente diferente do romântico, graças a esse "exagero" do princípio da expressão. A música "expressiva" ocidental, desde princípios do século XVII, assumiu a expressão que o compositor atribuía a suas obras, e não somente a expressão dramática, como ocorre no caso da música para drama, sem que as emoções expressadas pretendessem estar imediatamente presentes e serem reais à obra. A música dramática, verdadeira música *ficta,* ofereceu, de Monteverdi a Verdi, um modo de expressão estilizado e ao mesmo tempo mediato, isto é, a aparência da paixão. Quando transcendia isto e pretendia uma substancialidade mais além da aparência dos sentimentos expressados, esta pretensão não estava ligada a movimentos musicais individuais que deveriam refletir os da alma, mas estava garantida

(4) Por que és tão breve? Não amas, pois,
como antes o canto? Quando jovem,
quando cantavas nos dias de esperança,
não encontravas nunca o fim.
Minha felicidade é como meu canto. Queres no crepúsculo
banhar-te jubiloso? Já não há luz, a terra está fria,
e gorjeia o pássaro da noite,
sinistro ante teus olhos.
(HOELDERLIN. *Saemtliche Werke*. "Inselausgabe". Leipzig, p. 89.)

40 FILOSOFIA DA NOVA MÚSICA

unicamente pela totalidade da forma que comandava os caracteres musicais e suas coesões. Em Schoenberg ocorre algo muito diferente. Nele, o único momento propriamente subversivo é a mudança de função da expressão musical. Já não se trata de paixões simuladas, mas antes de movimentos corporais do inconsciente, de *shocks,* de traumas, que ficam registrados no meio da música. Atacam os tabus da forma, já que estes submetem tais movimentos à sua censura; racionaliza-os e transpõem-nos em imagens. As inovações formais de Schoenberg estavam estreitamente ligadas ao conteúdo da expressão e serviam para fazer irromper sua realidade. As primeiras obras atonais são documentos no sentido dos documentos oníricos dos psicanalistas. Kandinsky, em seu ensaio compreendido na primeira publicação sobre Schoenberg, chamou seus quadros de "Nus cerebrais". Os vestígios daquela revolução da expressão são, contudo, as manchas que se introduzem contra a vontade do autor, na pintura e na música, como mensagens do mi bemol, que perturbam a superfície e, como os rastros de sangue da fábula, não podem ser apagadas com correções sucessivas[5]. A dor real deixou-as nas obras de arte para indicar que já não se reconhece a autonomia destas. E é a heteronomia dessas manchas que provoca a arrogante aparência da música. E esta aparência consiste no fato de que em toda a música tradicional elementos dados e sedimentados em fórmulas são empregados como se fossem necessidade indispensável desse determinado caso particular; ou no fato de que este último parece idêntico à linguagem formal preestabelecida. Desde os princípios da era burguesa toda a grande música teve que condescender em estimular esta unidade como se fosse perfeitamente compacta e em justificar, através de sua própria individualização, as leis gerais e convencionais a que está submetida. A nova música se opõe a isto. A crítica do ornamento, a crítica da convenção e a crítica da universalidade abstrata da linguagem musical têm um só significado. Se a música é privilegiada frente às outras artes graças à falta de aparência, no sentido de que não apresenta imagens, ela sempre participou, porém, com todas as forças, conciliando incansavelmente suas próprias tarefas com o predomínio das convenções, do caráter de aparência da obra de arte burguesa. Schoenberg privou-se de seguidores, ao tomar a sério precisamente essa expressão cuja subordinação à universalidade conciliadora é o princípio mais íntimo da aparência musical. A música de Schoenberg desmente a pretensão de que se concilie o universal e o particular. Já que esta música deve sua origem quase a um impulso vegetal, já que precisamente sua irregularidade se

---

(5) Tais manchas estão, por exemplo, no trêmulo da primeira obra para piano, *opus 19,* ou nos compassos 10, 269 e 382, da *Erwartung.*

SCHOENBERG E O PROGRESSO 41

aproxima das formas orgânicas, não é de modo algum totalidade. O próprio Nietzsche, numa observação ocasional, determinou a essência da grande obra de arte, ao declarar que esta fundamenta-se em poder ser, em todos os seus momentos, também algo diferente. Esta determinação da obra de arte em virtude de sua liberdade pressupõe que as convenções tenham um valor obrigatório. Somente no caso de que estas, libertas de qualquer problema, garantissem de antemão a totalidade, tudo poderia na realidade ser diferente: precisamente porque não haveria nada diferente. A maior parte dos períodos musicais de Mozart ofereceria aos compositores amplas alternativas. Nietzsche assumiu com razão uma posição positiva frente às convenções estáticas e sua última *ratio* foi o jogo irônico com formas cuja substancialidade desapareceu. Todo aquele que não se sujeitava a esse jogo era para ele suspeito de plebeu e protestante; e há muito disso em sua luta contra Wagner. Mas somente com Schoenberg a música aceitou o desafio nietzschiano[6]. As obras de Schoenberg são as primeiras em que realmente nada pode ser diferente: são documento e construção ao mesmo tempo. Nelas nada permanece das convenções que garantiam a liberdade do jogo. Schoenberg assumiu uma atitude tão polêmica a respeito do jogo quanto a respeito da aparência. Volta-se tão violentamente contra os músicos neo-objetivos e contra a coletividade, que têm a mesma direção, quanto contra o ornamento romântico. Ele mesmo formulou sua dupla atitude da seguinte maneira: "A música não deve enfeitar, mas deve ser verdadeira" e "A arte não nasce do

(6) A origem da atonalidade, como completa purificação da música liberta das convenções, tem precisamente nisto algo de selvagem. Na realidade, esta sempre abala nos estalos anticulturais de Schoenberg a superfície artificial. O acorde dissonante não somente frente à consonância é o mais diferenciado e avançado, mas parece como se o princípio de ordem da civilização não o houvesse submetido totalmente, quase como se de certa forma fosse mais antigo do que a tonalidade. Neste estado caótico, o estilo, digamos por exemplo, da *ars nova* florentina, a combinação de vozes sem preocupações harmônicas, pode modificar-se com tanta facilidade em seu aspecto exterior, por obra de gente iletrada, que se confunde com certos produtos intransigentes do "contraponto linear". Os acordes complexos parecem ao ouvido ingênuo "falsos ou falhos", como se fossem o produto de um domínio ainda imperfeito da arte, do mesmo modo que o leigo acha que estão "mal desenhados" os trabalhos da pintura de vanguarda. O próprio progresso, com seu protesto contra as convenções, tem algo de infantil, de regressivo. As primeiras composições atonais de Schoenberg, particularmente as *Obras para piano opus 11*, chocam mais por seu primitivismo do que por sua complexidade. A obra de Webern, com toda a sua emoção lacerante, ou talvez graças precisamente a ela, é quase sempre primitiva. Neste impulso, Stravinski e Schoenberg tocaram-se por um instante. Neste último o primitivismo da fase revolucionária se refere também ao conteúdo expressivo. A expressão da dor não minorada pelas convenções parece indecorosa: aqui se volta contra o tabu daquela preceptora inglesa que Mahler repreendeu quando ela exortava: *don't get excited*. A oposição internacional a Schoenberg não é portanto tão diferente, em sua motivação mais íntima, daquela que encontrou o tão estritamente tonal Mahler. (Ver MAX HORKHEIMER e THEODOR W. ADORNO, *Dialektik der Aufklaerung*, Amsterdã, 1947, p. 214.)

42 FILOSOFIA DA NOVA MÚSICA

poder, mas do dever"[7]. Com a negação da aparência e do jogo, a música tende ao conhecimento. Mas isto se baseia no conteúdo expressivo da própria música. O que a música radical conhece é a dor não transfigurada do homem. A impotência deste é tal que já não permite aparência ou jogo. Os conflitos instintivos — a música de Schoenberg não deixa dúvidas sobre o caráter sexual de sua gênese — assumiram na música documental uma força que lhe impede suavizá-los com o consolo. Na expressão da angústia entendida como *Vorgefühle,* a música da fase expressionista de Schoenberg atesta a impotência do homem. O monodrama *Erwartung* tem como heroína uma mulher que procura seu amante pela noite, ficando presa pelos terrores da obscuridade, e termina encontrando-o assassinado. Entrega-se à música quase como se fosse uma paciente psicanalítica. A confissão de ódio, ciúmes e perdão e ainda todo o simbolismo do inconsciente, estão expressados na música, que recorda seu próprio direito de opor-se e de consolar somente no momento de loucura da heroína. O registro sismográfico de *shocks* traumáticos converte-se ao mesmo tempo na lei técnica da forma musical. Esta lei proíbe toda continuidade e desenvolvimento. A linguagem musical se polariza em seus extremos: atitudes de *shock* e análogos estremecimentos do corpo, por um lado; e por outro expressa, vítreo, aquilo que a angústia torna rígido. E desta polarização depende tanto o mundo formal interno do Schoenberg da maturidade quanto de Webern. Esta polarização destrói a "mediação" musical que antes havia sido exaltada pela escola de ambos os músicos, a diferença entre tema e desenvolvimento, a continuidade do fluxo harmônico, a linha melódica ininterrupta. Não existe nenhuma inovação técnica de Schoenberg que não possa referir-se a essa polarização da expressão e que não conserve vestígios além do círculo mágico da própria expressão. Desta maneira pode-se forjar uma idéia da compenetração de forma e conteúdo em toda a música. É insensato, portanto, pretender condenar como formalista uma articulação técnica tão ampla. Todas as formas da música, não só a do expressionismo, são conteúdos precipitados. Neles sobrevive o que de outra maneira estaria esquecido e que já não pode nos falar diretamente. O que uma vez buscava refúgio na forma permanece anônimo na duração desta. As formas da arte registram a história da humanidade com mais exatidão do que os documentos. E não há endurecimento da forma que não possa ser interpretado como negação da dureza da vida. Mas o fato de que a angústia do homem solitário se converta em preceito da linguagem estética das

(7) Schoenberg, Arnold. Probleme des Kunstunterrichts. Musikalisches Taschenbuch, Viena, 1911.

SCHOENBERG E O PROGRESSO 43

formas revela em parte o segredo da solidão. A censura contra o individualismo tardio da arte é mesquinha, porque desconhece a essência social deste individualismo. O "discurso solitário" interpreta melhor a tendência da sociedade do que o discurso comunicativo. Schoenberg deparou com o caráter social da solidão e aceitou-o até suas últimas conseqüências. Musicalmente, o "drama com música", *Die Glückliche Hand* é talvez a obra mais significativa que conseguiu criar: é o sonho de uma totalidade muito mais válida, porque não se realizou nunca como sinfonia total. O texto poderá apresentar muitas deficiências, mas não se pode separá-lo da música. Seus encolhimentos grosseiros são justamente o que impõe à música sua forma concisa e, em conseqüência, também sua força incisiva e sua densidade. E é precisamente a crítica a esta rusticidade do texto que conduz ao centro histórico da música expressionista. O herói é um solitário strindberguiano que experimenta fracassos tanto no plano erótico quanto em seu trabalho. Schoenberg recusa-se a explicá-lo do ponto de vista "social psicológico" da sociedade industrial. Mas observou que os sujeitos humanos e a sociedade industrial encontram-se numa relação de perene oposição e comunicam-se através da angústia. O terceiro quadro do drama desenvolve-se numa oficina. Vêem-se "alguns operários em roupas realistas de trabalho, entregues a seu ofício. Um deles lima, outro está sentado junto a uma máquina, outro maneja o martelo". O protagonista entra na oficina. Com as palavras: "Isto pode ser feito de maneira mais simples" — crítica simbólica ao supérfluo — converte um pedaço de ouro, servindo-se de uma varinha mágica, na jóia cuja fabricação exige dos operários realistas complicados procedimentos baseados na divisão do trabalho. "Antes que ele descarregue o golpe da varinha mágica, os operários levantam-se de um salto e dão mostras de quererem lançar-se sobre ele. Enquanto isso, sem levar em conta a ameaça, o homem contempla sua mão esquerda levantada... Como o martelo torna a cair, ficam rígidas de estupor as fisionomias dos operários; a bigorna fendeu-se no centro e o ouro caiu na fenda. O homem se inclina e ergue-o com a mão esquerda; ergue-o lentamente até o alto. É um diadema ricamente ornado de pedras preciosas." O homem canta, "simplesmente, sem comoção: 'Assim se fazem jóias'". "O aspecto dos operários torna-se ameaçador. Em seguida, insultante; consultam-se entre si e por fim parece que projetam atacar novamente o homem. Este lhes arremessa, rindo, a jóia. Eles querem precipitar-se sobre o homem que está de costas e não os vê." Aqui muda a cena. A ingenuidade objetiva destes acontecimentos é simplesmente a do homem que "não vê" os trabalhadores. É alheio ao processo real de produção da sociedade

FILOSOFIA DA NOVA MÚSICA

e já não pode reconhecer a relação entre o trabalho e a forma da economia. O fenômeno do trabalho se lhe manifesta como algo absoluto. O fato de que os operários apareçam no drama estilizado com roupas muito realistas corresponde à angústia que aquele que está separado dela experimenta frente à produção material. Trata-se da angústia de ter que despertar, que domina inteiramente o conflito expressionista entre os sonhos do teatro e a realidade. Porque o herói, prisioneiro do sonho, considera-se demasiado superior para ver os operários, pensa que a ameaça procede destes e não dessa totalidade que o separou violentamente deles. A caótica anarquia predominante nas relações de trabalho dos homens, anarquia causada pelo sistema, se expressa transferindo a culpa às vítimas. Na realidade, a própria ameaça não é a rebelião daqueles operários como tal, mas antes é a resposta que dão à injustiça universal que ameaça sua existência com cada nova invenção. A cegueira que faz com que o protagonista "não veja" é, contudo, ela mesma, de natureza objetiva — é a ideologia da classe. Neste sentido, o aspecto caótico de *Die Glückliche Hand,* que deixa sem esclarecimento o que não está esclarecido, confirma essa honestidade intelectual representada por Schoenberg contra o jogo e a aparência. Mas a realidade do caos não é toda a realidade. Manifesta-se nela a lei segundo a qual a sociedade baseada no intercâmbio reproduz-se cegamente por cima das cabeças dos homens. Trata-se de uma lei que compreende o acréscimo contínuo do poder dos fortes sobre os outros homens. O mundo é caótico para as vítimas da lei dos valores e da concentração econômica; mas não é "caótico" em si. Somente o considera caótico o indivíduo que se vê sufocado sem piedade pelo princípio em que esse mundo se baseia. As forças que tornam caótico o seu mundo assumem por fim a reorganização do caos, porque é o mundo delas. O caos é a função do cosmos, *le désordre avant l'ordre.* Caos e sistema são a mesma coisa, tanto na sociedade quanto na filosofia. O mundo dos valores concebidos em meio ao caos expressionista apresenta vestígios do novo poder ameaçador. O homem de *Die Glückliche Hand* não vê a amada, assim como não vê os operários. Eleva sua compaixão por si mesmo ao oculto reino do espírito. É um condutor. Sua força opera na música; sua debilidade, no texto. A crítica à reificação que ele representa é, como a de Wagner, reacionária. Não se volta contra as relações de produção social, mas contra a divisão do trabalho. A *praxis* própria de Schoenberg sofre este intercâmbio. Está oprimida por intenções poéticas com que o compositor realiza completamente na música a mais alta medida de conhecimento especializado. Também aqui se inverte, uma tendência wagneriana. O que na obra de arte total se mantém

SCHOENBERG E O PROGRESSO

ainda unido graças à organização racional do processo de produção artística e tem sua parte progressiva, fragmenta-se em Schoenberg do modo mais disparatado. Schoenberg permanece fiel, enquanto competidor, ao que subsiste. "Isto pode ser feito mais simplesmente" do que o fazem os outros. O protagonista schoenberguiano tem "em volta do corpo, como um cinturão, um cordão e leva na mão uma sangrenta espada desembainhada". Por pior que lhe seja a vida neste mundo, é de qualquer forma o homem do poder e da força. O fabuloso animal da angústia, que lhe devora a nuca, obriga-o à obediência. E o impotente entrega-se à própria impotência e transfere aos outros e injustiça que lhe foi feita. Nada poderia marcar sua ambigüidade histórica com maior exatidão do que a observação da *mise en scène* segundo a qual a cena "representa um lugar entre uma oficina mecânica e uma oficina de ourives". O herói, profeta da nova objetividade, deve salvar como artesão a magia da velha técnica de produção. Seu simples gesto contra o supérfluo serve para produzir um diadema. Sigfried, seu modelo, fabricou pelo menos a espada. "A música não deve enfeitar, deve ser verdadeira." Mas a obra de arte tem de novo somente a arte por objeto e não pode escapar esteticamente à cegueira ideológica de que socialmente faz parte. A obra de arte absoluta, radical, não pode referir-se tautologicamente, em sua cegueira, senão a si mesma. Seu centro simbólico é a arte. Mas assim se esvazia. Já se apodera dela, no nível do expressionismo, esse vazio que se tornou manifesto na nova objetividade. O expressionismo possui elementos desta objetividade e, ao mesmo tempo, participa do estilo juvenil e do artesanato industrial que o haviam precedido. *Die Glückliche Hand,* está ligada a estes estilos em momentos como o do simbolismo das cores. O retorno à aparência torna-se, assim, fácil para o protesto expressionista, porque ela se formou precisamente na aparência da própria individualidade. O expressionismo permanece, de má vontade e resmungando, o que por volta de 1900 se reconhecia abertamente como sendo a arte, isto é, solidão como estilo.

Erwartung contém, perto do final, numa das passagens mais significativas, e precisamente com as palavras "Mil homens passam"[8], uma citação musical. Schoenberg tomou-a de uma canção tonal anterior, cujo tema e contraponto ele introduz com grande arte no contexto livre e independente de *Erwartung,* sem prejudicar a atonalidade. A canção se intitula *Am Wegrand* e pertence ao grupo do *opus 6,* composto de poesias exclusivamente de estilo juvenil. As palavras são do biógrafo de Stierner, John Henry Mackay. Fixam o ponto de contato do estilo juvenil e do expressionismo, assim como

(8) Compassos 411 e ss.; comparar 401 e ss.

46 FILOSOFIA DA NOVA MÚSICA

a própria composição do *lied,* que tem uma escrita pianística de tipo brahmsiano e que perturba a tonalidade com graus cromáticos autônomos e choques contrapontísticos. A poesia diz:

Aqui se encontra a forma do estilo como solidão. A solidão é uma solidão coletiva. É a solidão dos habitantes da cidade, que já nada sabem uns dos outros. A atitude do solitário adquire assim a possibilidade de ser comparada e pode ser objeto de citação: o expressionista revela a solidão como universalidade[9]. O expressionista cita, mesmo quando não há verdadeira citação: a passagem "Amado, amado, chega a manhã" *(Erwartung,* compasso 389 e ss.) não renega o "Escuta" do segundo ato de *Tristão.* Como na ciência, a citação denota autoridade e, em sua angústia, o solitário que faz uma citação busca um apoio naquilo que tem valor definitivo. A angústia emancipou-se, nos documentos expressionistas, dos tabus burgueses da expressão. Mas havendo-se emancipado nada a impede de entregar-se ao mais forte. A posição da monodia absoluta na arte é duas coisas: resistência à má socialização e também predisposição a uma socialização pior.

A revirada produz-se necessariamente. Deriva precisamente do fato de que o conteúdo do expressionismo, o sujeito absoluto, não é absoluto. Em seu isolamento aparece a sociedade. O último dos *Coros para vozes masculinas, opus 35,* de Schoenberg, dá conta disso com toda a simplicidade. "Negue pois que tu também pertences a ele! Não fiques só." Tal "ligação" se manifesta, contudo, enquanto as expressões puras em seu isolamento liberam elementos do intra-subjetivo e, conseqüentemente, da objetividade estética. Toda a coerência expressionista que desafia as categorias tradicionais da obra de arte aspira por sua própria natureza a poder ser tal como é e não de outra maneira, e com isto aspira, pois, à exatidão da organização. Enquanto a expressão polariza a estrutura musical para seus extremos, a sucessão destes constitui por sua vez uma estrutura. O contraste, como lei da forma, não é menos obrigatório do que "a transição" da música tradicional. Poder-se-ia definir a última técnica dodecafônica como sistema de contrastes, como integração do que não está relacionado. Enquanto a arte se conserva à distância da vida imediata, não está em condições de saltar mais

---

(9) Em Alban Berg, onde predomina a tendência à estilização da expressão e que nunca se emancipou completamente do estilo juvenil, a citação se apresenta cada vez mais em primeiro plano, a partir do *Wozzeck.* Por exemplo, a *Suíte lírica* cita textualmente uma passagem da *Sinfonia lírica* de Zemlinski e o início do *Tristão,* uma cena de *Lulu* cita os primeiros compassos do *Wozzeck.* Enquanto nestas citações a autonomia da forma fica anulada, seu compacto caráter de monodia é reconhecido simultaneamente como aparência. Satisfazer a forma singular significa realizar o que já está imposto a todas as outras. O expressionista que cita aceita a comunicação.

SCHOENBERG E O PROGRESSO

além da sombra de sua autonomia e imanência formal. O expressionismo hostil à obra está ainda em piores condições de fazê-lo por causa de sua hostilidade, já que precisamente ao denunciar a comunicação se compraz nessa autonomia que se verifica unicamente na coerência da obra de arte. O que impede persistir na posição expressionista é esta contradição inevitável. Enquanto o objeto estético deve ser determinado como simples dado concreto, o próprio objeto estético, precisamente devido a esta determinação negativa que repele todo elemento superador, transcende o simples e puro dado concreto. A liberação absoluta do particular com respeito ao universal entra numa relação polêmica e fundamental com este e o transforma num fator geral. O determinado é, em virtude de sua própria forma, algo mais do que a simples esporadicidade de que adquiriu a forma. Até os elementos de *shock* de *Erwartung,* assim que retornam, assimilam-se à fórmula e atraem para si a forma que os abarca: o canto que termina a parte é um verdadeiro "final". Se chamamos objetivismo à obrigação de uma construção exata, o objetivismo não é por certo um movimento que se oponha ao expressionismo. É o expressionismo em seu outro modo de ser. A música expressionista havia tomado com tanta exatidão o princípio da expressão da música romântica tradicional que ele assumiu o caráter de documento. Mas ao mesmo tempo o inverteu. A música como documento da expressão já não é "expressiva". Sobre ela já não pende em vaga distância o que ao estar expressado lhe confere o reflexo do infinito. Logo que a música fixa rigidamente, univocamente, o que expressa, isto é, seu conteúdo subjetivo, este se torna rígido e se transforma justamente nesse elemento objetivo de cuja existência renega o puro caráter expressivo da música. Na relação documental com seu objeto, ela mesma se torna "obejtiva". Com suas explosões desvanece-se o sonho da subjetividade, tanto quanto as convenções. Os acordes documentais destróem a aparência subjetiva. Mas deste modo acabam anulando sua própria função expressiva. O que eles configuram como objeto, por mais exato que este seja, torna-se indiferente: é sempre a mesma subjetividade que perde seu encanto frente à exatidão do olhar com que a fixa a obra de arte. Os acordes documentais convertem-se assim em material de construção. Isso ocorre em *Die Glückliche Hand,* que é um testemunho de expressionismo ortodoxo e ao mesmo tempo uma obra de arte acabada. Com a repetição, com o *ostinato* e as harmonias sustentadas, com o lapidar acorde temático dos trombones da última cena[10], esta obra se declara pela arquitetura. Tal arquitetura nega o psicologismo musical que, contudo, nela se verifica. Desta maneira

(10)   Compassos 214 e ss., 248 e 252.

48 FILOSOFIA DA NOVA MÚSICA

a música não somente recai, como o texto, no grau de conhecimento do expressionismo, mas ao mesmo tempo o ultrapassa. A categoria da obra de arte entendida como obra acabada e conclusa em si mesma não pode desdobrar-se nessa aparência que o expressionismo desmente. Ela mesma tem um caráter duplo. Mesmo quando a obra revela o sujeito, isolado e inteiramente alienado, como disfarce da harmonia e da reconciliação consigo mesmo e com os outros, é ao mesmo tempo a instância que assinala limitações à individualidade malévola, que por sua vez faz parte de uma malévola sociedade. Se a individualidade tem uma posição crítica a respeito da obra, esta tem por sua vez uma posição crítica a respeito da individualidade. Se a casualidade individual protesta contra a lei social repelida de que ela mesma provém, a obra constrói esquemas para apropriar-se da casualidade. A obra representa o quanto há de verdadeiro, na sociedade, contra o indivíduo que reconhece a não-verdade da sociedade e reconhece até que ponto ele mesmo é essa não-verdade. Somente nas obras está presente o que supera a limitação entre sujeito e objeto. Como conciliação aparente, são o reflexo da conciliação real. Na fase expressionista a música havia anulado a aspiração à totalidade. Mas a música expressionista prosseguiu sendo "orgânica"[11], prosseguiu sendo linguagem, prosseguiu sendo subjetiva e psicológica. Isto a conduz novamente à totalidade. Se o expressionismo não se mostrou bastante radical contra a superstição do orgânico, sua liquidação cristalizou ainda uma vez a idéia da obra de arte; a herança do expressionismo recai necessariamente em obras acabadas.

O que poderia realizar-se nestas condições parece ilimitado. Todos os princípios seletivos e restritivos da tonalidade caíram. A música tradicional devia encontrar-se nos limites de um número extremadamente limitado de combinações sonoras, especialmente no sentido vertical. Devia defender-se continuamente contra o específico, mediante constelações do universal, que, paradoxalmente, deviam apresentá-lo como idêntico ao irrepetível. Toda a obra de Beethoven é uma interpretação deste paradoxo. Hoje, em compensação, os acordes são concebidos em função das exigências insubstituíveis de seu emprego concreto. Nenhuma convenção proíbe

---

(11) Na atitude frente ao orgânico distinguem-se o expressionismo e o surrealismo. A "laceração" do expressionismo provém da irracionalidade orgânica. Mede-se segundo o gesto repentino e a imobilidade do corpo. Seu ritmo é o da vigília e o do sono. A irracionalidade surrealista supõe dissolvida a unidade fisiológica do corpo. Paul Bekker chamou uma vez o expressionismo de Schoenberg de "música fisiológica". A música surrealista é antiorgânica e refere-se ao morto. Destrói os limites que separam o corpo do mundo das coisas, para convencer a sociedade da "reificação" do corpo. Sua forma é a da montagem. Esta, porém, é estranha a Schoenberg. Contudo, no surrealismo, quanto mais se priva a subjetividade de seu direito ao mundo dos objetos e admite, ao denunciá-la, a supremacia deste, tanto mais está disposta a aceitar a forma preestabelecida do mundo das coisas.

SCHOENBERG E O PROGRESSO

ao compositor as sonoridades de que tenha necessidade num determinado momento e, apenas nesse momento, nenhuma convenção o obriga a adaptar-se ao caráter universal antigo. Simultaneamente com a liberação das travas do material, aumentou a possibilidade de dominá-lo tecnicamente. É como se a música se houvesse subtraído ao suposto domínio último que a natureza exerce sobre a matéria e estivesse em condições de submetê-la, livre, consciente e penetrantemente. O compositor se emancipou ao mesmo tempo que os sons. As diferentes dimensões da música tonal ocidental — melodia, harmonia, contraponto, forma e instrumentação — desenvolveram-se historicamente e com independência umas das outras, sem ordem e, por assim dizer, como uma "selva natural". Mesmo nos casos em que uma se tenha convertido em função da outra, como por exemplo a melodia com respeito à harmonia durante o período romântico, não se trata na verdade de uma derivação, mas antes de uma assimilação recíproca. A melodia "parafraseou" a função harmônica; a harmonia se diferenciou a serviço dos valores melódicos. Mas ainda o fato de que a melodia se libertara de seu antigo caráter de acorde perfeito, devido ao *lied* romântico, continua no marco da universalidade harmônica. A cegueira com que se desenvolveram as forças musicais criadoras, especialmente a partir de Beethoven, deu como resultado desproporções. Cada vez que uma esfera isolada do material se desenvolvia num movimento histórico, as outras partes ficavam atrás e com ele desmentiam na unidade da obra aquelas partes mais avançadas e desenvolvidas. Enquanto, no romantismo, isto valia sobretudo para o contraponto. Aqui o contraponto se converte num mero agregado de composição homofônica. Nesta época os compositores limitam-se a combinar exteriormente os temas pensados homofonicamente ou a adornar de maneira puramente ornamental o "coral" harmônico com partes polifônicas. Nisto se assemelham Wagner, Strauss e Reger. Mas o contraponto, ao mesmo tempo, consiste por sua própria natureza na simultaneidade de partes independentes. Quando esquece isso é um mau contraponto. São exemplos decisivos os contrapontos "muito bons" do romantismo tardio. Concebidos segundo esquemas harmônicos melódicos, impõem a voz principal quando deveriam ter simplesmente a função de elementos parciais na estrutura das partes. Desta maneira tais contrapontos tornam indistinta a fraseologia polifônica e desautorizam a construção, com a insistência de um enfatuado *cantabile*. Estas desproporções não se limitam aos detalhes técnicos. Chegam a ser forças históricas do conjunto. Na realidade, quanto mais se desenvolvem as partes individuais do material — e às vezes até se fundem, como ocorre no romantismo entre sonoridade instrumental e

50 FILOSOFIA DA NOVA MÚSICA

harmonia — mais se delineia com clareza a idéia de uma total organização racional de todo o material musical, que elimina tais desproporções. Esta organização já fazia parte do *Gesamtkunstwerk* wagneriano; e Schoenberg realizou-a. Na música de Schoenberg não só estão igualmente desenvolvidas todas as dimensões, mas todas elas se produzem de maneira tão separada que convergem. Já na fase expressionista esta convergência apresentava-se claramente a Schoenberg, como por exemplo no conceito da "melodia tonal" ou melodia de timbres*. Este conceito significa que a simples mudança instrumental do timbre de sons idênticos pode receber força melódica sem que se produza uma verdadeira melodia no sentido tradicional. Mais adiante procurar-se-á um denominador geral para todas as dimensões musicais. Esta é a origem da técnica dodecafônica. Ela culmina na vontade de superar a oposição dominante da música ocidental, a oposição que há entre a natureza polifônica da fuga e a natureza homofônica da sonata. Assim formulou Webern ao referir-se a seu último *Quarteto para cordas*. Uma vez se quis entender Schoenberg como uma síntese de Brahms e Wagner. Mas nas primeiras obras esta síntese chega ainda mais alto e sua alquimia poderia unir Bach e Beethoven no princípio mais íntimo de ambos os músicos. A isto tende a restituição do contraponto, mas também novamente à utopia dessa síntese. A essência específica do contraponto, isto é, a relação com um *cantus firmus* preestabelecido, torna-se frágil. Em todo caso, as obras de câmara do último período de Webern já nem sequer conhecem o contraponto: suas estranhas sonoridades são os restos que sobreviveram à fusão do horizontal e do vertical, como movimento mortuário da música que vai emudecendo em meio à não-diferença.

É a oposição à idéia da organização total e racional da obra, a oposição à não-diferença recíproca entre as dimensões do material, o que distingue como reacionários os procedimentos de Stravinski e Hindemith, reacionários na técnica, ainda sem atender à atitude social. Nestes músicos, fazer música converte-se numa habilidade de artesão, em que se dispõe como se quer de uma dimensão separada do material, ao invés de se tratar de uma coerência de construção que submeta todos os estratos do material à mesma lei. Esta destreza em sua impenitente ingenuidade tornou-se hoje agressiva. A organização integral da obra de arte é precisamente o produto dessa subjetividade que em virtude de sua "casualidade" denuncia a tendência do artesanato musical. A verdade é que as convenções hoje destruídas não foram sempre tão exteriores à música. Como nelas se reviravam, antes

(*) *Klangfarbenmelodie.* (N. da T.)

SCHOENBERG E O PROGRESSO

experiências vivas, de uma maneira ou de outra, bem ou mal, cumpriram uma função. Era a função de organizar. Mas precisamente a música ficou privada desta pela subjetividade estética autônoma, que aspira a organizar a obra de arte com inteira liberdade e por impulso próprio. O passo da organização musical à subjetividade autônoma realizou-se graças ao princípio técnico do desenvolvimento. No início de século XVIII, o desenvolvimento constituía uma pequena parte da sonata. A dinâmica e a exaltação subjetiva cimentavam-se nos temas expostos uma vez e aceitos como existentes. Mas com Beethoven o desenvolvimento, a reflexão subjetiva do tema, que decide a sorte daquele, converte-se no centro de toda a forma. Justifica a forma, mesmo quando esta segue preestabelecida como convenção, já que volta a criá-la espontaneamente. Auxilia-o um meio mais antigo que, por assim dizer, havia ficado para trás e somente numa fase mais tardia revelou suas possibilidades latentes; freqüentemente na música ocorre de resíduos do passado chegarem ao estado atual da técnica. E aqui o desenvolvimento se lembra da variação. Na música anterior a Beethoven, com muito poucas exceções, a variação era considerada um dos procedimentos técnicos mais exteriores, simples máscara de uma matéria que se conserva idêntica. Logo, em relação ao desenvolvimento, a variação serve para estabelecer relações universais concretas, não esquemáticas. A variação se dinamiza, mesmo quando conserva não obstante idêntico o material que lhe serve de ponto de partida, o que Schoenberg chama "modelo". Tudo é sempre "o mesmo". Mas o sentido desta identidade se reflete como não-identidade. O material que serve como ponto de partida está feito de tal maneira que conservá-lo significa ao mesmo tempo modificá-lo. Esse material não é *em si*, mas é somente em relação com as possibilidades do todo[12]. A fidelidade às exigências impostas pelo tema significa que também este se modifica profundamente a todo momento. Em virtude desta não-identidade da identidade, a música readquire uma relação absolutamente nova com o tempo em que se desenvolve cada vez. O tempo já não lhe é indiferente, porque na música não se repete segundo o seu capricho, mas se transforma continuamente. E por outro lado já não é escrava do tempo entendido como mera entidade, porque nestas modificações se mantém idêntica. O conceito de clássico na música é definido por esta relação paradoxal com o tempo, mas tal relação abarca do mesmo modo a limitação do princípio de desenvolvimento. Só quando o desenvolvimento não é total, quando apenas um elemento seu não está submetido, quando uma coisa musical em si per-

(12) ADORNO, T. W. The Radio Symphony. *Radio Research 1941*, New York, 1941. *passim*.

52 FILOSOFIA DA NOVA MÚSICA

manece kantianamente preestabelecida, a música está em condições de insurgir-se contra a vazia violência do tempo. Por isso a variação, quando se converte em parte integrante das obras mais exigentes do período "clássico" de Beethoven, como na *Heróica,* por exemplo, limita-se a considerar o desenvolvimento próprio da sonata como uma "p̃arte" e respeita a exposição e a repetição. Porém mais adiante o vazio do curso temporal torna-se cada vez mais ameaçador para a música, precisamente em virtude do peso cada vez maior dessas forças dinâmicas da expressão subjetiva, que destroem os resíduos convencionais. Os momentos subjetivos de expressão irrompem do *contínuo* temporal. E já não é mais possível dominá-los. Para superar isso, o desenvolvimento baseado na variação se estende a toda a sonata, cuja totalidade problemática deve ser reconstruída pelo desenvolvimento geral. Já em Brahms, o desenvolvimento como trabalho temático se apodera de toda a sonata. Subjetivação e objetivação se entrelaçam. A técnica de Brahms une as duas tendências, assim como une o *intermezzo* lírico e a composição acadêmica. No plano da tonalidade, Brahms explora inteiramente as fórmulas e os resíduos convencionais e cria a cada instante novamente a unidade da obra, com plena liberdade. Ele é, pois, também o administrador da economia universal que repele todos os momentos fortuitos da música e que, partindo de um material conservado na identidade, desenvolve assim mesmo, ainda no particular, a extrema variedade. Já não existe nada que não seja temático, nada que não possa ser entendido como derivação de um elemento idêntico, por mais latente que este seja. Enquanto Schoenberg guarda a tendência beethoveniana e brahmsiana pode pretender à herança da música clássica burguesa, num sentido bastante parecido àquele em que a dialética materialista está em relação com Hegel. A força gnosiológica da nova música se justifica pelo fato de que ela não recorre "ao grande passado burguês", ao classicismo heróico do período revolucionário, mas supera em si mesma, conservando-a, a diferenciação romântica na técnica e, portanto, em sua substância. O sujeito da nova música, que ela registra fielmente, é o sujeito real, emancipado, abandonado a seu isolamento no último período burguês. Esta subjetividade real e o material que ela configura radicalmente dá a Schoenberg o preceito da objetivação estética. Esse preceito dá a medida de sua profundidade. Em Beethoven, e depois plenamente em Brahms, a unidade do trabalho melódico temático era alcançada em virtude de uma espécie de nivelação entre a dinâmica subjetiva e a linguagem tradicional, ou seja, "tonal". A exigência objetiva consegue conferir nova validez à linguagem convencional, sem modificá-la tão substancialmente. A mudança de linguagem rea-

SCHOENBERG E O PROGRESSO 53

lizou-se, na linha do romantismo wagneriano, às custas da objetividade e da obrigatoriedade da própria música. Essa mudança destruiu a unidade melódico-temática no *lied* e logo a substituiu pelo *leitmotiv* e pelo programa. Schoenberg foi o primeiro a revelar os princípios de uma unidade e de uma economia universal num novo material subjetivo e livre, inspirado pelo espírito de Wagner. Suas obras são a prova de que quanto mais coerentemente se observa o nominalismo da linguagem musical inaugurado por Wagner, tanto mais perfeitamente esta linguagem se deixa dominar pela razão; e isto é possível em virtude das tendência imanentes na linguagem e não por um gosto nivelador. Melhor que em qualquer outra parte, isto pode ser observado na relação entre harmonia e polifonia. A polifonia é o meio adequado para a organização da música emancipada. Na era da homofonia, a organização se realizava medinte as convenções harmônicas[13]. Uma vez desaparecidas estas junto com a tonalidade, todo som que entra na formação de um acorde é casual se não se legitimiza em função das partes, ou seja, polifonicamente. Beethoven, em sua última fase, Brahms, e em certo sentido também Wagner, empregaram a polifonia para compensar a perda da força formadora da tonalidade e sua rígida congelação em fórmulas. Por fim, Schoenberg já não sustém o princípio da polifonia entendido como heterônomo em relação à harmonia emancipada e com esta conciliável apenas esporadicamente e segundo os casos, mas o descobre como essência da própria harmonia emancipada. O acorde individual, que na tradição clássica e romântica representa como veículo de expressão o pólo oposto da objetividade polifônica, é reconhecido agora em sua polifonia própria. O meio para chegar a isto não é outro senão o meio extremo da subjetivação romântica: a dissonância. Quanto mais dissonante é um acorde, quanto mais sons diferentes contém entre si, mais "polifônico" é, mais cada som individual, como demonstrou Erwin Stein, adquire na simultaneidade do acorde o caráter de voz polifônica. O predomínio da dissonância parece destruir as relações racionais, "lógicas", da tonalidade, ou seja, as relações simples de acordes perfeitos; mas aqui a dissonância é ainda mais racional do que a consonância, já que mostra de maneira articulada, embora complexa, a relação dos sons nela presentes, ao invés de adquirir a unidade mediante um conjunto "homogêneo", isto é, destruindo os momentos par-

(13) As harmonias perfeitas são comparáveis às expressoes ocasionais da linguagem e, mais ainda, ao dinheiro na economia. Graças a seu caráter abstrato, podem ser válidas em toda parte com uma função de mediação, e sua crise corresponde profundamente à de todas as funções de mediação da fase presente. A alegoria dramático-musical de Berg alude claramente a isso. Em *Wozzeck*, como também em *Lulu*, o acorde perfeito em *dó maior* aparece em passagens por demais desvinculadas da tonalidade, cada vez que se fala em dinheiro. O efeito é o de algo trivial e ao mesmo tempo superado. A moedinha do *dó maior* é denunciada como falsa.

54   FILOSOFIA DA NOVA MÚSICA

ciais que contém. A dissonância e a necessidade estreitamente ligada a ela de formar as melodias com intervalos "dissonantes" são, contudo, os verdadeiros veículos do caráter documental da expressão. Assim, o estímulo subjetivo e a aspiração a uma sincera e direta afirmação de si convertem-se em *organon* técnico da obra subjetiva. Inversamente, é também esta racionalidade e unidade do material que torna o material subordinado maleável à subjetividade. Numa música em que todo som individual está determinado profundamente pela construção do todo, desaparece a diferença entre o essencial e o acidental. Em todos os seus momentos, uma música desta classe está igualmente perto do centro. Deste modo as convenções formais, que antes regulavam as distâncias variáveis em relação ao centro, perdem seu sentido. Já não existe nenhuma ligação acessória entre os momentos essenciais, ou seja, os "temas"; em conseqüência, já não existem temas e, na verdade, tampouco "desenvolvimento". Isto já foi observado nas obras da atonalidade livre. "Na música instrumental do século XIX pode-se verificar a tendência a ampliar a forma musical por meio do trabalho sinfônico. Beethoven foi o primeiro que soube criar, com o auxílio de pequenos motivos, poderosas tensões que se levantam de maneira unitária sobre a base de um motivo germinal, o estímulo da idéia. O princípio do contraste que domina toda a arte pôde reivindicar seus direitos só quando cessou o efeito da idéia do próprio motivo germinal. Na época anterior a Beethoven a sinfonia não é ainda uma construção assim acabada. Os temas de Mozart, por exemplo, trazem freqüentemente em si o princípio da oposição; encontram-se nele antecedentes compactos e também germens dispersos. Schoenberg emprega outra vez este princípio do efeito imediato do contraste, da justaposição de opostos no curso de um tema..."[14].

Este procedimento de construção dos temas procedia do caráter documental da música. Os momentos do decurso musical se sucedem com independência, como os estados psicológicos, primeiramente como *shocks* e depois como figuras de contraste. Já não se acredita que o *continuum* do tempo subjetivo de vivência tenha a força de abarcar eventos musicais e dar-lhes um sentido ao conferir-lhes sua unidade. Mas esta descontinuidade mata a dinâmica musical, à qual aquela deve sua existência. Uma vez mais a música submete o tempo: não mais dominando-o depois de havê-lo preenchido com ela, mas negando-o, graças à construção onipresente, graças a uma suspensão de todos os momentos musicais. Em nenhuma outra parte se manifesta com maior clareza do que

(14) WELLESZ, Egon. *Arnold Schoenberg.* Leipzig. 1921. pp. 177 e ss.

SCHOENBERG E O PROGRESSO 55

aqui o secreto entendimento entre a música ligeira e a música mais avançada. Schoenberg, em sua última fase, comparte com o *jazz*, e no demais também com Stravinski, a dissociação do tempo musical[15]. A música delineia a imagem de uma constituição do mundo que, para bem ou para mal, já não conhece a história.

A virada da dinâmica musical em estática — a dinâmica da estrutura musical, não a simples mudança de intensidade que certamente continua servindo-se do *crescendo* e do *decrescendo* — explica o caráter de sistema singularmente rígido que adquiriu a escrita de Schoenberg em sua última fase, graças à técnica dodecafônica. A variação, isto é, o instrumento da dinâmica da composição, torna-se total. Desta maneira tira a utilidade da dinâmica. O fenômeno musical já não se apresenta como um feito de evolução. O trabalho temático converte-se em mero trabalho preliminar do compositor. A variação como tal já não aparece. É tudo e nada ao mesmo tempo; o procedimento da variação se remete ao material e o preforma, antes que comece a composição propriamente dita. Schoenberg alude a isto quando chama a estrutura dodecafônica de suas últimas obras um assunto privado. A música passa a ser o resultado de processos a que o material está subordinado, mas que ela já não permite distinguir. Deste modo a música se torna estática[16]. Não se deve entender a técnica dodecafônica como uma "técnica de composição", como por exemplo a do impressionismo. Todas as tentativas de utilizá-la desta maneira conduzem ao absurdo. Pode-se melhor compará-la com a disposição das cores sobre a paleta do pintor do que com um verdadeiro procedimento pictórico. A ação de compor só começa, na verdade, quando a disposição dos doze sons está pronta. Por isso a composição neste caso não é mais fácil, e sim mais difícil. Exige, quer se trate de um tempo singular ou de toda uma obra em mais tempos — que cada composição derive de uma "figura fundamental" ou "série". Entende-se por isto uma determinada ordenação dos doze sons disponíveis no sistema temperado, como por exemplo, *dó sustenido, lá, si, sol, lá bemol, fá sustenido, si bemol, ré, mi, mi bemol, dó, fá* que é a série da primeira composição dodecafônica publicada por Schoenberg. Em toda a composição cada som está determinado por esta "série"; já não existem notas "livres", e somente em casos limitados e bastante elementares, que se apresentaram nos primórdios da técnica dodecafônica, esta série se expõe em toda uma obra sem variações. Independentemente de Schoenberg, o compositor aus-

---

(15) Ver T. W. ADORNO, Comentários sobre "American Jazz Music", de WILDER HOBSON, e sobre "Jazz Hot and Hybrid", de WINTHROP SARGEANT, em *Studies in Philosophy and Social Science*, v. IX (1941), n. 1, p. 173.

(16) Com sua tendência em dissimular o trabalho no próprio fenômeno, Schoenberg realiza um velho impulso de toda a música burguesa. (Confrontar com T. W. ADORNO, *Versuch über Wagner*, Berlim e Francforte sobre o Meno, 1952, p.107.)

56   FILOSOFIA DA NOVA MÚSICA

tríaco Hauer já havia elaborado este procedimento, com resultados da mais triste aridez[17]. Ao contrário, Schoenberg integra
radicalmente no material dodecafônico as técnicas clássicas e,
ainda, as técnicas mais arcaicas da variação. Geralmente emprega a série de quatro modos: como série original; como inversão, isto é, substituindo cada intervalo da série pela da
direção oposta (segundo os princípios da "fuga por inversão",
como por exemplo os da *Fuga em sol maior* do primeiro volume do *Cravo bem temperado* de Bach); como "caranguejo",
isto é, como série retrógrada no sentido da antiga prática
contrapontística, de modo que a série começa com a última
nota para terminar com a primeira; e como inversão do "caranguejo". Estes quatro modos podem transpor-se, por sua
vez, aos doze sons da escala cromática, de modo que a série
fica disponível para uma composição em quarenta e oito formas diferentes. Além da série, com um reagrupamento simé-
trico de determinados sons, podem-se formar "derivações" que
dão novas séries, independentes mas sempre em relação com
a série original. Este é um procedimento que Berg empregou
amplamente em sua *Lulu*. Inversamente, para condensar a
relação entre os sons, é possível subdividir a série em fragmentos que por sua vez são afins entre si. Por fim, uma composição pode, à semelhança da fuga dupla e tripla, basear-se num
material fundamentalmente formado por duas ou mais séries,
em lugar de uma só (*Terceiro Quarteto* de Schoenberg). A
série não deve apresentar-se somente na forma melódica, mas
também na forma harmônica, e cada som da composição, sem
exceção alguma, tem seu lugar e seu valor na série ou num
dos derivados desta. Assim se garante a "não-diferença" entre
melodia e harmonia. Em casos simples a série se distribui
vertical e horizontalmente para repetir-se ou ser substituída
com um dos derivados, logo que os doze sons se esgotam; em
casos mais complicados a série é empregada, em troca, "con-
trapontisticamente", ou seja, simultaneamente em diversos
modos ou transposições. Em Schoenberg geralmente as composições de estilo relativamente simples, como a *Música de
acompanhamento para uma cena de filme,* são ainda do ponto
de vista da técnica dodecafônica mais simples do que as de
concepção complexa. Assim são, por exemplo, as *Variações
para orquestra,* inesgotáveis até nas combinações seriais. Na
técnica dodecafônica, as elevações de oitava são "livres": que

(17) Não é por acaso que as técnicas matemáticas da música nasceram
em Viena, assim como o positivismo lógico. A tendência ao jogo numérico
é típica da intelectualidade vienense, assim como o jogo de xadrez nos cafés.
Essa tendência tem motivos sociais. Enquanto as forças intelectuais criadoras
da Áustria desenvolveram-se no nível da alta técnica capitalista, as forças
materiais ficaram para trás. Precisamente por isto o cálculo ordenador converte-se numa quimera do intelectual vienense. Se este queria participar do
processo de produção tinha que buscar um posto na indústria do *Reich*
alemão. Se permanecia em sua pátria chegava a ser médico, jurista, ou então
se entregava ao jogo numérico como ao fantasma do poder do dinheiro. O
intelectual vienense quer demonstrar isto a si mesmo e demontrá-lo aos demais.

SCHOENBERG E O PROGRESSO

o segundo som da série fundamental da valsa, o *lá,* deva aparecer uma sexta menor acima ou uma terça maior abaixo que
o do *dó sustenido,* isso depende somente das exigências de
composição. Até a conformação rítmica é fundamentalmente
livre desde o motivo singular até a grande forma. Estas regras
não foram elaboradas arbitrariamente. São configurações da
compulsão histórica refletida no material, e ao mesmo tempo
são esquemas de adaptação a esta necessidade. Com tais regras, a consciência assume a tarefa de purificar a música de
resíduos orgânicos já extintos. E, impiedosamente, continuam
combatendo a aparência musical. Mas até as mais audaciosas
manipulações dodecafônicas derivam do nível técnico do material. E isto é válido não só para o princípio da variação integral do conjunto, mas também para a mesma matéria micro-
cósmica da técnica dodecafônica, a série. A série racionaliza
o que é familiar a todo compositor consciente: a suscetibilidade frente ao retorno prematuro do mesmo som, a menos
que não seja diretamente repetido. A proibição contrapontística de repetir duas vezes o ponto culminante e a sensação
de debilidade que se adverte em harmonias que voltam muito
freqüentemente à mesma nota testemunham esta experiência.
Mas a pressa da série aumenta ainda mais depois de haver
caído o esquema da tonalidade, que legitimava a preponderância de certos sons sobre os demais. Quem praticou a atonalidade livre conhece muito bem a força perturbadora de um
som no baixo ou da melodia que retorna antes de haverem
desaparecido todos os outros sons, porque esse retorno ameaça
interromper o fluxo melódico. A técnica dodecafônica estática dá um aspecto real, ao torná-la sacrossanta, à suscetibilidade da dinâmica musical, frente ao retorno impotente de
um elemento idêntico. Tanto o som que retorna prematura-
mente quanto o som "livre", casual a respeito do conjunto,
são tabus.

Do retorno resulta um sistema de domínio sobre a natureza na música. Corresponde a uma aspiração, nascida já
nos primórdios da época burguesa, de "compreender" com
critério de ordem tudo o que constitui o fenômeno musical e
de resolver a essência mágica da música na racionalidade humana. Lutero chama Josquin, falecido em 1521, "o mestre
das notas que devem ter feito o que ele queria, enquanto os
outros mestres de música devem fazer o que as notas queriam"[18]. Dispor conscientemente de um material natural significa a emancipação do homem com respeito à coação natural
da música e a submissão da natureza aos fins humanos. Segundo a filosofia da história de Spengler, em fins da época
burguesa, reafirmou-se o princípio da autoridade pura, que
teve de inaugurá-la. Spengler tem um sentimento de afinidade

(18) Citado de RICHARD BATKA, *Allgemeine Geschichte der Musik,* Stuttgart,
o. J., v. 1, p. 191.

FILOSOFIA DA NOVA MÚSICA

eletiva com o que há de violento na mestria como tal e com a íntima relação existente entre o direito de autoridade estético e o direito de autoridade político. "Os meios do tempo presente serão ainda, por muitos anos, os meios parlamentares: as eleições e a imprensa. Poderá pensar-se deles o que se queira; poder-se-á reverenciá-los ou depreciá-los, mas é mister dominá-los. Bach e Mozart dominaram os meios musicais de sua época. Este é o sinal de todo gênero de mestria. Na arte de governar, as coisas não são diferentes"[19]. Se Spengler prognostica que a ciência ocidental tardia "terá os rasgos da grande arte do contraponto", e se define a música "infinitesimal do espaço cósmico ilimitado" como "a profunda nostalgia" da cultura ocidental[20], a técnica dodecafônica, então, infinita em sua estaticidade aistórica, parece mais próxima daquele ideal de que se atreveu a pensar não somente Spengler, mas também o próprio Schoenberg[21]. E parece também mais perto do ideal da mestria entendida como domínio, cuja infinitude consiste precisamente no fato de que nada fica de heterônomo que não se integre no seu *continuum*. A infinitude é a identidade pura. Mas o momento opressor do domínio sobre a natureza volta-se como um efeito subversivo contra a própria autonomia e a liberdade subjetivas, em cujo nome se havia obtido o domínio sobre a natureza. O jogo numérico da técnica dodecafônica e a compulsão que ele exerce recordam a astrologia. E não se deve a mero capricho o fato de que muitos de seus adeptos sucumbiram a esta[22]. A racionalidade dodecafônica como sistema fechado e impenetrável até para si mesmo, em que a constelação dos meios se transforma diretamente como fim e como lei, aproxima-se da superstição. A legitimidade em que se move está suspensa como um destino sobre o material que determina, sem que essa própria determinação sirva a um fim preciso. A exatidão entendida como elemento matemático ocupa o lugar daquilo que para a arte

---

(19) SPENGLER, Oswald. *Der Untergang des Abendlandes.* Munique, 1922. v. 2, pp. 558 e ss.

(20) SPENGLER, Oswald. *Der Untergang des Abendlandes,* Munique, 1919. v. 1, pp. 614 e ss.

(21) Um dos caracteres mais surpreendentes do estilo tardio de Schoenberg se funda no fato de que o autor elimina o sentido do final de uma obra. Harmonicamente, após a dissolução da tonalidade, já não existiam fórmulas cadenciais. Agora estas ficam eliminadas até no ritmo. Cada vez com maior potência, o final cai no tempo fraco do compasso. Converte-se numa interrupção sem obstáculos.

(22) A música é inimiga do destino. Desde tempos imemoriais atribuiu--se-lhe a força de opor-se à mitologia, tanto na imagem de Orfeu quanto na teoria musical chinesa. Somente com Wagner a música imitou o destino. O compositor dodecafônico deve esperar, como o jogador, o número que sai, e alegrar-se caso este tenha sentido musical. Berg falou expressamente dessa alegria quando da série resultavam casualmente relações tonais. Acentuando-se o caráter do jogo, a técnica dodecafônica entra uma vez em relação com a música de massas. As primeiras danças dodecafônicas de Schoenberg são de tipo folgazão, e Berg sentiu-se chocado por ele na época da invenção da nova técnica. Benjamin insistiu na diferenciação entre aparência e jogo e assinalou a extinção gradual da aparência. A aparência, o supérfluo, é repelida também pela técnica dodecafônica. Mas no jogo reaparece, além disso, a série, essa mesma mitologia que se quis eliminar como aparência.

SCHOENBERG E O PROGRESSO

tradicional era a "idéia" e que certamente no romantismo tardio se corrompeu em ideologia, na afirmação de uma substancialidade metafísica resultante da intromissão direta e material da música nas coisas últimas, sem que estas estivessem presentes na configuração pura da criação musical. Schoenberg, em cuja música está secretamente mesclado um elemento desse positivismo que constitui a essência de seu opositor Stravinski, extirpou o "sentido", pelo menos na medida em que ele, segundo a tradição do classicismo vienense, pretendia estar presente no contexto da execução musical. Mas a execução como tal deve ser exata e ter sentido. O problema que a música dodecafônica apresenta ao compositor não é o da maneira como se possa organizar um sentido musical, mas antes de que maneira pode a organização adquirir um sentido; e o que Schoenberg produziu de vinte e cinco anos para cá é uma tentativa progressiva de dar uma solução a este problema. Por fim, quase com a força fragmentária da alegoria, aplica-se a intenção a algo que está vazio até em suas células mais íntimas. Mas o despotismo desta atitude tardia corresponde à natureza originalmente imperiosa do próprio sistema. A exatidão dodecafônica, desembaraçando-se de todo sentido em si da coisa musical como se fosse uma ilusão, trata a música segundo o esquema do destino. Contudo, o domínio da natureza e o destino podem estar separados. O próprio conceito de destino pode ser modelado segundo a experiência da autoridade, assim como surge do predomínio da natureza sobre o homem. O que está ali é mais forte. Desta maneira os homens aprenderam a ser os mais fortes e a submeter a natureza; e neste processo o destino se reproduziu. O destino se desenvolve necessariamente, passo a passo; necessariamente porque o antigo predomínio da natureza prescreve-lhe cada passo. O destino é a autoridade levada à abstração pura e o grau do aniquilamento é análogo ao da autoridade; o destino é a desgraça.

A música que ficou presa à dialética histórica toma parte neste processo. A técnica dodecafônica é verdadeiramente seu destino. Esta técnica escraviza a música ao liberá-la. O sujeito impera sobre a música mediante o sistema racional, mas sucumbe a ele. Se na técnica dodecafônica o ato de composição propriamente dito, ou seja, a fecunda elaboração da variação, está sujeito ao material, o mesmo ocorre com a liberdade do compositor. Esta, ao realizar-se no domínio sobre o material, converte-se numa determinação do material, que se impõe, estranha, ao sujeito, e o submete à sua obrigação. Se a fantasia do compositor faz com que o material seja dócil em tudo à vontade de construção, o material construtivo paralisa, contudo, a fantasia. Do sujeito expressionista fica somente a submissão neo-objetiva à técnica. Com efeito, esse sujeito renega sua própria espontaneidade ao

60 FILOSOFIA DA NOVA MÚSICA

projetar sobre a matéria histórica as experiências racionais que teve na luta dialética com essa matéria. Das operações que determinaram o cego despotismo da matéria sonora resultou, por um sistema de regras, uma segunda natureza cega. O sujeito subordina-se-lhe e busca proteção e segurança, porque se desespera de poder dar por si só verdadeira realidade à música. O preceito wagneriano de impor-se regras e logo segui-las descobre seu aspecto nefasto. Nenhuma regra se mostra mais repressiva do que aquela que impusemos a nós mesmos. Precisamente sua origem na subjetividade determina a casualidade e a vontade de composição, logo que se põe positivamente frente ao sujeito como ordem reguladora. A violência que a música de massas exerce sobre os homens continua subsistindo, no pólo social oposto, na música que se subtrai aos homens. É verdade que não há nenhuma regra dodecafônica que não derive necessariamente da experiência da composição, do esclarecimento progressivo do material natural da música. Mas essa experiência tinha o caráter da defesa fundamentada numa sensibilidade subjetiva: nenhum som deverá retornar antes que a música tenha esgotado todos os outros; não deve aparecer nenhuma nota que não cumpra sua função melódico-temática na construção do todo; e não se empregará nenhuma harmonia que não esteja legitimada univocamente num determinado ponto. A liberdade de todos estes *desiderata* está em sua contínua confrontação com a configuração concreta da música em que eles se empregam. Estas condições mostram de que coisas alguém deve resguardar-se, mas não que deva fazé-las. A calamidade chega assim que esses princípios se transformam em normas e se prescinde dessa confrontação. O conteúdo da norma é idêntico ao conteúdo da experiência espontânea. Mas, em virtude de seu caráter concreto, inverte-se num sentido contrário. O que o ouvido atento encontrou uma vez permanece deformado num sistema inventado, segundo o qual deveria existir a possibilidade de medir, de maneira abstrata, os critérios de concreto e falso na música. Daí a disposição de tantos jovens músicos — e precisamente na América do Norte, onde surgem as experiências fundamentais da técnica dodecafônica — para escrever no "sistema dodecafônico" e daí o júbilo de haverem encontrado um substituto da tonalidade, como se a liberdade já fosse intolerável até na esfera estética e devesse ser substituída ardilosamente por uma condescendência de novo tipo. A racionalidade total da música consiste em sua organização total. Por obra da organização, a música, emancipada, queria reconstruir a integridade perdida, a força e a necessidade também perdidas, de um Beethoven, por exemplo. Mas a música só pode conseguir isso ao preço de sua liberdade, e é assim que fracassa. Beethoven reproduziu o

SCHOENBERG E O PROGRESSO 61

sentido da tonalidade partindo da liberdade subjetiva. A nova ordem da técnica dodecafônica extingue virtualmente o sujeito. Os grandes momentos de Schoenberg, em sua última fase, são aquisições feitas tanto contra a técnica dodecafônica, como em virtude dela. Em virtude dela porque a música mostra-se capaz de comportar-se com a frieza e inexorabilidade que unicamente lhe convêm após a decadência. Contra a técnica dodecafônica porque o espírito que a concebeu continua sendo bastante dono de si para continuar pesquisando ininterruptamente a estrutura de suas espirais, parafusos e roscas, como se por fim estivesse disposto a destruir catastroficamente sua obra-prima técnica. O fracasso desta obra-prima técnica não é, contudo, somente um fracasso frente a seu ideal estético, mas também na própria técnica. O radicalismo com que a obra-prima técnica destrói a aparência estética termina por entregar à aparência a obra-prima técnica. A música dodecafônica tem um momento de *streamline*. Na realidade, a técnica deve servir para fins que estão mais além de sua própria coerência. Aqui, onde faltam estes fins, a técnica se converte em fim em si mesma e substitui a unidade substancial da obra de arte pela mera unidade do "próprio acontecer". A este deslocamento do centro de gravidade se atribui o fato de que o caráter fetichista da música de massas se tenha estendido também à produção avançada e "crítica". Apesar de toda a retidão do procedimento técnico a respeito do material não se pode desconhecer de todo um longínquo parentesco com aqueles aparatos cênicos que empregam incansavelmente toda a sorte de máquinas e têm inclusive a tendência de assimilar-se à própria máquina, sem que esta cumpra uma função: a função permanece somente como alegoria da "época técnica". Todo o neo-objetivismo ameaça em seu conjunto por cair vítima do ornamento, que constitui seu inimigo mais implacável. As poltronas aerodinâmicas idealizadas por arquitetos charlatães não fazem senão reconhecer no mercado o que há tempos se apoderou, íntima e necessariamente, da solidão da pintura construtiva e da música dodecafônica. Enquanto na obra de arte a aparência vai desaparecendo, como indica a luta contra o ornamento, a posição da própria obra de arte começa a tornar-se insustentável. Tudo o que não tem uma função na obra de arte — e em conseqüência tudo o que transcende à lei de sua mera existência — deixa-o subtraído. Sua função é precisamente superar a mera existência; desta maneira o *summum jus* se converte em *summa injuria:* a obra de arte plenamente funcional se converte em algo completamente privado de função. E como a obra de arte não pode ser por certo realidade, a eliminação de todo caráter de aparência não faz senão pôr em maior relevo o caráter aparente de sua existência. Este

62 FILOSOFIA DA NOVA MÚSICA

processo é inevitável. A dissolução do caráter de aparência na obra de arte é coisa que exige sua coerência interior. Mas o processo de dissolução imposto pelo significado do todo faz com que este fique privado de significado. A obra de arte integral é o absurdo absoluto. A opinião corrente considera Schoenberg e Stravinski como dois extremos opostos. Mas na realidade as máscaras de Stravinski e as construções de Schoenberg apresentam certa semelhança. Pode-se imaginar assim, e muito facilmente, que um dia os acordes tonais e habilmente montados de Stravinski, por um lado, e por outro a sucessão dos sons seriais, cujos elos de ligação quase se cortam por imposição do sistema, não pareçam tão diferentes como hoje se crê. Antes caracterizem diversos graus de coerência numa idêntica condição. Aos dois compositores é comum a aspiração à obrigatoriedade e necessidade, em virtude do domínio que têm sobre o atomizado. Para os dois a *aporia* da subjetividade impotente converte-se numa necessidade, assume o aspecto da norma não confirmada, contudo imperiosa. Nos dois, é claro que em planos de configuração completamente diferentes e com diversa capacidade de realização, a objetividade se formula subjetivamente. Nos dois a música ameaça tornar-se rígida no espaço. Nos dois todo elemento musical individual está predeterminado pelo todo e já não existe uma autêntica interação entre o todo e a parte. O imperioso domínio sobre o todo elimina a espontaneidade dos momentos particulares.

O fracasso da obra de arte técnica pode distinguir-se em todas as dimensões da atividade de compor. O encadeamento da música por causa de sua liberação total, que lhe faz adquirir um domínio ilimitado sobre o material natural, é um fenômeno universal. Adverte-se isto primeiramente na definição da série fundamental pelos doze sons da escala cromática. Não se compreende por que cada uma destas figuras fundamentais deva conter todos e somente os doze sons, sem omitir nem repetir nenhum. Na realidade, Schoenberg trabalhou na *Serenade*, quando desenvolvia a técnica da série, também com figuras fundamentais de menos de doze sons. O fato de que mais adiante empregue os doze sons tem sua razão. Como toda a obra se limita aos intervalos da série fundamental, é aconselhável dar-lhe uma forma relativamente ampla, para fazer com que o espaço sonoro seja o menos restrito possível e permita assim o número máximo de combinações. Mas o fato de que a série não empregue mais de doze tons se atribui ao propósito de não dar a nenhum som, por um retorno demasiado freqüente, uma preponderância que pudesse convertê-lo em "som fundamental" e pudesse portanto recordar relações tonais. Mas ainda quando tal tendência conduza à cifra doze, não se pode demonstrar de maneira convincente

SCHOENBERG E O PROGRESSO

a força de coesão desta. A hipóstase do número compartilha a responsabilidade das dificuldades a que a técnica dodecafônica conduz. Contudo, graças a ela, a melodia libertou-se, não somente da preponderância do som particular, como também da falsa compulsão natural do efeito do som-guia, da cadência automatizada. No predomínio da segunda menor e dos seus intervalos derivados, como a sétima maior e a nona menor, a atonalidade livre havia conservado o momento cromático e implicitamente o da dissonância. Agora estes intervalos já não têm nenhuma prioridade sobre os outros, a menos que o compositor deseje restabelecer retrospectivamente tal prioridade na construção da série. A própria forma melódica adquire uma legitimidade que não possuía na música tradicional e que deveria ter tomado como empréstimo, precisamente da harmonia, perifraseando-a. Agora a melodia — supondo-se que coincida com a série, como ocorre na maior parte dos temas de Schoenberg — integra-se cada vez mais perfeitamente à medida que se aproxima do fim da série. Com cada nova nota a escolha dos sons restantes torna-se mais reduzida e por fim já não permanece nenhuma escolha. É evidente que aqui impera a obrigação. E não a exerce somente o cálculo, mas a impõe espontaneamente o ouvido. Mas ao mesmo tempo trata-se de uma obrigação paralisadora. O caráter fechado e compacto da melodia faz com que esta seja demasiado densa. Poder-se--ia afirmar, exagerando, que cada tema dodecafônico tem algo do tema do rondó, do *refrain*. É característico o fato de que nas composições dodecafônicas de Schoenberg seja citada, tão agradavelmente, na letra e no espírito, a forma do rondó antiquado e adinâmico, como uma espécie de tempo *alla breve* aparentado com o rondó e incrivelmente ingênuo. A melodia é demasiado perfeita e a força final do décimo segundo som pode ser ultrapassada pelo impulso do ritmo, mas não pela gravitação própria dos intervalos. A reminiscência da natureza tradicional do rondó opera como substituto do fluxo imanente, que fica cortado. Schoenberg assinalou que, no fundo, a teoria tradicional da composição trata somente dos começos e dos finais, mas nunca da lógica do desenvolvimento. A melodia dodecafônica apresenta o mesmo defeito. Cada uma de suas continuações ou desenvolvimentos mostra um momento de arbitrariedade. Basta comparar a continuação do tema principal do começo do *Quarto Quarteto para cordas* de Schoenberg (continuação formada pela inversão — compasso seis, segundo violino — e o "caranguejo" ou retorno — compasso dez, primeiro violino) com a primeira aparição do tema, muito bem marcada, para precaver-se do caráter precário da continuação. Isto sugeriria que a série dodecafônica, uma vez terminada, não admite de modo algum continuar por si mesma e que somente é possível desenvolvê-la posteriormente mediante procedimentos exteriores. A precariedade da

64 FILOSOFIA DA NOVA MÚSICA

continuação é contudo maior quando esta se refere à série do começo, que como tal se esgotou e no geral coincide realmente com o tema que se forma somente quando a série aparece pela primeira vez. Por ser uma mera derivação, a continuação desautoriza o inevitável empenho da música dodecafônica de encontrar-se em todos os seus momentos igualmente perto do centro. Na maior parte das composições dodecafônicas existentes, a continuação está numa oposição tão radical em relação à tese da forma fundamental quanto, na música do romantismo tardio, a oposição da conseqüência em relação à idéia temática[23]. Além disso, a obrigação serial determina desastres muito piores. O *melos* se contagia com arquétipos mecânicos[24]. A verdadeira qualidade de uma melodia é sempre medida segundo o grau em que consiga transpor no tempo a relação, por assim dizer, "espacial" dos intervalos. A técnica dodecafônica destrói radicalmente esta relação. O tempo e o intervalo se separam. As relações de intervalos estão determi-

(23) A razão disto é a incompatibilidade da plástica melodia do *lied*, a que o romantismo aspira como a um selo do subjetivismo, com a "clássica" idéia beethoveniana da forma integral. Em Brahms, que se antecipa a Schoenberg em todos os problemas de construção que estão mais além do material harmônico, pode-se apalpar com a mão o que mais adiante se converterá em discrepância entre exposição da série e continuação, em ruptura entre o tema e a conseqüência mais próxima que dele se possa extrair. Um exemplo significativo disto poderia ser o começo do *Quinteto para cordas em já maior*. Inventou-se o conceito de idéia temática para distinguir o tema ψύσει· da conseqüência θέσει. A idéia temática não é uma categoria psicológica nem um feito de "inspiração", mas um momento do processo dialético que se dá na forma musical. Ela representa o elemento subjetivo irredutível deste processo e, nesse caráter de irredutível e indissolúvel, o aspecto da música como ser, enquanto a elaboração temática representa o devir e a objetividade; esta última contém em si como momento de impulso, aquele primeiro momento subjetivo, assim como, inversamente, o momento subjetivo como ser possui objetividade. A partir do romantismo a música consiste na contraposição e na síntese destes momentos. Não obstante, parece que estes se subtraem a tal fusão, do mesmo modo que o conceito burguês de indivíduo está em permanente contradição com a totalidade do processo social. A incongruência entre o tema e o que este experimenta durante o desenvolvimento seria a cópia dessa inconciliabilidade social. Contudo, a composição deve ater-se firmemente à "idéia temática", se não quer anular o momento subjetivo e converter-se em símbolo de integração mortal. Enquanto até o gênio de Beethoven renunciou com grandiosidade à idéia temática, que já em seu tempo fora incomparavelmente desenvolvida pelos mestres do romantismo prematuro, Schoenberg inversamente se manteve fiel a ela enquanto representa a plasticidade temática, que desde há muito tempo, se haiva tornado por demais incompatível com a construção formal. Mas Schoenberg aceitou a construção formal obrigado precisamente pela contradição levada já a seu extremo, e não para obter uma conciliação na esfera do gosto.

(24) Este fenômeno de modo algum deve ser atribuído à debilidade da força individual de composição, mas sim ao forte peso do novo procedimento de composição. Quando o Schoenberg da maturidade trabalha com um material anterior, bem mais independente, como na *Segunda Sinfonia de Câmara*, a espontaneidade e o fluxo melódico não são de modo algum inferiores às obras mais inspiradas de sua juventude. Por outro lado, a obtinada insistência que se adverte em muitas composições dodecafônicas — e que está exatamente representada no grandioso primeiro tempo do *Terceiro quarteto* — não é acidental nem exterior à essência musical de Schoenberg. Tal obstinação é antes o reverso da imperturbável coerência musical, assim como não se pode deixar de ver na vontade de emancipação de Schoenberg a debilidade neurótica da angústia. Sobretudo as repetições de sons, que na música dodecafônica têm um não sei quê de obstinado e obtuso, aparecem em Schoenberg em forma rudimentar já bem antes e em geral com uma intenção particular de caracterização, como na "Gemeinheit" de *Pierrot*. Também o primeiro tempo da *Serenade*, · que não é dodecafônica, mostra sinais deste procedimento que às vezes recorda a linguagem musical de Beckmesser. Muitas vezes a música de Schoenberg se expressa como se quisesse ter razão a todo custo frente a um imaginário tribunal. Berg evitou conscientemente essa gesticulação, com o que contribuiu, contra a sua vontade, para o achatamento e a nivelação.

SCHOENBERG E O PROGRESSO

nadas, de uma vez por todas, pela série e suas derivações. Não há nada novo no decurso dos intervalos, e a série, por sua onipresença, é incapaz de estabelecer a coerência temporal. Com efeito, esta coerência só se produz mediante elementos diferenciadores e não mediante a simples identidade. Mas assim a coerência melódica fica relegada a um meio extramelódico: o do ritmo tornado independente. A série, em virtude de sua onipresença, não é específica. E desta maneira a especificação melódica se reduz a figuras rítmicas constantes e características. Determinadas figuras rítmicas retornam incessantemente e assumem a função de temas[25]. Mas como o espaço melódico destes temas rítmicos está definido às vezes pela série, e como estas têm que ser reguladas a todo custo com os sons disponíveis, terminam por adquirir uma obstinada rigidez. O *melos* cai, em última instância, vítima do ritmo temático. E os ritmos temáticos se repetem sem que se cuide do conteúdo serial. Nos rondós de Schoenberg a *praxis* se funda em introduzir no ritmo do tema, em cada entrada do rondó, outra forma serial melódica, com o qual se obtém efeitos análogos aos da variação. Mas o resultado é somente rítmico e nada mais. Que o ritmo, enfático e terminante, se sirva de um intervalo ou de outro, é indiferente. No máximo pode-se advertir que aqui os intervalos do ritmo temático são diferentes da primeira vez; mas na modificação melódica não se pode perceber um sentido preciso. Deste modo, o elemento especificamente melódico fica desvalorizado pelo ritmo. Na música tradicional, uma difrença mínima dos intervalos podia ser decisiva, não somente para a expressão de uma passagem, mas até para o sentido formal de toda uma obra. Em troca, na música dodecafônica isto é mais tosco e pobre. Diante de todo o sentido do decurso musical decidia-se irremediavelmente sobre a base dos intervalos: o "ainda não", o "agora" e o "depois", o prometido, o realizado e o pretendido; a medida e a profusão, o permanecer na forma e a transcendência da subjetividade musical. Agora os intervalos converteram-se em meras pedras de construção, e todas as experiências acumuladas em sua diferenciação parecem perdidas. A verdade é que se aprendeu a emancipar-se do procedimento por graus da escala e da simetria dos movimentos consonantes. A verdade é que se deu igual direito ao trítono, à sétima maior e também a todos os intervalos que superam a oitava; mas ao preço de ficarem nivelados aos antigos. Na música tradicional podia ser difícil ao ouvido, tonalmente limitado, integrar intervalos convertidos em momentos melódicos. Hoje esta dificuldade já não existe, mas os intervalos que foram conquistados con-

---

(25) Antes de Schoenberg criar a técnica dodecafônica, Berg já orientava nesta direção a técnica da variação. A cena da taberna do terceiro ato de *Wozzeck* constitui o primeiro exemplo em que o ritmo, melodicamente abstrato, torna-se tema, obedecendo a uma precisa intenção teatral. Em *Lulu,* Berg deu-lhe uma grande forma, a que chamou monorrítmica.

66 FILOSOFIA DA NOVA MÚSICA

fundem-se com os habituais. O detalhe melódico fica reduzido a mera conseqüência da construção total, sem ter contudo sobre esta o menor poder. Converte-se assim em imagem desse progresso técnico que enche o mundo. É verdade que é possível ainda fazer melodia — pois a força de Schoenberg continuamente converte em possível o impossível —, mas quando nas entradas sucessivas da melodia, esta, conservando impiedosamente o mesmo ritmo, se constrói com intervalos diferentes, que freqüentemente não têm nenhuma relação interior com os intervalos originais e menos ainda com o ritmo, também a melodia sucumbe a esta violência. Neste caso o que mais preocupa é essa espécie de aproximação melódica que conserva, é verdade, o contorno da melodia inicial, ao fazer corresponder a um intervalo grande ou pequeno, na passagem rítmica análoga, um intervalo parecido, mas somente segundo categorias como "grande" e "pequeno", sem levar em consideração se o intervalo original é uma nona maior ou uma décima. Para o Schoenberg da época média, tais problemas não tinham nenhum significado, porque estava excluída toda repetição. Mas a restauração da repetição se iguala à falta de preocupação com o que se repete. Também aqui, naturalmente, a técnica dodecafônica não constitui a origem racional do mal, mas antes executa uma tendência procedente do romantismo. O modo com que Wagner trata os motivos, que contudo estão salientados com a finalidade de contradizer o procedimento da variação, constitui um procedimento que prepara este de Schoenberg e conduz ao antagonismo técnico da música posterior a Beethoven: o antagonismo entre a tonalidade preestabelecida, que necessita sempre confirmação, e a substancialidade do particular. Se Beethoven havia desenvolvido o ser musical partindo do nada para poder determiná-lo totalmente como acontecer, Schoenberg, em sua última fase, o destrói como coisa acontecida.

Se o nominalismo musical, como eliminação de todas as fórmulas que se repetem, é concebido até suas últimas conseqüências, a diferenciação se desmorona. Na música tradicional, o agora e o aqui da composição ajustavam-se continuamente, em todos os seus elementos, ao esquema tonal e o perfil específico das linhas estava delimitado por algo exterior e convencional. Com a eliminação desta exterioridade e convencionalidade, o específico desencadeou-se: o progresso musical significou, então, até o contragolpe restaurador de Stravinski, diferenciação progressiva. Contudo, as digressões do esquema dado, próprio da música tradicional, tinham um peso sensível e decisivo. Quanto mais conciso era o esquema, tanto mais sutil era a possibilidade de modificação. O que na música tradicional tinha um peso decisivo, freqüentemente não podia sequer ser percebido na música emancipada. Por isso a música tradicional permitia matizes

SCHOENBERG E O PROGRESSO 67

muito mais sutis do que a nova, em que todo feito musical
está só por si mesmo. A mais fina elaboração da música é
obtida ao preço de uma grosseria crescente. Isto pode ser
visto até nos fenômenos mais evidentes da percepção harmônica. Quando na música tonal, ao acorde de sexta napolitana
em *dó* maior, com o *ré* bemol, segue-se o acorde de sétima
dominante, como o *si* natural em soprano, a passagem do *ré*
bemol ao *si* (chamado terça "diminuta", mas que abstratamente representa um intervalo de segunda maior) é percebida
na realidade — em virtude da força do esquema harmônico —
como terça, ou seja, em relação com o *dó* que está no meio,
mas omitido. Semelhante percepção direta de um intervalo
"objetivamente" de segunda como um intervalo de terceira
está excluída da tonalidade porque pressupõe um sistema
preciso de coordenadas e porque se determina diferenciando-
-se deste. Mas o que ocorre no próprio interior dos fenômenos
quase materialmente acústicos ocorre também especialmente
na organização superior, na organização propriamente musical. No tema secundário da abertura de *Der Freischütz,*
de Weber, tomado da ária de *Agathe,* o intervalo que conduz
ao ponto culminante *sol* no terceiro compasso é uma terça.
Na *coda* do final este intervalo se amplia ao converter-se primeiro numa quinta e por fim numa sexta e, frente ao ponto
de partida do tema a que propriamente se refere, esta sexta
é uma nona. Ao sair do âmbito da oitava, ela readquire uma
expressão de júbilo desmedido. Isto só é possível se se
entende o intervalo de oitava como unidade virtual de medida,
uma vez que é fundamental na tonalidade. Quando a oitava
é superada, o significado musical chega imediatamente ao
extremo, pois o equilíbrio do sistema se rompe. Na música
dodecafônica, em compensação, a oitava perdeu essa força
de organização que lhe correspondia em virtude de sua identidade com o som fundamental do acorde perfeito. Entre
intervalos maiores e menores do que a oitava há somente
uma diferença quantitativa, não qualitativa. Por isso, efeitos
de variação melódica como no exemplo de Weber — e como
se apresentam em inumeráveis exemplos de Beethoven e
Brahms — já não são possíveis; e a própria expressão que
tornava necessário esse processo fica ameaçada, porque, uma
vez que caíram todas as relações sedimentadas com o tempo
e feitos habituais e com elas caiu toda diferença hierárquica
dos intervalos, dos sons e das proporções formais, a expressão
já não pode tampouco ser imaginada. O que antes recebia
seu sentido da diferença do esquema ficou desvalorizado e
nivelado em todas as dimensões do processo de composição
e não somente na melodia e na harmonia. Sobretudo a forma,
com o esquema de modelação tradicional, possuía um sistema
normativo próprio, graças ao qual podia desenvolver-se com

68 FILOSOFIA DA NOVA MÚSICA

alterações mínimas, em Mozart às vezes com uma só alteração. Se hoje se quer articular formas maiores é necessário recorrer a meios bem mais intensos, a drásticos contrastes das situações, da dinâmica, da escrita, do timbre e, por fim, a invenção dos temas vem relacionar-se estreitamente a qualidades cada vez mais concretas e gráficas. A tola objeção do profano contra a monotonia da nova música contém, diante do saber do especialista, certa verdade: quando o compositor desdenha, durante passagens bem longas, contrastes brutais como entre agudo e grave, forte e *piano,* dá-se sempre alguma monotonia, pois a diferenciação em geral só tem força quando se distingue de algo já implicitamente dado, tanto que os meios de diferenciação em si mesmos, quando são dispostos um junto ao outro, se assimilam e se neutralizam reciprocamente. Uma das maiores conquistas de Mozart e Beethoven foi terem evitado os meros contrastes e se atido à variedade nas passagens mais delicadas, amiúde somente valendo-se da modulação. Esta conquista ficou comprometida desde o romantismo, quando os temas sujeitos ao ideal da forma integral do classicismo vienense estavam sempre muito distantes um do outro e ameaçavam decompor a forma em episódios. Hoje, precisamente na música mais séria e responsável, perdeu-se o meio do contraste mínimo e o próprio Schoenberg só pode salvá-lo na aparência, ao conferir uma vez mais aos temas, como ocorre no primeiro tempo do *Quarto Quarteto,* esse caráter que no classicismo vienense é chamado de tema principal, grupo ou ponte de modulação e tema ou segundo grupo, sem que estes caracteres presentes em Beethoven e Mozart possam já ajustar-se ao conjunto da construção harmônica. Adquirem um sentido de debilidade e de falta de obrigatoriedade, como se fossem máscaras mortuárias daqueles perfis da música instrumental elaborados pelo classicismo vienense. Se se renuncia a semelhantes intentos de salvação, impostos pela coação do material, atualmente não existe outro caminho senão o dos contrastes exagerados de uma grosseira materialidade sonora. O matiz termina em ato de violência, circunstância talvez sintomática das transformações históricas que hoje sobrevêm em detrimento de todas as categorias da individualização. Mas se se quisesse restaurar a tonalidade ou substituí-la por outro sistema de relações, como o idealizado por Scriabin, como o objetivo de recobrar, com um apoio exterior, a riqueza perdida da diferenciação, tais intentos prosseguiriam encadeados a essa mesma subjetividade dissociada que aqueles quiseram dominar. O retorno à tonalidade seria, como em Stravinski, um jogo com a tonalidade; e os esquemas, como o de Scriabin, estão a tal ponto limitados a tipos de acorde com caráter de dominante harmônica que só produzem uma cinzenta monotonia. A técnica

SCHOENBERG E O PROGRESSO 69

dodecafônica como mera preformação do material se abstém sabiamente de manifestar-se como um sistema de variações; mas com esta decisão exclui o conceito de matiz. Também aqui a técnica dodecafônica executa em si mesma a sentença do subjetivismo liberado.

Ainda mais óbvias são certas objeções formuladas contra a arbitrariedade da música dodecafônica; por exemplo, que esta música, com toda a sua racionalidade, abandona à própria sorte a harmonia, seja como acorde singular, seja como sucessão de sons, ou que isto regula de maneira abstrata a sucessão sem já reconhecer, contudo, nenhuma necessidade convincente, compreensível e direta do procedimento harmônico. A objeção é demasiado grosseira. Em nenhuma outra parte a ordenação da técnica dodecafônica tem maior coerência (derivada das tendências históricas do material) do que na harmonia. E se alguém quisesse elaborar esquemas da harmonia dodecafônica, o início do prelúdio de *Tristão* poderia ser representado de maneira provavelmente mais simples do que se poderia fazer na base das funções harmônicas de *lá menor*. A lei da dimensão vertical da música dodecafônica pode chamar-se lei da harmonia complementar. Elementos precursores da harmonia complementar são encontrados na fase média de Schoenberg, menos do que em Debussy ou Stravinski, e precisamente aparecem nestes autores todas as vezes em que não há procedimentos harmônicos fundamentados no tempo do baixo cifrado, mas sim planos sonoros estáticos em si, que comportam somente uma escolha entre os doze semitons e que repentinamente se modificam em outros, que produzem os sons restantes. Na harmonia complementar, cada acorde está construído complexamente: contém os sons particulares como momentos autônomos e diferenciados do conjunto, sem desaparecerem, como ocorre na harmonia perfeita, suas diferenças. O ouvido atento não pode, no espaço dos doze sons do *croma,* subtrair-se à sensação de que cada som particular completo pede em princípio, como complemento simultâneo ou sucessivo, aqueles sons da escala cromática que o mesmo espaço não comporta. A tensão e a distensão na música dodecafônica têm de ser entendidas em função do virtual acorde de doze sons. O acorde singular complexo torna-se capaz de abarcar em si forças musicais que antes tinham necessidade de linhas melódicas inteiras ou de uma estrutura harmônica. Ao mesmo tempo, a harmonia complementar está em condições de iluminar estes acordes com uma revirada repentina, de modo que toda a sua força latente se torne manifesta. Mediante o passo de um plano harmônico, definido pelo acorde, ao plano sucessivo complementar, criam-se efeitos de profundidade harmônica e uma espécie de perspectiva a que já tendia às vezes a própria música tradicional, como por exemplo em Bruckner; mas sem conseguir

70 FILOSOFIA DA NOVA MÚSICA

realizá-la[26]. Se se considera o acorde da morte de Lulu, que contém os doze sons, como integral da harmonia complementar, o gênio alegórico de Berg se afirma numa perspectiva histórica verdadeiramente vertiginosa: assim como Lulu no mundo da aparência absoluta não deseja outra coisa senão seu assassino e no final o encontra com esse acorde, assim também toda a harmonia da felicidade negada — a música dodecafônica não se pode separar da dissonância — deseja, como cifra de sua própria realização, o acorde que lhe será fatal, porque toda a dinâmica se detém nele sem resolver-se.

A lei da harmonia complementar já implica o fim da experiência do tempo na música, como se anunciava na dissociação do tempo dos extremos expressionistas. Esta lei proclama mais energicamente que outros sintomas essa condição de ahistoricidade do fenômeno musical de que ainda não se pode decidir hoje se está ditada pela terrível fixação da sociedade nas formas atuais de hegemonia ou se é um aviso prévio do fim da sociedade antagonista, que tem sua história somente enquanto reproduz seus próprios antagonismos. Contudo, esta lei da harmonia complementar é válida realmente só como lei harmônica. Fica paralisada pela não-diferença dos elementos horizontais e verticais. Os sons complementares são *desiderata* da "condução das partes" que existem dentro dos acordes, complexos e distintos nas vozes singulares que o compõem; todos os problemas harmônicos, já na música tonal, procedem de exigências da condução das partes; e inversamente todos os problemas contrapontísticos procedem de exigências da harmonia. Por influência do livro de Kurth sobre o contraponto linear difundiu-se a opinião de que na nova música a harmonia era indiferente e que o elemento vertical, frente à polifonia, já não significava nada. Esta suposição era própria de *dilettanti*: a unificação das diferentes dimensões musicais não pode significar que uma delas se limite a desaparecer; mas na técnica dodecafônica começa-se a notar que justamente esta unificação ameaça desvalorizar toda a dimensão particular do material e em conseqüência também a dimensão harmônica. As passagens concebidas segundo o princípio da harmonia complementar representam a exceção. Representam necessariamente a exceção porque o princípio de composição de realizar a série também em acordes de sons simultâneos impõe que cada som se justifique como elemento da série, tanto horizontal como verticalmente. Isto faz com que a pura relação complementar entre os sons verticais seja um caso raro. A identidade positiva das dimensões não está tão garantida quanto postulada pelo esquema dode-

---

(26) As primeiras obras da técnica dodecafônica conservam claramente o princípio da harmonia complementar. Passagens concebidas harmonicamente como a *coda* do primeiro tempo do *Quinteto para sopro* de Schoenberg (a partir do compasso 200) ou o final em acordes do *Primeiro coro, opus 27* (compassos 24 e ss.), mostram essa tendência a uma nudez quase didática.

cafônico. Em cada momento da composição a identidade volta a ser proposta e a partitura aritmética não diz de modo algum se aquela foi alcançada e se o "resultado" se justifica também harmonicamente pela tendência intrínseca dos acordes. A maior parte das composições dodecafônicas troca essa coincidência pela mera exatidão numérica. No máximo as harmonias derivam nessas composições somente daquilo que se desenvolve nas partes e não dão um significado especificamente harmônico. Basta comparar qualquer acorde ou então sucessões harmônicas de composições dodecafônicas — um exemplo crasso de obstrução harmônica é encontrado no *tempo lento* do *Quarto Quarteto* de Schoenberg nos compassos 636/7 — com uma passagem de atonalidade livre, entendida segundo seu autêntico sentido harmônico (como, por exemplo, *Erwartung,* compassos 196 e ss.), para se perceber que o entrelaçamento da harmonia dodecafônica é casual. A "vida instintiva dos acordes" fica reprimida. Não somente os sons são contados antecipadamente, mas também o predomínio das linhas horizontais apaga a harmonia. Não podemos nos livrar da suspeita de que todo o princípio da não-diferença entre melodia e harmonia se converte numa ilusão, assim que é posto à prova. A origem da série que coincide com o perfil dos temas e seu sentido melódico opõem-se à interpretação harmônica, que se pode realizar apenas ao perder o caráter específico da relação harmônica. Enquanto a harmonia complementar em sua forma pura relaciona entre si os acordes sucessivos mais estreitamente do que nunca, esses acordes, graças à totalidade da técnica dodecafônica, ficam alienados uns dos outros. O fato de que Schoenberg, numa de suas mais grandiosas composições dodecafônicas, isto é, o primeiro tempo do *Terceiro Quarteto,* tenha usado o princípio do *ostinato,* que até então havia excluído, tem sua razão de ser nestas circunstâncias: o *ostinato* deve estabelecer um nexo que já não existe entre os acordes e praticamente nem sequer no acordo particular. A purificação do elemento tonal condutor, que continuava atuando na atonalidade livre como resíduo tonal, conduz a uma falta de relações e a uma rigidez dos momentos sucessivos que não somente penetra como frieza corretiva no expressivo *Invernáculo* de Wagner, mas contém além disso a ameaça de ser absurda num sentido especificamente musical e de anular toda conexão. Esse absurdo não pode ser modificado pela escassa compreensibilidade do que não está bem organizado, mas há de anexar-se mais acertadamente à nova classe de organização. A técnica dodecafônica substitui a "mediação", a "transição", pela construção consciente; mas esta se paga com a atomização dos sons. O livre jogo de forças da música tradicional, que produz o todo de acorde em acorde, sem que o todo esteja premeditado de acorde em acorde, fica substituído pela "inserção" de acordes

FILOSOFIA DA NOVA MÚSICA

estranhos entre si. Já não há uma atração anárquica recíproca entre os sons; mas somente permanece sua falta monádica de relações e a autoridade planificadora que os domina. Disso, o único resultado possível é o acidental. Se antes a totalidade se havia realizado às custas dos feitos individuais, agora a totalidade é consciente; mas os feitos individuais e as relações concretas ficam sacrificados a essa totalidade. Até os acordes como tais têm o caráter do fortuito. Enquanto a dissonância mais aguda, a segunda menor, que na atonalidade livre se empregava com extrema circunspecção, é manejada agora como se não significasse absolutamente nada e nos coros amiúde prejudica manifestamente a partitura[27], por outro lado aparecem cada vez com maior freqüência sonoridades vazias como as de quarta e quinta, que levam a marca da desgraça de estarem concebidas de maneira puramente acidental: são acordes carentes de tensão, obtusos, de modo algum diferentes daqueles que o neoclassicismo preferia e especialmente Hindemith. Mas as fricções e o vazio dos acordes não têm uma finalidade determinada de composição: ambos são sacrifícios que a música faz à série. Surgem por todas as partes, sem que o compositor queira, fontes tonais do tipo que uma crítica atenta poderia distinguir facilmente na atonalidade livre. Não são interpretadas dodecafonicamente, mas justamente como acordes tonais. O próprio processo de composição não tem o poder de fazer esquecer a implicação histórica do material. A atonalidade livre, ao ferir com um tabu a harmonia perfeita, estendera universalmente na música a dissonância. Existia tão-somente a dissonância. O aspecto restaurador da técnica dodecafônica mostra-se talvez com maior força do que em outras partes no relaxamento da proibição da consonância. Poderia dizer-se que a universalidade da dissonância superou seu próprio conceito, que a dissonância só é possível na tensão com a consonância e que a dissonância se converte num mero complexo de sons, assim que deixa de estar contraposta à consonância. Mas tudo isto simplifica a situação real. Com efeito, no acorde a dissonância está superada unicamente no duplo sentido hegeliano. Os novos acordes não são os inofensivos sucessores da antiga consonância. Diferenciam-se desta enquanto sua unidade está totalmente articulada em si, em que os sons individuais do acorde se unem para conformá-lo, mas em seu interior esses sons são simultaneamente diferentes um do outro como sons individuais. Desta forma continuam "dissonando", não em relação às consonâncias eliminadas, mas em si mesmos. Desta maneira, contudo, mantêm firme a imagem histórica da dissonância. As dissonâncias surgiram como expressões de tensão, de contradição e de dor. Sedimentaram-se e converteram-se em "material". Já não

(27) Cf. SCHOENBERG, *opus 27*, nº 1, compasso 11, soprano e contralto, e o correspondente compasso 15, tenor e baixo.

SCHOENBERG E O PROGRESSO 73

são meios de expressão subjetiva, mas nisto não renegam sua
origem e se convertem em caracteres do protesto objetivo. A
enigmática sorte destas sonoridades está em que elas, precisamente em virtude de sua transformação em material, dominam
aquela dor que antes manifestavam. Sua negatividade se
mantém fiel à utopia e encerra em si a consonância tácita.
Daí a apaixonada suscetibilidade da música moderna contra
tudo o que se assemelhe à consonância. O gracejo de Schoenberg segundo o qual o "Mondfleck" de *Pierrot* está escrito de
acordo com as regras do contraponto mais severo e que admite
as consonâncias somente de passagem e em seus tempos fra-
cos, atesta quase imediatamente esta experiência fundamental.
A técnica dodecafônica a evita. As dissonâncias convertem-
-se no que Hindemith chamou, em seu *Unterweisung im
Tonsatz,* com a execrável expressão "matéria de trabalho",
isto é, em puros e meros *quanta,* sem qualidades, indiferen-
ciados, e em conseqüência capazes de se encaixar onde o
esquema exija. O material volta a cair assim na mera natureza, em relações de sons puramente físicos e é especialmente esta recaída o que subordina a música dodecafônica
à compulsão da natureza. Não somente se volatiliza o estímulo, mas também a oposição a ele. Quanto menos os
acordes tendem um ao outro, tanto menos tendem ao todo,
que representa o universo. Em seu suceder-se desaparece
essa profundidade do espaço musical que contudo parecia
só poder realizar a harmonia complementar. Os acordes se
tornaram tão indiferentes que a proximidade da consonância
já não os perturba. Os acordes perfeitos do final de *Pierrot*
mostraram traumaticamente às dissonâncias a meta inacessível destas, e seu contra-sentido titubeante se assemelha a
esse verde horizonte que surge debilmente a leste*. No tema
do tempo lento do *Terceiro Quarteto* de Schoenberg as consonâncias e as dissonâncias estão umas junto às outras com
indiferença. E nem sequer soam mais impuras.

Que a decadência da harmonia não deva ser atribuída
à falta de consciência harmônica, mas antes à força de gravitação da técnica dodecafônica, é fato que pode ser dedu-
zido dessa dimensão que esteve sempre estreitamente ligada
à harmonia e que mostra, hoje como na época de Wagner,
os mesmos sintomas da harmonia: a sonoridade instrumental.
A construção total da música permite uma instrumentação
"construtiva" em medida insuspeita. As transcrições de Bach
realizadas por Schoenberg e Webern, em que as mais minu-
ciosas relações temáticas da composição estão transpostas
em análogas relações de timbre e assim realizadas, não teriam sido possíveis sem a técnica dodecafônica. O postulado
da claridade instrumental, formulado por Mahler, só satis-

(*) Alusão ao texto de *Pierrot*. (N. da T.)

74 FILOSOFIA DA NOVA MÚSICA

faz adequadamente devido às experiências dodecafônicas, isto é, sem reduplicações e sem os pedais flutuantes dos trompetes. Assim como o acorde dissonante acolhe todo som que contém e o mantém como som diferenciado, também a sonoridade instrumental pode agora realizar a equiparação de todas as partes entre si e a plasticidade de cada parte singular. A técnica dodecafônica absorve toda a riqueza da estrutura de composição e a traduz na estrutura do timbre. Mas esta nunca se impõe despoticamente à composição, como acontecia no romantismo tardio. Em tudo serve à composição. Isto contudo termina por limitá-la de tal maneira que ela por si mesma contribui cada vez menos para a composição. E falta a dimensão do timbre, entendida como dimensão produtiva do processo de composição e tornada assim na fase expressionista. Nas composições teóricas de Schoenberg em sua fase média, a *Klangfarbenmelodie* tinha seu justo lugar. Com esta expressão se queria dizer que a mudança dos timbres por si mesma se convertia no resultado da composição e determinava o curso desta. A sonoridade instrumental aparecia como o estrato intato de que se nutria a fantasia do compositor. A *Terceira peça para orquestra, opus 16,* assim como a música que acompanha a tormenta de luz de *Die Glückliche Hand,* são exemplos desta tendência. Em troca, a música dodecafônica não produziu nada parecido e é lícito abrigar a dúvida de que possa fazê-lo. Com efeito, aquela obra para orquestra, com o "acorde alternante", pressupõe uma substancialidade do feito harmônico, negada pela técnica dodecafônica. Para a técnica dodecafônica o pensamento de uma fantasia de timbre que como tal contribua para a composição é um delito. E a aversão pelas reduplicações de timbre, que elimina tudo o que não representa com pureza extrema a composição, atesta não somente o ódio contra a falsa riqueza do colorido instrumental do romantismo tardio, mas também da vontade ascética de eliminar tudo o que quebra o espaço definido da composição dodecafônica. Esta não se permite de modo algum "inventar" algo como os timbres instrumentais. A sonoridade, por mais diferenciada que seja, aproxima-se do que era antes de a subjetividade tomar posse dela, isto é, mero registro. Aqui novamente, as primeiras composições da técnica dodecafônica são exemplares: o *Quinteto para sopro,* de Schoenberg, faz pensar numa partitura de órgão. E o fato de que precisamente tenha sido composto para instrumentos de sopro pode talvez ter relação com a intenção de referi-lo aos registros do órgão. Essa música já não está instrumentada especificamente como a anterior música de câmara de Schoenberg. Também no *Terceiro Quarteto,* todos os timbres que Schoenberg havia sabido obter das cordas nos dois primeiros quartetos ficam sacrificados. A sonoridade do

SCHOENBERG E O PROGRESSO 75

Quarteto se converte totalmente em função da escrita de composição, levada na verdade a extremos, e particularmente se converte numa função de aproveitamento das posições amplas. Mais adiante, a partir das *Variações para orquestra,* Schoenberg começou a reconsiderar sua posição e deu ao colorido instrumental um direito maior. Já não mantém a prioridade dos clarinetes, que havia caracterizado de maneira decisiva a tendência ao "registro"; mas a paleta colorista das obras tardias tem o caráter da concisão. Essa paleta procede menos da própria estrutura dodecafônica do que da "estrutura", ou seja, do interesse pela clareza. Este mesmo interesse é, contudo, ambíguo, porquanto exclui todos os estratos musicais em que, segundo a exigência específica da composição, se aspira não à clareza desta, mas antes ao contrário, com o qual se apropria do postulado neo-objetivo da "eqüidade frente ao material", postulado que vela o fetichismo do material, de que a técnica dodecafônica, até em sua relação com a série, tanto se aproxima. Enquanto os timbres da orquestra das últimas obras de Schoenberg iluminam a estrutura da composição exatamente como uma fotografia nítida faz ressaltar os objetos fotografados, sempre lhes está vedado serem elementos diretos do ato propriamente dito de "compor". Dele resulta uma sonoridade resplandecentemente compacta, com luzes e sombras cambiantes, parecida a uma máquina altamente complicada, que no movimento vertiginoso de todas as partes permanece fixa num lugar. A sonoridade se torna clara, limpa e lúcida como a lógica positivista. Revela o moderantismo que a severa técnica dodecafônica oculta. A variedade das cores e o sólido equilíbrio desta sonoridade renegam angustiosamente o estalido caótico de que ela havia surgido e se convertem em imagens de uma ordem a que se opõem todos os impulsos autênticos da nova música e que, contudo, esta mesma é obrigada a preparar. O documento onírico se apazigua na escrita documental.

O verdadeiro beneficiário da técnica dodecafônica é, sem dúvida alguma, o contraponto. Este tem a primazia na composição. O pensamento contrapontístico é superior ao harmônico homofônico, porque sempre subtraiu a superposição vertical à cega compulsão das convenções harmônicas. A verdade é que sempre as respeitou; mas atribuiu a todos os feitos musicais simultâneos um sentido preciso, partindo da unidade da composição, ao determinar todas as partes secundárias em relação com a voz melódica principal. Graças à universalidade da relação serial, a técnica dodecafônica é contrapontística por origem, pois todas as notas simultâneas são independentes pelo próprio fato de que todas são partes integrantes da série. E a prioridade da técnica dodecafônica em relação à arbitrariedade do "livre compor" tradicional é

76   FILOSOFIA DA NOVA MÚSICA

de tipo contrapontístico. Desde que se afirmou a música homofônica, na época do baixo geral, as mais profundas experiências dos compositores mostraram a insuficiência da homofonia na constituição rigorosa de formas concretas. O retorno de Bach à polifonia anterior — e precisamente suas fugas mais avançadas do ponto de vista da construção, como a fuga em dó sustenido maior do primeiro volume do *Cravo bem temperado,* a de seis vozes da *Oferenda musical,* e as posteriores da *Arte da Fuga,* aproximam-se da *ricercata* — e as partes polifônicas das últimas obras de Beethoven constituem os testemunhos mais significativos de tal experiência. Contudo, a técnica dodecafônica, pela primeira vez desde fins da Idade Média e com um domínio dos meios incomparavelmente maior, cristalizou um estilo polifônico genuíno; e não somente eliminou a simbiose puramente exterior entre esquemas polifônicos e pensamentos harmônicos, mas também a impureza própria da influência recíproca de forças harmônicas e polifônicas, que em troca a atonalidade livre tolerava umas junto às outras. Em suas conquistas polifônicas, Bach e Beethoven tendiam com desesperada energia a equilibrar o coral, construído sobre o baixo, como a polifonia genuína, entendido um como dinâmica subjetiva e entendida a outra como objetividade vinculadora. Schoenberg, ao não impor logo ao material a organização polifônica, mas ao derivá-la do próprio material, demonstrou que era o representante da tendência mais recôndita da música. Somente este fato já o coloca entre os maiores compositores. Não somente elaborou uma pureza de estilo comparável àqueles modelos estilísticos que antes estavam preordenados inconscientemente no ato da composição — pois poderia duvidar-se sem mais nem menos da legitimidade do ideal estilístico —, mas restabeleceu algo que equivale a uma escritura musical pura. A técnica dodecafônica ensinou a pensar simultaneamente num maior número de partes independentes e a organizá-las como unidades sem a muleta do acorde. Desta maneira condenou a um fim seguro tanto o contraponto desorganizado e gratuito de muitos compositores do período posterior à Primeira Guerra Mundial, como o contraponto ornamental neo-alemão. A nova plurifonia é "real". Em Bach é a tonalidade que responde à questão de como é possível uma polifonia também harmônica. Por isso Bach é, de fato, um harmonista, como o considerava Goethe. Em Schoenberg a tonalidade liberou-se da necessidade dessa resposta. Schoenberg pede aos resíduos da tonalidade que resolvam o problema da tendência polifônica do acorde. É, pois, um contrapontista. A harmonia permanece na música dodecafônica não totalmente resolvida, em oposição ao que ocorre com Bach, em quem o esquema harmônico põe à independência das partes um

SCHOENBERG E O PROGRESSO 77

limite que só ficará ultrapassado pela especulação da *Arte da Fuga*. Mas a aporia harmônica se comunica, na técnica dodecafônica, também ao contraponto. Os compositores sempre consideraram mérito dominar as dificuldades contrapontísticas, como ocorre com os desacreditados artifícios dos Países Baixos e logo com o intermitente retorno a sua técnica. E pensam isso com razão as obras artísticas do contraponto anunciam sempre a vitória da verdadeira composição sobre a inércia da harmonia. Os empenhos mais abstratos de regras retrógradas (caranguejo) e de espelho são esquemas com que a música se esforça por dissimular o quanto há de fórmula na harmonia, ao fazer coincidir os acordes, em si "universais", com a determinação absoluta do decurso das partes. Mas este mérito diminui quando cai a pedra harmônica do escândalo e quando o contraponto já não pode legitimar-se mediante a formação de acordes "perfeitos". A única unidade de medida é a série. A série fornece a mais estreita inter-relação das partes, que é a do contraste. A aspiração de compor nota contra nota se realiza literalmente na técnica dodecafônica. A heteronomia do princípio harmônico com respeito à dimensão horizontal subtraíra-se a essa aspiração. Agora a compulsão exterior das harmonias dadas fica rompida. A unidade das partes pode desenvolver-se estreitamente partindo de sua diversidade, sem os ligamentos da "afinidade" harmônica. Por isso o contraponto dodecafônico se opõe na realidade a toda arte imitativa ou canônica. O emprego de tais meios no Schoenberg da fase dodecafônica produz o efeito de uma ultradeterminação, de uma tautologia. É que tais meios organizam novamente uma conexão já organizada pela técnica dodecafônica. Com efeito, nela já se desenvolveu ao máximo grau aquele princípio que de maneira rudimentar estava na base da arte imitativa e canônica. Daí o heterogêneo e estranho dos procedimentos que os compositores dodecafônicos tomaram da *praxis* contrapontística tradicional. Webern sabia muito bem porque tratava, em suas últimas obras, de derivar o princípio canônico da mesma estrutura serial, enquanto Schoenberg evidentemente tornou-se de novo sensível a todos estes artifícios. Os antigos laços da polifonia tinham sua função somente no espaço harmônico da tonalidade. Tratam de relacionar as partes entre si e, como uma linha reflete a outra, tratam de uniformizar a força que o instinto harmônico da escala, estranho ao procedimento polifônico, conserva sobre as próprias partes. A arte da imitação e do cânone supõe precisamente esta consciência dos graus harmônicos ou pelo menos um "modo" tonal com o qual, contudo, não se pode modificar a série dodecafônica, que trabalha atrás dos bastidores. Com efeito, somente numa ordenação declaradamente tonal ou modal, em cuja hierar-

78 FILOSOFIA DA NOVA MÚSICA

quia todo grau harmônico ocupa de uma vez para sempre seu lugar, é permitida a repetição. Esta só é possível num sistema articulado de relações. Esse sistema determina os feitos musicais no âmbito de uma vasta universalidade, mais além do caso único e irrepetível. As relações de tal sistema — os graus harmônicos e as cadências — implicam de antemão um desenvolvimento, uma certa dinâmica. Por isso a repetição não significa neles imobilidade. Assumem por assim dizer a responsabilidade que tem a obra de desenvolver-se. A técnica dodecafônica não é capaz de fazer tal coisa. Na realidade, de modo algum é um substituto da tonalidade. A série, válida cada vez para uma só obra, não possui esta vasta universalidade que mediante o esquema pode atribuir uma função ao feito musical que se repete; e este, por sua vez, enquanto elemento individual que se repete, não tem como tal nenhuma função. Por outro lado, a sucessão dos intervalos seriais não se refere à repetição de tal maneira que modifique com sentido, no ato da repetição, o que se repete. Ainda quando o contraponto dodecafônico, especialmente nas primeiras obras dodecafônicas de Schoenberg e em toda a obra de Webern, se baseia em ampla medida na imitação e no cânone, isto contradiz por si mesmo o ideal específico do procedimento dodecafônico. É claro que recorrer novamente a meios de uma polifonia arcaia não é um mero capricho da mania de combinar elementos. Os modos de procedimento tonal a eles inerentes foram exumados precisamente porque a técnica dodecafônica como tal não oferece o que dela se pretende. A queda do elemento especificamente harmônico como constituinte de formas torna-se sensível de maneira tão inquietante que o puro contraponto dodecafônico já não basta para garantir uma organização compensadora. Na verdade, não basta sequer no sentido propriamente contrapontístico. O princípio do contraste se inverte. Nunca uma parte se agrega a outra de maneira realmente livre, mas o faz sempre apenas como "derivação" e é precisamente a completa liberdade deixada, numa voz, ao feitos musicais, que se desenvolve na outra, isto é, sua negação recíproca, que as coloca numa relação de reflexo, em que está latente a tendência a superar, em última instância, a independência recíproca das partes, ou seja, todo o contraponto... e isto justamente no acorde de doze sons, a que talvez se oponha o princípio da imitação. Com seu rigor, a arte imitativa quer salvar a liberdade ameaçada justamente por sua própria lógica, pelo puro contraste. As partes perfeitamente encaixadas uma na outra são idênticas como produtos da série, mas inteiramente estranhas e até hostis entre si pelo próprio fato de estarem tão bem travadas. Nada têm

SCHOENBERG E O PROGRESSO

a ver uma com a outra, mas apenas com um terceiro fator. E é inútil que se rogue ao princípio da imitação para conciliar o estranho das partes demasiado obedientes.

E aqui surge um elemento problemático, próprio dos mais recentes triunfos polifônicos. A unidade das partes dodecafônicas dada pela série contradiz provavelmente o impulso mais profundo do contraponto moderno. O que as escolas chamam bom contraponto (isto é, partes lisas que sempre têm um sentido singular e que não sufocam a melodia principal, o desenvolvimento harmônico, a hábil cementação de linhas heterogêneas, graças a uma parte sabiamente introduzida fornece somente o mais débil reflexo da idéia, enquanto se abusa disto para formular receitas. A missão do contraponto não era a adição conseguida e integradora das partes polifônicas, mas a organização da música de tal maneira que cada uma das partes nela contidas fosse verdadeiramente essencial e que cada parte, cada nota, cumprisse exatamente sua função no texto. O enredo deve estar concebido de tal maneira que a relação das partes engendre o decurso de toda a obra e em definitivo a forma. Nisto, e não tanto no fato de haver escrito um contraponto tão bom no sentido tradicional, é que se apóia a verdadeira superioridade de Bach sobre toda a música polifônica posterior; não tanto o caráter linear como tal, mas a integração deste no todo, em harmonia e forma. Nisto a *Arte da Fuga* é ímpar. Schoenberg, ao emancipar o contraponto, assume novamente esta missão. Resta somente perguntar se a técnica dodecafônica, ao tornar absoluta a idéia da integração contrapontística, não elimina o princípio do contraponto precisamente pelo fato de torná-lo total. Na técnica dodecafônica já não há mais nada que difira do enredo das partes, nem *cantus firmus,* nem peso específico da harmonia. Mas poder-se-ia pensar que o próprio contraponto expressa a diferença de dimensões, típica da música ocidental. O contraponto tende a superar esta diferença dando-lhe uma forma. Numa organização total e perfeita, o contraponto em sentido rigoroso, como adição de uma parte independente de outra, deveria desaparecer. Na realidade, o contraponto tem direito à existência somente na superação de algo que lhe é exterior, que se lhe opõe e ao qual se "junta". Quando já não existe tal prioridade de um elemento que é musical por si e com o qual o contraponto possa provar-se, este se converte num esforço inútil e desaparece num *continuum* indiferenciado. Compartilha, por assim dizer, a sorte de um ritmo cheio de contrastes, que no curso de partes diferentes e complementares acentua todos os tempos do compasso, com o qual se transforma precisamente em monotonia rítmica. Os primeiros trabalhos de Webern são coerentes também com o fato de que neles já se insinua a anulação do contraponto. Os elementos de contraste se associam e formam uma monodia.

80 FILOSOFIA DA NOVA MÚSICA

A impropriedade de toda repetição na estrutura da música dodecafônica, como se faz perceptível na intimidade do detalhe imitativo, define a dificuldade central da forma dodecafônica, entendendo forma no sentido específico da teoria da forma musical e não num sentido estético generalizado. O desejo de reconstruir a grande forma quase mais além da crítica expressionista da totalidade estética[28] é tão problemático quanto a "integração" de uma sociedade em que o fundamento econômico da alienação permanecera imutável, enquanto com a repressão se privara aos antagonistas o direito de aparecer. Algo disto existe na técnica dodecafônica integral. Só que nela — como talvez ocorra em todos os fenômenos da cultura que assumem uma gravidade inteiramente nova na época da planificação total da infra-estrutura, ao desmentir essa própria planificação — os antagonismos não se deixam expulsar facilmente, como ocorre ao contrário numa sociedade que não somente está refletida pela nova arte, mas que ao mesmo tempo é "conhecida" por ela e portanto criticada. A reconstrução da grande forma através da técnica dodecafônica não é meramente problemática como ideal. Problemática é sua própria possibilidade de consegui-la. Tem-se observado freqüentemente, e precisamente por homens musicalmente atrasados, que as formas da composição dodecafônica valem-se ecleticamente das grandes formas "pré-críticas" da música instrumental. Literalmente ou em espírito aparecem novamente a sonata, o rondó e a variação: em muitos casos, como no final do *Terceiro Quarteto* de Schoenberg, com uma inocência que não somente esquece ingenuamente o valor semântico de que tal forma se vinha enriquecendo, mas também por acréscimo, com a simplicidade da grande disposição formal, contradiz cruamente a complexidade da fatura rítmica e contrapontística dos momentos particulares. A inconsistência salta à vista e as últimas obras instrumentais de Schoenberg representam, antes de tudo, o intento de superá-la[29].

---

(28) Fica ainda sem demonstração a afirmação, repetida maquinalmente desde o ensaio programático de Erwin Stein de 1924, de que na atonalidade livre não são possíveis grandes formas instrumentais. *Die Glückliche Hand* está talvez mais perto dessa possibilidade do que qualquer outra obra de Schoenberg. Mas a incapacidade da grande forma é interpretada de maneira mais grave do que no sentido filisteu, segundo o qual essa grande forma teria sido desejada, sem dúvida alguma, mas o material anárquico não a permitia, razão pela qual deveriam ser inventados novos princípios formais. A técnica dodecafônica não se limita a valer-se do material de modo que este se adapte às grandes formas. Corta um nó górdio. Tudo o que nela ocorre recorda o ato de violência. Sua invenção é um golpe da mão da qualidade que se glorifica em *Die Glückliche Hand*. Sem violência não se obteria nenhum resultado, porque o procedimento de composição, polarizado até os extremos, voltava seu ponto crítico contra a idéia da totalidade formal. A técnica dodecafônica quer subtrair-se a esta crítica associadora.

(29) O exemplo mais acabado neste sentido é o do *Trio para cordas*, que em sua soltura e na construção da sonoridade absoluta evoca a fase expressionista a que se aproxima o seu caráter, sem ceder, contudo, na estrutura formal. A insistência com que Schoenberg continua estudando os problemas que ele mesmo expôs, sem se limitar a um "estilo", que podia estar representado por exemplo nos primeiros trabalhos dodecafônicos, pode comparar-se somente com a obra de Beethoven.

SCHOENBERG E O PROGRESSO 81

Não se viu, todavia, com a mesma clareza, de que maneira essa inconsistência deriva necessariamente da própria natureza da música dodecafônica. O fato de que ela não chegue a grandes formas autônomas constitui a vingança imanente da fase crítica esquecida e por certo que isto não se deve à casualidade. A construção de formas realmente livres, que abarquem a natureza irrepetível da obra, fica proibida pela falta de liberdade imposta pela técnica da série, pela aparição contínua de um mesmo elemento idêntico. De maneira que a obrigação de tornar temáticos os ritmos e de dar-lhes cada vez novas configurações seriais deveria comportar a necessidade da simetria. Cada vez que aparecem, essas fórmulas rítmicas anunciam partes formais correspondentes; e são essas correspondências que evocam os espectros das formas pré--críticas. São evocados, certamente, só como espectros. Com efeito, as simetrias dodecafônicas estão privadas de natureza própria, estão privadas de profundidade. Ocorre assim que resultam necessárias, mas já não servem para nada. As simetrias tradicionais se referem sempre a relações harmônicas de simetria, que devem expressá-las ou produzi-las. O significado do retorno à sonata tradicional é, por exemplo, inseparável do esquema modulativo da exposição e das divagações harmônicas do desenvolvimento e serve para confirmar a tonalidade — que na exposição estava meramente "proposta" — precisamente como resultado do processo inaugurado pela exposição. Pode-se imaginar, no máximo, que o esquema de sonata na atonalidade livre depois da exclusão da *ratio* modulativa e da correspondência entre as partes, conserva algo deste significado quando a vida instintiva dos sons desenvolve tendências e contratendências tão poderosas que se afirma a idéia de "meta" e que a entrada simétrica da repetição satisfaz sua idéia. Mas na técnica dodecafônica não se pode falar disto. Por outro lado, ela, com suas inquietas permutas, não pode sequer justificar uma simetria estática no sentido de uma arquitetura pré-clássica. Evidentemente a técnica dodecafônica formula a exigência da simetria com a mesma urgência e inexorabilidade com que a repele. Em primeiro lugar, o problema da simetria poderia ser resolvido em obras que, como no primeiro tempo do *Terceiro Quarteto,* prescindem da aparência da dinâmica formal e da relação com as formas que em sua simetria descansam em relações harmônicas, enquanto por outro lado operam com simetrias absolutamente rígidas, puras, e de certo modo geométricas, que não pressupõem nenhum sistema vinculador de relações formais e tendem, não a uma representação finalista, mas ao equilíbrio irrepetível. São obras desta classe que mais se aproximam da possibilidade objetiva da técnica dodecafônica. Este movimento do *Terceiro Quarteto,* com sua obstinada figuração

82 FILOSOFIA DA NOVA MÚSICA

de colcheias, mantém completamente afastado o pensamento de um desenvolvimento e na contraposição de planos simétricos, mas sempre contrastantes, produz ao mesmo tempo um cubismo musical, tal como está mecanicamente acentuado nos alinhados complexos de Stravinski. Mas Schoenberg não se limitou a isto. Se toda a sua obra, de parte a parte e de extremo a extremo, pode ser entendida como processo dialético entre momento expressivo e construção[30], este processo não se deteve na "nova objetividade". Assim como as experiências reais de sua época deveriam ter feito vacilar nele o ideal da obra de arte objetiva, até em seu aspecto mais positivo e privado de toda magia, tampouco podia escapar a seu gênio musical o terrível vazio da composição integral. As últimas obras expõem a questão de como a construção pode converter-se em expressão sem ceder dolorosamente aos lamentos da subjetividade. O tempo lento do *Quarto Quarteto* — cuja disposição, com o suceder-se de recitativo solto e epodo em forma de *lied,* parece-se àquela *Entrückung,* a primeira obra de Schoenberg que não apresenta sinais de tonalidade e que inicia a fase expressionista — e a marcha final do *Concerto para violino e orquestra* são de uma expressão quase demasiado evidente. Ninguém pode subtrair-se a sua força. Mas ainda esta força, por maior que seja, não pode salvar a ruptura. São obras que testemunham um grandioso fracasso. E não é o compositor que fracassa na obra. É a história que não admite a obra. As últimas composições de Schoenberg são dinâmicas e a técnica dodecafônica contradiz a dinâmica. Como impede a coesão entre um acorde e outro, não a suporta sequer no conjunto. Como desvaloriza os conceitos de *melos* e de tema, exclui até as categorias de formas realmente dinâmicas, como poderiam ser a elaboração, o desenvolvimento e o ponto modulante. Se o jovem Schoenberg se deu conta de que não se podia tirar "conseqüências", no sentido tradicional, do tema principal da *Primeira Sinfonia de Câmara,* a verdade é que a proibição contida nesta observação vale também no caso da técnica dodecafônica. Todo som pertence à série como qualquer outro; como é possível, então, "uni-los" sem separar as categorias dinâmicas formais da substância compositiva? Cada entrada da série é "a" série fundamental, nem mais nem menos do que a anterior; até a forma da série fundamental é acidental. Que significa, então, o "desenvolvimento"? Cada som está elaborado tematicamente sobre a base de sua relação com a série e nenhum é "livre"; as diferentes partes podem dar lugar a um maior ou menor número de combinações, mas nenhuma delas pode estar mais estreitamente relacionada com o material do que

---

(30) Cf. T. W. Adorno, Der dialektische Komponist, em *Arnold Schoenberg, Festschrift,* Viena, 1934.

SCHOENBERG E O PROGRESSO   83

a primeira entrada. A totalidade do trabalho temático na preformação do material torna tautológica toda elaboração temática visível na própria composição. Por isso, no fundo, o desenvolvimento se torna ilusório no sentido da construção estrita, e Berg sabia bem por que razão suprimiu o desenvolvimento no *Allegretto* da *Suíte lírica*, seu primeiro trabalho dodecafônico[31]. Somente nas últimas obras de Schoenberg, em que a estratificação formal se afasta muito mais das formas tradicionais do que nas primeiras composições dodecafônicas, tornam-se mais agudos esses problemas de forma. É verdade que o *Quinteto para sopro* era uma sonata, mas uma sonata "reconstruída"[32] em certo sentido pela técnica dodecafônica, uma sonata em que as partes formais dinâmicas parecem vestígios do passado. Nos primeiros tempos da técnica dodecafônica, mais abertamente nas obras que levam o nome de *Suíte,* mas também, por exemplo, no rondó do *Terceiro Quarteto,* Schoenberg havia jogado seriamente com as formas tradicionais. O breve espaço de tempo em que apareceram permitiu-lhe manter em hábil equilíbrio as exigências dessas formas e as do material. Nas últimas obras a seriedade expressiva já não admite soluções deste tipo. Por isso já não se evocam formas tradicionais literalmente, mas em compensação a exigência dinâmica das formas tradicionais é tomada com toda a seriedade. Já não se constrói a sonata, mas ela é verdadeiramente reconstruída renunciando aos envoltórios ou roupagens esquemáticas. A isto conduzem não os meros raciocínios sobre o estilo, mas as razões de composição mais poderosas. Até hoje a teoria musical oficial não se esforçou por precisar o conceito de continuação como categoria formal; contudo, sem a contraposição de "tema" e continuação as grandes formas da música tradicional, e ainda as de Schoenberg, não podem ser compreendidas. À profundidade, à medida e à eficácia dos caracteres da continuação acrescenta-se uma qualidade que decide sobre o valor das obras e até dos tipos formais em sua totalidade. A grande música se revela no instante de seu decurso; no momento em que uma obra se converte verdadeiramente em composição, põe-se em movimento graças ao próprio peso e transcende o concreto (o isto e o aquilo) de que procede. Se o movimento puramente rítmico privava a música passada da tarefa e por certo também da felicidade desse instante cuja idéia era, contudo, a fonte de força de que Beethoven criava cada com-

(31) Em seguida já não escreveu tempos de sonata. As partes de *Lulu* que se referem a Schoen parecem constituir uma exceção. Mas a "exposição" e sua repetição inteiramente "recriada" estão tão separadas do desenvolvimento e da *reprise* que dificilmente podem ser percebidas como forma efetiva, em conjunto com eles: o nome "sonata" refere-se mais ao tom sinfônico desta música, à sua atividade dramaticamente vinculadora e ao espírito de sonata de sua estrutura musical mais íntima, que à arquitetura sensível.

(32) Ver T. W. Adorno, "Schoenbergs Blaeserquintett", em *Pult und Taktstock*, Viena, 1928, ano V, pp. 45 e ss.

84 FILOSOFIA DA NOVA MÚSICA

passo, o problema desse instante se expõe plenamente no romantismo e precisamente por ele se torna impossível resolvê-lo. A verdadeira superioridade das "grandes formas" está em que somente elas podem criar o instante em que a música se converte em composição. Esse instante é essencialmente estranho ao *lied,* porque os *lieder,* atendo-se à medida mais rigorosa, são formas subordinadas. Permanecem imanentes à sua idéia, enquanto a música construída com as grandes formas adquire vida precisamente anulando-a. Mas esta anulação só se realiza retrospectivamente, mediante o ímpeto da continuação. Toda a força de Schoenberg apóia-se nesta capacidade. Por isso certos temas secundários, como o que começa no *Quarto Quarteto* no compasso 25, e certas passagens como a melodia do segundo violino (compassos 42 e ss.) não se manifestam heterogêneos através de máscaras formais convencionais. Pretendem realmente ser continuações e pontes de transição. É mais ainda, a própria técnica dodecafônica, que proíbe a forma dinâmica, que conduz a esta. Mostra que a impossibilidade de manter-se em todo momento igualmente distante do centro pode subsistir como possibilidade de articulação formal. Enquanto a técnica dodecafônica contradiz as categorias de tema, continuação e transição, as atrai até si. O declínio de toda a música dodecafônica, depois das brilhantes exposições seriais, a divide em episódios principais e acessórios, como ocorria na música tradicional. Sua articulação se assemelha à relação de tema e "elaboração"; mas assim se chega a um conflito. Com efeito, é evidente que os "caracteres" específicos dos temas nascidos deste modo, caracteres radicalmente diferentes do caráter da temática dodecafônica dos inícios, que era intencionalmente genérico e quase indiferente, não derivaram autonomamente da técnica dodecafônica, mas antes lhe foram impostos quase por sua clarividência crítica pela vontade implacável dos compositores. Precisamente a necessária exterioridade desta relação e a totalidade da própria técnica estão numa conexão muito estreita. O inexorável caráter compacto e fechado da técnica impõe um severo limite. Tudo o que a transcende, tudo o que é constitutivamente novo — e ao qual tendem apaixonadamente as últimas obras de Schoenberg — está proibido na variedade definida da técnica. A técnica dodecafônica surgiu do princípio, geralmente dialético, da variação. Este princípio postulava que a insistência da identidade e a contínua análise desta no processo da composição dão como resultado o perpetuamente novo. Mediante a variação, o dado musical, o "tema" no sentido mais estrito, transcende a si mesmo; mas a técnica dodecafônica, elevando o princípio da variação ou totalidade e considerando-o como

SCHOENBERG E O PROGRESSO

absoluto, eliminou-o com um último movimento conceitual. Tão rápido como se torna total, desaparece a possibilidade de transcendência musical; tão rápido como se transpõe indistintamente na variação, sem que já deixe um "tema" e tão rápido como tudo o que aparece na música se determina indiferenciadamente como permutação da série, nada mais se transforma na universalidade da transformação. Tudo permanece como antes e a técnica dodecafônica se aproxima da forma pré-beethoveniana da variação que gira sem meta; aproxima-se da paráfrase. Faz concluir na extinção a tendência de toda a história da música européia desde Haydn, estreitamente vinculada à filosofia alemã contemporânea, e extingue também a composição como tal. O próprio conceito de tema é convertido no da série e, ao cair sob o domínio desta, já é impossível salvá-lo. A finalidade do programa de composição dodecafônico é construir o novo como tal e introduzir todos os perfis melódicos e temáticos dentro da forma como segundo estrato na preformação do material. E precisamente isto fracassa: o novo se apresenta na construção dodecafônica sempre acidentalmente, arbitrariamente e, sobretudo, com espírito antagonista. A técnica dodecafônica não permite nenhuma escolha. Permanece já numa pura imanência formal, ou então o novo se introduz sem necessidade. Nem sequer os caracteres dinâmicos das últimas obras são, em conseqüência disso, novos. Derivam do patrimônio tradicional. Foram conquistados para a música pré-dodecafônica mediante abstrações. E a música que precedeu a atonalidade livre conquistou-os particularmente: no primeiro tempo do *Quarto Quarteto* lembram a *Primeira Sinfonia de Câmara*. Dos "temas" das últimas composições tonais de Schoenberg, que eram também as últimas a admitir o conceito de "tema", é tomado o trejeito destes temas, separado, contudo, de seus supostos materiais. A este tipo de trejeito ou gesticulação, designado com indicações dinâmicas como *enérgico, impetuoso, amabile,* esses temas agregam alegoricamente o que lhes está negado realizar na estrutura sonora: o impulso e o fim, a imagem da liberação total. O paradoxal deste procedimento apóia-se no fato de que a imagem do novo se transforma em antigos efeitos realizados com meios novos e o férreo aparato da técnica dodecafônica tende ao que uma vez se estabeleceu livremente, mas também com necessidade, sobre a base das ruínas da tonalidade[33]. A vontade de uma

(33) Isto pode servir para ajudar a compreender por que Schoenberg terminou a *Segunda Sinfonia de Câmara* num período de trinta anos com material da tonalidade em dissolução. Em sua segunda fase, Schoenberg empregou as experiências da técnica dodecafônica, assim como as últimas composições dodecafônicas voltam a assumir os caracteres daquela primeira fase. A *Segunda Sinfonia de Câmara* pertence ao conjunto das obras "dinâmicas" da última fase de Schoenberg. Nela se pretende superar a exterioridade da dinâmica dodecafônica, ao referir-se retrospectivamente a um material "dinâmico", o da tonalidade por graus cromáticos, e pretende-se também o

86 FILOSOFIA DA NOVA MÚSICA

expressão nova fica compensada pela expressão tradicional. Os caracteres parecem citações e até nas indicações que levam se reconhece o secreto orgulho de que a citação seja novamente possível, enquanto falta, porém, perguntar se ainda é possível. A luta entre a objetividade alienada e a subjetividade limitada não está concluída. E no caráter inconciliável desta luta está a sua verdade. Mas pode-se bem pensar que a desproporção da expressão, a ruptura entre esta e a construção, possa ser determinada ainda como deficiência desta última, como irracionalidade da técnica racional. Por sua própria e cega lei individual, ela renuncia à expressão e a transpõe à imagem memorável do passado, onde pensa que se encontra a imagem onírica do futuro. Frente à seriedade deste sonho, o construtivismo da técnica dodecafônica manifesta-se muito pouco construtivo. Na realidade, esse construtivismo impera somente sobre a ordem dos momentos, sem excluir uns aos outros. O novo que proíbe é a conciliação dos momentos particulares, conciliação que não alcança.

Com a espontaneidade da composição paralisa-se também a espontaneidade dos compositores de vanguarda. Estes se encontram diante de problemas insolúveis como os de um escritor que tenha que servir-se expressamente do dicionário e da gramática em cada período que escreve[34]. O triunfo da subjetividade sobre a tradição heterônoma, a liberdade de permitir que todo momento musical seja exclusivamente ele mesmo, vem custar demasiado caro. As dificuldades para a criação de uma linguagem que se torna indispensável são proibitivas. O compositor não somente se vê sobrecarregado com o trabalho de que se havia encarregado a linguagem infra-subjetiva da música, mas além disso deve ter ouvido suficientemente agudo para distinguir os rasgos de exterioridade e mecanicidade presentes na linguagem que ele mesmo criou e em que termina necessariamente o domínio sobre a música natural. Deve admitir objetivamente a gratuidade e a fragilidade desta linguagem no ato de composição. Não basta a permanente criação da linguagem e o contra-sentido inerente a uma linguagem de alienação absoluta. O compositor deve ainda recorrer incansavelmente a artifícios de acrobato para suavizar dentro de limites suportáveis a pretensão da linguagem criada por ele mesmo, pretensão, contudo, que aumenta quanto melhor ele empregue essa linguagem. O

domínio da composição mediante o emprego mais cabal do contraponto construtivo. Uma análise da obra, que a críticos acostumados a Sibelius parecia tão antiquada, deveria permitir a compreensão exata do período da produção mais avançada. Com este evidente retorno ao passado, Schoemberg reconhece a aporia com toda a coerência que lhe é própria.

(34) "O diretor de teatro, que deve criar tudo desde a base, deve criar até os atores. Nega-se entrada a um visitante; o diretor está absorvido por importantes trabalhos para o teatro. O que faz? Troca as fraldas de um futuro ator" (KAFKA, Franz. *Tagebücher und Briefe*. Praga, 1937. p. 119).

SCHOENBERG E O PROGRESSO 87

compositor deve manter em equilíbrio instável os postulados inconciliáveis do procedimento de composição. Tudo o que não está compreendido nesse esforço se perde. Estridentes sistemas paranóicos estão prontos a devorar qualquer um que, ingenuamente, queira considerar a linguagem por ele criada como definitivamente válida. Estas dificuldades são tão mais perniciosas quanto menos o sujeito esteja à altura delas. A atomização dos momentos parciais da música, atomização pressuposta pela linguagem criada por um indivíduo, assemelha-se à condição desse sujeito. Este fica quebrado pela autoridade total encerrada na imagem estética de sua própria impotência. "O que nos pareceu tão novo e inusitado na música de Schoenberg é isto: esse fabulosamente seguro navegar num caos de novas sonoridades"[35]. Nesta metáfora exagerada está a angústia que uma obra para piano de Ravel, pertencente à tradição, registra literalmente no título: *Une barque sur l'océan*. As possibilidades práticas atemorizam quem não esteja verdadeiramente à altura delas, mesmo quando a atividade comunicativa da vida musical oficial lhe permita materialmente aproveitar a possibilidade e não a oculte, em troca, com o estrépito familiar do que é sempre idêntico. Nenhum artista está em condições de eliminar a contradição que há entre arte não-acorrentada e sociedade acorrentada: tudo o que pode fazer é contradizer esta sociedade acorrentada com a arte não-acorrentada, e até disso deve quase desesperar. Seria inexplicável que todos os materiais e estratos, privados de intenções, revelados pelo movimento da nova música e que parecem esperar, ao não ter um dono, que alguém se sirva deles, não tenham seduzido todos os simples curiosos, para não falar dos que lhes são afins por escolha, homens que se teriam entregue à felicidade do inexplorado, se a maior parte deles não fosse de uma constituição tal que lhes proibiu esta felicidade e que lhes fez conceber por isso asco pela mera possibilidade de consegui--la. Esses homens se opõem, não porque não compreendam o novo, mas precisamente porque o compreendem. O novo revela violentamente, com a falsidade de sua cultura, a incapacidade de afrontar a verdade, incapacidade que já não é somente individual. São demasiado frágeis para abandonarem-se ao ilícito. E as ondas das sonoridades indômitas cairiam sem sentido sobre eles se quisessem seguir seu chamado. As escolas folclóricas neoclássica e coletivista têm a única aspiração de permanecer no porto e apresentar como novo o que já está preformado e em possessão delas. Seus tabus voltam-se contra a irrupção da nova música e sua modernidade não é senão o intento de domesticar as forças, transferindo-as se possível, à época pré-individualista da música, que se adap-

(35) KARL LINKE, em *Arnold Schoenberg*, Munique, 1912, p. 19.

88 FILOSOFIA DA NOVA MÚSICA

ta tão bem como roupagem estilística à atual fase social. Orgulhosos de haverem descoberto que o interessante começa a tornar-se aborrecido, dão a entender a si mesmos e aos demais que em conseqüência o aborrecido é, por isso, interessante. E não chegam sequer a se dar conta das tendências repressivas contidas na própria emancipação da música. Precisamente o fato de que não queiram emancipar-se torna-os tão concordantes com a época. Mas até os iniciadores da nova música, que chegam às conseqüências coerentemente, são vítimas dessa espécie de impotência e mostram sintomas da mesma enfermidade coletiva que devem descobrir na reação hostil que os combate. A produção, se tomada seriamente em consideração, é quantitativamente restrita e o que se escreve não somente leva os rastros de uma indizível fadiga, mas também freqüentemente os de desagrado. A contração quantitativa tem as notórias razões sociais. Não há mais demanda. Mas já o senhor Schoenberg expressionista, que produzia impetuosamente, não contava absolutamente nada no mercado. O cansaço deriva das dificuldades de compor em si mesmas, que estão numa relação preestabelecida com os dificuldades exteriores. Nos cinco anos anteriores à Primeira Guerra Mundial, Schoenberg havia medido em toda a sua extensão toda a esfera do material musical, desde a tonalidade renovada em sua essência até a atonalidade livre e os inícios da técnica serial. Semelhante experiência não se pode igualar sequer com os vinte anos de música dodecafônica. Foram anos empregados mais em dominar o material do que em compor as próprias obras, cuja totalidade deveria reconstruir a nova técnica, embora não faltem obras que pretendam ter grande alento. Assim como a técnica dodecafônica parece instruir o compositor, nas obras dodecafônicas é característico um momento didático. Muitas delas, como o *Quinteto para sopro* e as *Variações para orquestra* parecem modelos. A preponderância da doutrina atesta grandiosamente que a tendência evolutiva da técnica deixa atrás de si o tradicional conceito de obra. Ao subtrair o interesse produtivo à criação individual e ao orientá-lo, em vez disso, para as possibilidades que cada vez estão mais exemplificadas nos modelos, o próprio fato de compor música converte-se num simples meio para constituir a pura linguagem. Mas as obras concretas têm que pagar seu preço por isto. Os compositores de ouvido aguçado, e não somente aqueles compositores práticos, já não podem confiar totalmente em sua própria autonomia. Isto se adverte com especial clareza até em obras como a *Ária do vinho* e o *Concerto para violino* de Berg. Não se pode dizer que na simplicidade deste último trabalho se haja depurado o estilo de Berg. Essa simplicidade provém

SCHOENBERG E O PROGRESSO 89

da necessidade da urgência e da compreensibilidade. A transparência da escrita é demasiado cômoda e a substância, simples em si, se complica mediante um procedimento dodecafônico que lhe é exterior. A dissonância como sinal de calamidade e a consonância como símbolo de conciliação são restos neo-alemães. Não há contracanto capaz de salvar a brecha estilística existente entre o coral de Bach recém-citado e o resto. Somente a força extramusical de Berg podia passar sobre esta brecha. E assim como já em Mahler a exigência de comunicação sobressaía na obra, Berg transforma a insuficiência em expressão de infinita melancolia. Diferente é o caso de *Lulu,* em que Berg mostra toda sua mestria como músico de teatro. A música é tão rica como sóbria; em seu tom lírico, especialmente na parte de Alwa e no final, supera tudo o que Berg escreveu; *O poeta fala,* de Schumann, converte-se no trejeito pródigo de toda a ópera. A orquestra é tão sedutora e colorida que qualquer impressionismo ou neo-romantismo empalidece frente a ela, e o efeito dramático deveria ser indescritível se se houvesse terminado a instrumentação do terceiro ato. A obra se serve da técnica dodecafônica. Mas nela é válido o que sempre foi válido em todas as obras de Berg, desde a *Suíte lírica:* todo o esforço tende a não deixar que se distinga a técnica dodecafônica. Precisamente as partes mais felizes de *Lulu* estão notoriamente concebidas em função de dominante e movimentos cromáticos. A essencial dureza da construção dodecafônica fica suavizada até tornar-se irreconhecível. O procedimento serial só pode ser reconhecido no fato de que a insaciabilidade de Berg não tem, às vezes, à sua disposição, a infinita provisão de notas de que necessitaria. A rigidez do sistema prevalece, não obstante, apenas nestas limitações, pois nos outros aspectos fica completamente superada. Mas superada mais por acomodação da técnica dodecafônica à música tradicional do que por uma superação efetiva de seus momentos antagônicos. A técnica dodecafônica de *Lulu* ajuda, junto com os meios de procedência muito diferente, como o emprego do *leitmotiv* ou das grandes formas instrumentais, a assegurar a coerência da imagem musical. Mas a introduz como um dispositivo de segurança que se realiza de acordo com suas exigências internas específicas. Poder-se-ia imaginar *Lulu* como uma obra que renunciou às virtuosísticas manipulações dodecafônicas sem que por isso nela se mudasse algo decisivo. É uma vitória do compositor o fato de que haja podido fazer também isto, além de todo o resto, esquecendo que o impulso crítico da técnica dodecafônica exclui na verdade todo esse resto. A fragilidade de Berg apóia-se no fato de que não pode renunciar a nada, sendo que a força

90 FILOSOFIA DA NOVA MÚSICA

de toda a nova música está na renúncia. O que há de inconciliável no Schoenberg tardio — que não se refere somente à sua intransigência, mas também aos antagonismos da própria música — é superior à conciliação prematura de Berg, assim como é superior a frieza desumana de um ao calor magnânimo do outro. A mais íntima beleza das últimas obras de Berg é devida, contudo, menos à superfície compacta de obras conseguidas do que à sua íntima impossibilidade, do que à excessiva e desesperada fé em si mesmo, revelada por aquela superfície, do que ao lúgubre sacrifício do futuro ao passado. Por isso suas obras são óperas, justificadas somente pela lei formal da ópera. A posição de Webern ocupa o pólo oposto. Enquanto Berg procurou romper a proibição da técnica dodecafônica ao encantá-la, Webern queria obrigá-la à comunicação. Todas as suas últimas obras esforçam-se em arrancar do material alienado e endurecido da série o segredo que o sujeito alienado já não pode repor. Suas primeiras composições dodecafônicas, especialmente o *Trio para cordas,* constituem até hoje as melhores experiências para resolver a exterioridade das prescrições seriais numa estrutura musical concreta, sem dar a esta estrutura um conteúdo tradicional ou sem substituí-la retornando ao passado. Webern não se contentou com isso. Na realidade, Schoenberg considera a técnica dodecafônica na *praxis* da composição como uma pura e mera preformação do material. Schoenberg "compõe" com a série, domina-a com superioridade, mas também como se nada houvesse ocorrido. Daí resultam continuamente conflitos entre a constituição do material e o procedimento imposto a este. A última música de Webern, em compensação, mostra a consciência crítica destes conflitos. A finalidade de Webern é fazer coincidir a exigência da série com a exigência da composição. Tende a preencher a lacuna que se abre entre o material predisposto segundo as regras e um procedimento de composição que opere com liberdade. Mas na verdade isto significa a renúncia mais radical: o ato de compor música põe em dúvida a própria existência da composição. Schoenberg violenta a série. Compõe música dodecafônica como se não existisse a técnica dodecafônica. Webern realiza a técnica dodecafônica e já não compõe: o silêncio é o que permanece de sua mestria. Na oposição destes dois músicos a inconciliabilidade das contradições torna-se música e nessas contradições a técnica dodecafônica intervém inevitavelmente. Webern, em sua última fase, proíbe a si mesmo salientar novas imagens musicais. Considera que estas são exteriores à substância genuína da série. Webern se esforça para conseguir a não-diferença de série e composição com uma escolha serial singularmente engenhosa. As séries se formam como se elas mesmas já

SCHOENBERG E O PROGRESSO

fossem a composição, de modo que uma delas possa, por exemplo, desmembrar-se em quatro grupos de três sons cada um, que estão entre si em relação de figura principal, inversão, retorno ou "caranguejo" e "caranguejo da inversão". Isto garante uma densidade de relações sem par. Quase automaticamente todos os frutos das mais ricas possibilidades do cânone da imitação transmitem-se à composição, sem que esta fique perturbada. Mas Berg encontrou logo razões de crítica nesta técnica: estabeleceu que esta técnica torna problemática a possibilidade capital programática das grandes formas. Com o desmembramento da série todas as relações se transferem a um marco tão estreito que as possibilidades de desenvolvimento se esgotam em seguida. A maioria das composições dodecafônicas de Webern limitam-se, como dimensão, às miniaturas expressionistas e é lícito formular a pergunta de por que há necessidade dessa excessiva organização quando já não resta nada para organizar. A função da técnica dodecafônica em Webern de modo algum é menos problemática do que em Berg. Nele, o trabalho temático se estende a unidades tão minúsculas que virtualmente se anula. O intervalo puro, que tem a função de unidade temática, é tão pouco característico que já não realiza a síntese que dele se pretende, e já se delineia a ameaça da desagregação em sons díspares. Com uma fé singularmente infantil na natureza atribui-se ao material o poder de dar por si mesmo o sentido musical; mas precisamente aqui intervém a desordem astrológica: as relações de intervalos segundo as quais se ordenam os doze sons são veneradas obscuramente como fórmula cósmica. A lei individual da série adquire um caráter fetichista no momento em que o compositor imagina que esta tem um sentido por si mesma. Nas *Variações para piano* de Webern e no *Quarteto para cordas, opus 28,* o fetichismo da série é estridente. Estas duas obras não fazem senão apresentar aspectos uniformes e simétricos das maravilhas da série, que, em composições como o primeiro tempo das *Variações para piano,* quase constituem uma paródia de um *Intermezzo* de Brahms. Os mistérios da série não conseguem consolá-los do empobrecimento da música: grandiosas intenções, como a da fusão de genuína polifonia e genuína forma de sonata, ficam impotentes, mesmo quando a construção se realiza, enquanto se limitam às relações matemáticas do material e não se realizam na própria forma musical. Esta música é julgada pelo fato de que a execução, para conferir aos grupos sonoros uniformes ao menos uma sombra de sentido, deve afastar-se infinitamente da rigidez da notação musical, especialmente do ritmo, cuja aridez, por outro lado, é determinada pela fé na força natural da série e portanto pertence à própria coisa. O fetichismo da série em

Webern não atesta, contudo, um mero sectarismo. Nele opera ainda a compulsão dialética. Trata-se da experiência crítica mais acabada que o significativo compositor tenha dedicado ao culto das proporções puras. Este autor compreendeu que tudo é subjetivo e tudo quanto a música poderia preencher por si mesma nas condições atuais é substancialmente derivado, gasto e insignificante; compreendeu a insuficiência do próprio sujeito. O fato de que a música dodecafônica, em virtude de sua crua exatidão, se recuse à expressão subjetiva, caracteriza somente um aspecto da situação. O outro apóia-se no fato de que o direito do sujeito à expressão estava em perigo e exige um estado de coisas que já não existe. O sujeito aparece na fase atual tão imobilizado que tudo o que poderia dizer já está dito. Está tão paralisado pelo terror que já não pode dizer nada que valha a pena ser dito. É tão impotente frente à realidade, que a exigência da expressão toca as raias da vaidade, embora por outro lado não lhe seja concedida nenhuma outra. Tornou-se tão solitário que já não sabe se alguém o compreende. Com Webern o sujeito musical abdica silenciosamente e se entrega ao material, que, contudo, somente lhe concede o eco de seu silêncio. Sua profunda melancolia retirou-se receosa pelo temor de transformar-se em artigo de consumo, mesmo na mais pura expressão, sem que por isso tenha a falta de expressão como verdade. O que seria possível não é possível.

As possibilidades da própria música tornaram-se incertas. Ameaça-lhes não o fato de que ela seja decadente, individualista ou associal, como lhe censura a reação, mas o fato de que o seja muito pouco. A liberdade determinada, em que a música se empenha em transformar conceitualmente seu estado anárquico, modificou-se-lhe entre as mãos no símbolo do mundo contra o qual se rebela. A música foge para frente, procurando a ordem. Esta, contudo, se lhe escapa. Ao conformar-se à tendência histórica de seu próprio material, cegamente e sem contradizê-la, ao adaptar-se de certo modo ao espírito universal que não é a razão universal, precipita com sua inocência a catástrofe que a história de todas as artes está agora preparando. Dá razão à história e por isso esta queria anulá-la. Mas ela dá novamente à vítima consagrada à morte sua razão de ser e lhe confere a paradoxal sorte de continuar existindo. Falsa é a decadência da arte na falsa ordem. A verdade da arte é a negação da acomodação, a que foi conduzida por seu princípio fundamental, o da concordância sem rupturas. Na medida em que a arte constituída em categoria de produção de massas contribui para a ideologia imperante e sua técnica é uma técnica de opressão, a outra arte, aquela que está privada de funções, tem sua função. Somente essa arte em seus produtos mais maduros e coerentes reflete a imagem

SCHOENBERG E O PROGRESSO

da repressão total, mas não a de sua ideologia. Como imagem inconciliável da realidade, torna-se incomensurável com esta. Com isto se opõe à injustiça da sentença justa. E os procedimentos técnicos que a convertem objetivamente em imagem da sociedade repressiva são mais avançados do que aqueles procedimentos de produção de massa que, obedecendo à exigência dos tempos, não levam em conta a música nova, mas querem servir à sociedade repressiva. A produção de massas e a produção que se refere a estas é moderna no fato de aceitar esquemas industriais, especialmente no tocante à difusão. Mas esta modernidade não se refere de modo algum aos produtos. Esses esquemas tratam os ouvintes com os últimos métodos da psicotécnica e da propaganda e eles mesmos estão construídos com critérios propagandísticos, mas precisamente por isto seguem ligados à tradição ininterrupta que se tornou rígida em virtude de todas as suas rupturas. A irremediável fadiga dos compositores seriais nada sabe do elegante procedimento das agências de canções. A contradição entre as forças e as condições da produção torna-se manifesta também como contradição entre as condições de produção e os produtos. Progresso e reação perderam seu significado unívoco, de tal forma cresceram os antagonismos. Pintar um quadro ou compor um quarteto ainda é atividade inferior em relação à divisão do trabalho e ordenação de procedimentos e à produção de uma película cinematográfica; contudo, a configuração técnica objetiva do quadro e do quarteto corresponde melhor às possibilidades da própria película, porque nela essas possibilidades são hoje determinadas pelas condições sociais em que se realiza a produção. Sua "racionalidade", por mais quimérica, impenetrável e problemática que seja, é superior à racionalização da produção cinematográfica. Esta manipula objetos dados — e já mortos de antemão — e deixa-os com resignação em sua exterioridade, sem introduzir-se no próprio objeto, mas intermitentemente. Contudo, com os reflexos que a fotografia deixa cair sobre os objetos fotografados, Picasso constrói seus objetos, que desafiam os modelos. Ocorre exatamente o mesmo nas composições dodecafônicas. Em seu labirinto pode invernar todo aquele que foge do gelo que irrompe. "A obra de arte", escreveu há quarenta anos o expressionista Schoenberg, "é um labirinto em que, de qualquer ponto, o *expert* sabe encontrar a entrada e a saída, sem que um fio vermelho o guie. Quanto mais intricado e retorcido é o labirinto, tanto mais seguramente o *expert* recorre ao caminho que o conduz à meta. Os atalhos falsos, se é que existem na obra de arte, indicam-lhe a direção correta; e cada ângulo mais divergente do caminho coloca-o em relação com a direção do conteúdo essencial"[36]. Mas para que o labirinto

(36) SCHOENBERG, Arnold. Aphorismen. *Die Musik,* Berlim, ano 9, 4º trimestre, pp. 159 e ss., 1909/10.

94 FILOSOFIA DA NOVA MÚSICA

seja habitável seria mister apartar de uma vez o fio vermelho a que se atém o inimigo, enquanto o *expert* observa "que o labirinto está marcado", e "descobre que a claridade que fornecem os indicadores do caminho é um expediente de astúcia camponesa". "Esta aritmética mercantil nada tem em comum com a obra de arte, senão as fórmulas... Tranqüilamente o *expert* se volta e vê como se revela uma justiça superior: o erro de cálculo"[37]. Tampouco os erros de cálculo são estranhos à composição dodecafônica, mas esta é vítima daquela "justiça superior", mais precisamente quando é muito exata. Em outras palavras: só se pode esperar passar o inverno se a música se emancipa também da técnica dodecafônica. Mas essa emancipação não há de ser alcançada mediante uma recaída na irracionalidade que a precedeu e hoje deveria estar compenetrada a todo momento com os postulados da escritura rigorosa criados precisamente pela dodecafonia, mas mediante a absorção desta por parte da composição livre e a absorção das regras dodecafônicas por parte da espontaneidade do ouvido crítico. Somente na técnica dodecafônica a música pode aprender a continuar sendo dona de si mesma; mas ao mesmo tempo só pode fazer isto com a condição de não render-se a si mesma. O caráter didático e de modelo dessas últimas obras de Schoenberg era determinado pela própria qualidade da técnica. O que aparece como esfera de suas normas é simplesmente o rigor da disciplina através da qual deve passar toda a música que não queira se converter em objeto da maldição da contingência; mas há tempos já não existe a terra prometida da objetividade musical. Krenek comparou, com razão, a técnica dodecafônica às regras do contraponto rigoroso derivadas de Palestrina, regras que até hoje formaram a melhor escola de composição. Nesta comparação está implícita também a oposição à exigência normativa. O que distingue as regras didáticas das normas estéticas é a impossibilidade de satisfazê-las coerentemente. E esta impossibilidade torna-se força motriz para os esforços das escolas. Estes devem naufragar e as regras devem ser esquecidas para que produzam frutos. Na verdade, o sistema teórico do contraponto rigoroso oferece a mais exata analogia com as antinomias da composição dodecafônica. Seus empenhos, especialmente os da chamada "terceira espécie", são em princípio insolúveis para o ouvido moderno; podem resolver-se somente mediante truques. Com efeito, as regras de escola derivaram de um pensamento polifônico de um tipo que não conhece sucessões baseadas em graus harmônicos e que pode contentar-se em definir um espaço harmônico com muito poucos acordes que sempre retornam. Mas não é possível prescindir dos trezentos e cinqüenta anos de experiência especificamente harmônica. O teórico, que hoje se empenha em exigir com-

(37) SCHOENBERG, Arnold. *op. cit.*

SCHOENBERG E O PROGRESSO 95

posições de contraponto rigoroso, ao mesmo tempo impõe às obras necessários *desiderata* harmônicos; por exemplo, uma sucessão de acordes que tenha um sentido harmônico. Estas duas coisas são incompatíveis e parece que as soluções são satisfatórias apenas quando o contrabando harmônico se introduz fraudulentamente e com êxito através das barreiras da proibição. Assim como Bach esqueceu estas proibições e obrigou, em troca, a polifonia a se legitimitar sobre a base do baixo cifrado, do mesmo modo a genuína não-diferença entre o elemento horizontal e o elemento vertical somente se realizará quando a composição conseguir estabelecer a cada instante, com sentido crítico e vigilante, a unidade das duas dimensões. Mas uma perspectiva desta espécie só existe quando o a composição já não se guia pela série e pelas regras e se reserva com segurança a liberdade de ação. Mais precisamente por isto a técnica dodecafônica é sua mestra, não tanto em mérito da liberdade que esta técnica concede, mas por obra do que proíbe. O direito didático da técnica dodecafônica, seu violento rigor entendido como instrumento de liberdade, contrasta verdadeiramente com aquela outra música contemporânea que ignora semelhante rigor. A técnica dodecafônica não é menos polêmica do que didática. Já não se trata daqueles problemas que puseram em movimento a nova música, contra a música pós-wagneriana, nem de termos como genuíno ou não-genuíno, patético ou realista, programático ou "absoluto", mas de conservar as unidades de técnicas de medida frente à selvageria que se subleva. E, se a técnica dodecafônica põe um dique à selvageria, já terá feito bastante, mesmo quando não entre ainda no reino da liberdade. Pelo menos dispõe de ensinamentos que servem para que não nos tornemos cúmplices, embora também esses ensinamentos já possam ter sido usados nesta cumplicidade. Estão todos concordantes. Mas com mão severa, como um impiedoso samaritano, a técnica dodecafônica apóia e protege a experiência musical, que está a ponto de desmoronar-se.

Mas a técnica dodecafônica não se esgota nisso. Degrada o material sonoro, antes que este esteja estruturado por obra da série, a um substrato amorfo, absolutamente indeterminado em si, a que o sujeito compositor e ordenador impõe seu sistema de regras e leis. O caráter abstrato dessas leis, assim como de seu substrato, deriva, contudo, do fato de que o sujeito histórico pode concordar com o elemento histórico do material somente na região das determinações mais gerais, com o que ficam eliminadas todas aquelas qualidades do material que de alguma maneira estão mais além desta região. Somente na determinação numérica por meio da série concordam, por um lado, a exigência de uma permuta contínua, historicamente existente no material da escala

96 FILOSOFIA DA NOVA MÚSICA

cromática — isto é, a suscetibilidade contra a repetição dos sons — e, por outro, a vontade do domínio total da natureza na música, entendido como organização completa do material. É esta conciliação abstrata que, em última instância, opõe ao sujeito o sistema de regras criado pelo indivíduo no material subordinado e entendido como força alheia, hostil e predominante. Ela degrada o sujeito a escravo do "material", considerado como vazio compêndio de regras, no momento em que o sujeito subordinou completamente o material a si mesmo, ou seja, à sua razão matemática. Mas desse modo reproduz-se outra vez, no estado estático da música assim alcançado, a contradição. O sujeito não pode resignar-se a submeter-se à sua abstrata identidade no material. Com efeito, na técnica dodecafônica, sua razão, enquanto razão objetiva dos acontecimentos, se afirma cegamente além da vontade dos sujeitos; por isso, finalmente, ela se impõe como não--razão. Em outras palavras: a razão objetiva do sistema não se pode integrar segundo o modelo do fenômeno físico da música tal como este se apresenta unicamente na experiência concreta. A exatidão da música dodecafônica não pode ser percebida pelo "ouvido": esta é a definição mais simples desse elemento de absurdo que existe nela. A única coisa que é possível perceber é a obrigação do sistema; mas essa obrigação não se torna visível na lógica concreta do elemento particular musical nem permite a este último desenvolver-se por si mesmo na direção que quer. Mas isto induz o sujeito a separar-se novamente de seu material, e esta separação constitui a tendência mais interior do último estilo de Schoenberg. Por certo que a dessensibilização do material, forçado no cálculo da série, contribuiu justamente para esta abstração de má lei, que logo o sujeito sente como auto-alienação. Mas ao tempo é essa dessensibilização que permite ao sujeito romper a barreira da matéria natural em que até agora estava confinada a história da música. Em sua completa alienação, realizada pela técnica dodecafônica, o sujeito viu destruir, contra sua própria vontade, a totalidade estética, contra a qual na fase expressionista se havia revelado inutilmente, para reconstruí-la de maneira igualmente inútil, com a ajuda da técnica dodecafônica. A linguagem musical se dissocia em fragmentos. Mas neles o sujeito está em condições de emergir indiretamente e como algo "significativo", no sentido de Goethe, enquanto em troca as travas da totalidade material o teriam acorrentado. Em meio a seu horror pela linguagem musical alienada, que já não é a sua, o sujeito reconquista sua autodeterminação; não a autodeterminação orgânica, mas antes a autodeterminação das intenções. A música torna-se consciente de si mesma, como é consciente o conhecimento

SCHOENBERG E O PROGRESSO

e como sempre foi a grande música. Schoenberg falou uma vez contra o calor animal da música e contra a suscetibilidade. Somente a última fase da música, em que o sujeito — quase isolado e mais além do abismo do silêncio — se comunica precisamente através da alienação total de sua linguagem, justifica essa frieza que, como funcionamento fechado e mecânico, conduzia unicamente à perdição. Essa última fase justifica ao mesmo tempo o soberbo domínio de Schoenberg sobre a série, em oposição à maneira circunspecta de que se vale Webern, com a finalidade de respeitar a unidade da imagem. Schoenberg se distancia desta proximidade direta do material; sua frieza é a frieza da evasão, que ele exalta no *Segundo Quarteto* como "ar de outro planeta". O material indiferente da técnica dodecafônica torna-se agora indiferente para o compositor. Este se subtrai assim ao fascínio da dialética do material. A soberania com que o trata não somente tem rasgos administrativos, mas contém a renúncia à necessidade estética, a essa totalidade que se instaura de maneira inteiramente exterior com a técnica dodecafônica. E até essa mesma exterioridade converte-se num meio de renúncia. Precisamente porque o material, tratado exterior e superficialmente, já não lhe diz nada, o compositor obriga-o a dizer o que ele quer e as rupturas, especialmente a flagrante contradição entre mecânica dodecafônica e expressão, tornam-se símbolos desta enunciação. Ainda assim Schoenberg permanece numa tradição que compreende as últimas obras da grande música. "As cesuras..., as súbitas interrupções que caracterizam mais do que nenhuma outra coisa a última fase de Beethoven, são esses momentos de arrebatação; a obra, abandonada, cala, e volta sua concavidade para fora. Só então encaixa a parte seguinte, que fica confinada em seu lugar preciso, pelo mandato da subjetividade que irrompe, com o qual fica ligada pela vida e pela morte àquela parte que a precede; com efeito, o segredo está entre essas partes e não é possível conjurá-lo senão na figura que formam juntas. Isto esclarece o contra-sentido pelo qual Beethoven, em sua última fase, foi chamado objetivo e subjetivo ao mesmo tempo. Objetiva é a paisagem descontínua; subjetiva, a luz em que somente aquela assume vida. Beethoven não realiza a síntese harmônica. Destroça-a como força de dissociação no tempo para, talvez, conservá-la na eternidade. Na história da arte, as últimas obras são as 'catástrofes'."[38] O que Goethe atribuía à idade, o retrocesso gradual da manifestação, chama-se, em conceitos da arte, dessensibilização do material. Na última fase de Beethoven as vazias convenções, através das quais passa a corrente da composição, têm precisamente

(38) T. W. ADORNO, Spaetstil Beethovens. *Auftakt*, Praga, ano XVII, cads. 5/6, p. 67, 1937.

98 FILOSOFIA DA NOVA MÚSICA

a função que o sistema dodecafônico desempenha na última fase de Schoenberg. O processo de dessensibilização do material se fez sentir desde o início da técnica dodecafônica como tendência à dissociação. Desde que existe a técnica dodecafônica, existe uma longa série de obras "secundárias", elaborações e trabalhos que renunciam a esta técnica ou que a põem a serviço de determinados fins, com o que a tornam quase viável. Frente às encouraçadas composições dodecafônico, desde o *Quinteto para sopro,* até o *Concerto para violino,* está o ornamento que tem um peso próprio, em virtude somente de sua quantidade. Schoenberg instrumentou obras de Bach e de Brahms e elaborou profundamente o *Concerto em si bemol maior* de Haendel. "Tonais" são ainda algumas obras para coro, a *Suíte para cordas,* o *Kol Nidre* e a *Segunda Sinfonia de Câmara.* A *Música de acompanhamento para uma cena de filme* obedece a fins funcionais, e a ópera *Von heute auf Morgen* e muitos coros têm pelo menos esta tendência. Cabe observar aqui que Schoenberg durante toda a vida se deleitou em cometer heresias contra o "estilo" cuja implacabilidade ele mesmo criou. A cronologia de sua produção permite ricas inferências. Os *Gurrelieder* tonais são concluídos apenas em 1911, na época de *Die Glückliche Hand.* Precisamente concepções gigantescas como *Jakobsteiter* e *Moses und Aron* acompanham-no durante decênios inteiros: Schoenberg não conhece, na verdade, a urgência de terminar suas obras[39]. Este é um ritmo de produção possível somente na literatura, mas dificilmente possível na música, se se excluem os últimos períodos de Beethoven e Wagner. Como se sabe, o jovem Schoenberg viu-se obrigado a ganhar a vida instrumentando operetas. Valeria a pena buscar essas partituras esquecidas, não só porque é lícito supor que o jovem não tenha conseguido anular-se totalmente nelas como compositor, mas sobretudo porque essas partituras, como se pode presumir, já atestam essa tendência oposta que se apresenta cada vez mais nitidamente nas obras secundárias do período mais maduro, ou seja, na plenitude do domínio sobre o material. Não se deve certamente ao acaso o fato de que todas as "obras secundárias" da maturidade tenham um ele-

---

(39) "Para os grandes mestres, as obras realizadas não têm o peso que têm esses fragmentos em que continuam trabalhando durante toda sua vida. Pois somente quem é mais frágil, mais distraído, experimenta um prazer incomparável ao terminar uma obra e se sente como novamente de volta à vida. Para o gênio toda cesura e até os golpes mais duros do destino caem como um suave sonho na diligência de sua laboriosidade. E o gênio transfere ao fragmento o círculo de força desses fatos. 'Gênio é diligência'." (BENJAMIN, Walter. "Einbahnstrasse", "Normaluhr". In: *Schriften* 1, Francforte sobre o Meno, 1955, p. 518). Por outro lado, não se deve descurar o fato de que na resistência de Schoenberg em terminar precisamente as obras mais grandiosamente concebidas, há outros motivos, além daquele que já mencionamos: a tendência à destruição, com que ele tão freqüentemente atenta contra suas próprias criações; o inconsciente mas profundamente operante receio contra a possibilidade de "obras-primas" hoje; e o caráter problemático dos próprios textos, que não podia permanecer-lhe oculto.

SCHOENBERG E O PROGRESSO   99

mento em comum: um maior espírito de conciliação frente ao público. A inexorabilidade de Schoenberg e seu espírito conciliador estão em profunda relação recíproca. A música inexorável representa a verdade social contra a sociedade. A música de conciliação reconhece o direito à música que a sociedade, embora falsa, ainda possui, assim como a sociedade, mesmo quando seja falsa, se reproduz e com isto aduz objetivamente, pelo fato de sobreviver, elementos em favor de sua própria verdade. Como representante da consciência estética mais avançada, Schoenberg atinge seus limites, no sentido de que o direito que a verdade de tal consciência possui abate o direito presente também na falsa necessidade. Este conhecimento constitui a substância de suas obras secundárias. O processo de dessensibilização do material permitia reunir com intermitência as duas exigências. Também a tonalidade entra na construção total e para Schoenberg, em sua última fase, não tem nenhuma importância compor com um material antes que com outro. Aquele, para quem o procedimento de trabalho significa tudo e a matéria nada, pode servir-se também do que já passou e que portanto está aberto à consciência acorrentada dos consumidores. Só que essa consciência acorrentada tem ouvido bastante fino para fechar-se logo que o material tomado é efetivamente tratado pela capacidade de renovação dos compositores. Aos consumidores não interessa o material como tal, mas os vestígios deles deixados pelo mercado; e justamente esses vestígios ficam destruídos, com o que se reduz o material, até nas obras secundárias de Schoenberg, a mero veículo do significado que o compositor lhe confere. O que o torna capaz disto é essa "soberania", é essa força de esquecer que Schoenberg tem. Em nada se distingue talvez tão radicalmente Schoenberg de todos os outros compositores como na capacidade de censurar e negar continuamente, com cada modificação de seu procedimento, o que ele antes possuía. A rebelião contra o caráter de possessão da experiência pode ser considerada como um dos impulsos mais profundos de seu expressionismo. A *Primeira Sinfonia de Câmara,* com a preponderância das madeiras, com os solos de corda, ultra--exigidos, com os comprimidos traços contrapontísticos, apresenta-se do ponto de vista sonoro como se Schoenberg nunca houvesse tido a capacidade de dominar uma orquestra wagneriana, redonda e luminosa, típica, em troca, até dos *Lieder opus 8.* E por fim as obras que inauguram uma fase nova, por exemplo as *Obras para piano opus 11,* como mensageiras da atonalidade, e mais tarde a *Valsa opus 23,* como modelo dodecafônico, revelam a maior falta de destreza. Estas obras se opõem agressivamente à rotina e a essa detestável maneira

100 FILOSOFIA DA NOVA MÚSICA

de "fazer boa música" de que na Alemanha, de Mendelssohn
em diante, caíram vítimas precisamente os compositores mais
responsáveis. A espontaneidade da concepção musical elimina o que se aprendeu e deixa valer apenas a potência da
imaginação. Somente a força de esquecer, próxima a esse
momento bárbaro da hostilidade pela arte, mantém o equilíbrio do domínio magistral da técnica e salva para si a
tradição. Porque, na realidade, a tradição consiste no esquecido que está sempre presente, e a vigilância de Schoenberg
é tão grande que consegue criar até uma técnica de esquecimento. Esta o capacita hoje a empregar séries dodecafônicas
reiteradas em períodos musicais muito dinâmicos ou a empregar a tonalidade para construções de caráter serial. Basta
somente comparar obras afins entre si, como as *Peças para
piano opus 19,* de Schoenberg, e as obras do *Quarteto opus 5,*
de Webern, para comprovar a soberania schoenberguiana.
Se Webern se prende às miniaturas expressionistas mediante
o mais sutil trabalho, Schoenberg, que havia desenvolvido
todos os artifícios temáticos, abandona-as para ir com os
olhos fechados onde o levem os sons em sua sucessão. No
esquecimento, a subjetividade transcende incomensuravelmente
a coerência e exatidão da imagem, que consiste na recordação
onipresente de si mesmo. A força do esquecimento foi con-
servada por Schoenberg até sua última fase. Este renega essa
fidelidade, por ele fundada, à onipotência do material. Rompe
com a evidência diretamente presente e conclusa da imagem
que a estética clássica havia designado com o nome de simbólica e a que, na realidade, nunca correspondeu um compasso próprio. Como artista, Schoenberg reconquista para
os homens, através da arte, a liberdade. O compositor dialético impõe um basta à dialética.

Com sua hostilidade pela arte a obra se aproxima da
consciência. Ao redor desta gira desde o começo a música
de Schoenberg e, tal circunstância, mais do que as dissonâncias, foi motivo de escândalo para todos: daí os protestos
contra o intelectualismo. A obra de arte fechada não conhecia, mas fazia desaparecer em si, todo conhecimento. Con-
vertia-se em objeto de mera "contemplação" e encontrava
todas as brechas através das quais o pensamento poderia
fugir do caráter imediatamente dado do objeto estético. Desta
maneira a obra de arte tradicional se privou do pensamento,
da relação vinculadora sem a qual ela não é. Era "cega"
como, segundo a doutrina de Kant, é cega a intuição aconceitual. O fato de que a obra deva ser intuitiva já dissimula
a superação da ruptura entre sujeito e objeto, em cuja articulação consiste a consciência ou conhecimento; a natureza
intuitiva da arte é sua aparência. Somente a obra de arte

SCHOENBERG E O PROGRESSO 101

transtornada abandona, junto com seu caráter compacto, a natureza intuitiva e com ela a aparência. Converte-se em objeto do pensamento e participa dele: transforma-se num meio do sujeito, de cujas intenções é veículo enquanto na obra de arte fechada o sujeito submerge na intenção. A obra de arte conclusa em si mesma assume o ponto de vista da identidade entre sujeito e objeto. Em sua dissociação a identidade se revela como aparência, enquanto o direito de conhecer que põe em contraste recíproco sujeito e objeto se manifesta como o direito maior, como o direito moral. A nova música acolhe em sua consciência e em sua imagem a contradição em que se encontra com relação à realidade e nesta atitude se aguça até converter-se em conhecimento. Já a própria arte tradicional quanto mais conhece, tanto mais profundamente salienta as contradições de sua própria matéria, com a qual testemunha as contradições do mundo em que se encontra. Sua profundidade é a profundidade do juízo sobre o mal. Mas aquilo em virtude de que julga é a forma estética. Só quando se mede a contradição pela possibilidade de ser conciliada, essa contradição fica, não somente registrada, mas conhecida. No ato de conhecimento executado pela arte, a própria forma de arte representa uma crítica da contradição enquanto indica a possibilidade de sua conciliação e, por isso, o que há nele de contingente, superável, não-absoluto. E desta maneira, com certeza, a forma se converte também no momento em que o ato do conhecimento se detém. Como realização do possível, a arte sempre renegou até a realidade da contradição a que se referia. Seu caráter gnosiológico torna-se, contudo, radical no instante em que já não se contenta com isto. Esses são os umbrais da arte nova. A arte nova acolhe em si as próprias contradições de maneira tão firme que já não é possível superá-las. Põe tão alto a idéia de forma que o que está esteticamente realizado deve declarar-se ante essa arte como não resolvido. A nova arte conserva a contradição e abandona as categorias de juízo próprias, isto é, da forma. Abandona a dignidade do juiz e retorna ao posto da acusação, que unicamente pode ser conciliada pela realidade. Somente na obra fragmentária que renuncia a si mesma se libera o conteúdo crítico[40]. Isto

(40) O conceito de Benjamin da obra de arte "aurática" concorda em grande parte com o de obra fechada. A "aura" é a adesão perfeita e total das partes com o todo que constitui a obra de arte fechada. A teoria de Benjamin faz ressaltar o aspecto histórico-filosófico do objeto; em troca, o conceito de obra de arte fechada faz ressaltar o fundamento estético. Mas este último permite deduções que a filosofia da história não traz consigo. O que na verdade deriva da obra de arte "aurática" ou da obra de arte fechada no período de sua dissolução depende da relação que sua própria dissolução tenha com o conhecimento. Se esta dissolução é cega e inconsciente a obra de arte cai na arte de massa da reprodução técnica. O fato de que nesta permaneçam como fantasmas os restos da "aura" não representa uma sorte puramente exterior, mas é antes expressão da cega obstinação das imagens, o que resulta evidentemente do fato de que estas estão aprisionadas nas relações presentes de autoridade. Como autoconsciente, em compensação,

102   FILOSOFIA DA NOVA MÚSICA

com certeza ocorre somente na dissolução da obra fechada e não na estratificação inseparável da teoria e da imagem, tal como aquela está contida nas obras de arte arcaicas. Com efeito, somente no reino da necessidade, representado monadologicamente pelas obras de arte fechadas, a arte pode tornar sua essa força da objetividade que é o que a torna capaz de conhecimento. A razão desta objetividade está em que a disciplina imposta ao sujeito da obra de arte fechada atua como mediadora em relação à exigência objetiva de toda a sociedade, de que esta sabe tão pouco quanto o sujeito. No próprio instante em que o sujeito transgride a disciplina, essa exigência se eleva criticamente à categoria de evidência. Este ato é um ato de verdade somente se encerra em si a exigência social que nega. Se cede, o sujeito abandona o espaço vazio da obra ao possível social, um fenômeno que se anuncia na última fase de Schoenberg. A liquidação da arte — da obra de arte fechada — converte-se num problema estético, e a dessensibilização do próprio material conduz à renúncia daquela identidade entre conteúdo e aparência a que se atinha a idéia tradicional de arte. O papel que o coro desempenha na última fase de Schoenberg é o sinal visível desta abdicação em favor do conhecimento. O sujeito sacrifica o caráter intuitivo da obra, impelindo esta a converter-se em doutrina e em sabedoria proverbial e se entende como representante de uma comunidade que não existe. Os cânones da última fase de Beethoven apresentam uma analogia nesse sentido, e isto pode servir para lançar luz sobre a *praxis* canônica dessas obras de Schoenberg. Os textos corais são de tipo meditativo. O mais instrutivo nesta tendência que pertence à própria música são certos rasgos excêntricos, como o emprego de palavras antipoéticas de origem estrangeira ou o emprego de citações literárias como em *Jakobsleiter*. A isto corresponde uma contração do significado na própria imagem, contração produzida pela técnica dodecafônica. Com efeito, o que constitui o "sentido" da música, mesmo na atonalidade livre, não é outra coisa senão a conexão discursiva. Schoenberg chegou ao ponto de definir sem subterfúgios a teoria da composição como doutrina da conexão musical, e a isto tende tudo o que na música pretende ter um sentido, enquanto vai mais além de si mesmo como elemento particular e se integra no todo, assim como, de maneira inversa, o todo encerra em si a exigência precisa desse elemento particular. Esta irradiação dos momentos estéticos parciais,

a obra de arte torna-se crítica e fragmentária. Schoenberg e Picasso, Joyce e Kafka e até Proust, estão de acordo em que hoje as obras de arte têm uma possibilidade de sobreviver. E isto permite talvez de novo a especulação histórico-filosófica. A obra de arte fechada é a obra de arte burguesa, essa obra mecânica, pertencente ao fascismo; a obra de arte fragmentária indica, no estado da negatividade total, a utopia.

enquanto permanecem ao mesmo tempo inteiramente dentro do espaço da obra, se entende como sentido da obra de arte, ou seja, como sentido estético: algo mais do que a aparência e ao mesmo tempo não mais do que esta. Dito com outras palavras, como totalidade da aparência. A análise técnica demonstra que o momento de absurdo ou falta de sentido é um momento constitutivo na técnica dodecafônica; desta forma, aqui está contida, por um lado, a crítica da técnica dodecafônica no sentido de que a obra de arte total, inteiramente construída e portanto "coerente" em tudo, entra em conflito com sua própria idéia, e, por outro, em virtude da incipiente falta de sentido, manifesta-se o caráter compacto inerente à obra. Este caráter compacto apóia-se precisamente na conexão que constitui o sentido, após cuja eliminação a música se transforma em mero protesto. O que aqui se pode distinguir inexoravelmente na constelação técnica se havia preanunciado na era da atonalidade livre com a potência da explosão, em estreito parentesco com o dadaísmo, nas extraordinárias obras juvenis de Ernst Krenek, especialmente em sua *Segunda Sinfonia*. É a rebelião da música contra seu sentido. O nexo desta obra é a negação do próprio nexo e seu triunfo está no fato de que a música se mostra contraparte da linguagem falada ao expressar-se precisamente como falta de sentido, enquanto todas as obras musicais fechadas compartem o sinal da pseudomorfose com a linguagem falada. Toda a música orgânica surgiu do estilo *recitativo*. Imitou desde o início a linguagem falada. Hoje a emancipação da música é análoga à sua emancipação com relação à linguagem falada e é tal emancipação que resplandece em meio à destruição do "sentido". Mas isto se refere sobretudo à expressão. Os teóricos neo-objetivos consideraram que sua tarefa essencial era restituir a música "absoluta" e purificá-la do elemento expressivo de tipo romântico subjetivo. Mas o que na realidade ocorre é a dissociação entre sentido e expressão. Como o que confere àquelas obras de Krenek sua expressão mais vigorosa é sua falta de sentido, os caracteres expressivos introduzidos nas primeiras obras dodecafônicas deixam entrever a liberação da expressão com relação à coerência da linguagem. A subjetividade, veículo da expressão na música tradicional, não constitui o último substrato da própria expressão, assim como o "sujeito", até hoje substrato de toda arte, não é sem mais nem menos o homem. Assim como o fim, também a origem da música vai mais além do reino das intenções, do sentido e da subjetividade. A origem da música está estreitamente ligada ao gesto do pranto. É o gesto de um resolver-se. A tensão da musculatura facial cede, essa tensão que quando o rosto se volta ao mundo, com vistas à

104 FILOSOFIA DA NOVA MÚSICA

ação, isola-o ao mesmo tempo deste. A música e o pranto fecham os lábios e dão liberdade ao homem. O sentimentalismo da música interior recorda, em forma degradada, o que a música verdadeira pode precisamente conceber à margem da loucura: a conciliação. O homem, que se abandona ao pranto e a uma música que já não se lhe parece em nada, deixa ao mesmo tempo fluir em si a corrente do que ele mesmo não é e que estava por detrás das barreiras do mundo das coisas concretas. Com seu pranto e com seu canto o homem penetra na realidade alienada. "Corram as lágrimas, a terra me tem de novo"; a música se comporta de acordo com isto. Desta maneira a terra tem outra vez Eurídice. A expressão de toda a música, embora seja num mundo digno da morte, é representada pelo gesto do que retorna e não pelos sentimentos do indivíduo que espera.

Na potencialidade da última fase da música se anuncia uma mudança de sua posição. A música já não é uma afirmação e imagem de um fato interior, mas um comportamento frente à realidade que ela reconhece enquanto já não a resolve na imagem. Assim se modifica, no extremo isolamento, seu caráter social. A música tradicional, ao tornar independentes suas tarefas e suas técnicas, se havia separado do movimento social e se tornado "autônoma". O fato de que sua evolução autônoma reflete a evolução social nunca pôde estabelecer-se tão simples e claramente como por exemplo na evolução do romance. A música como tal não somente carece de conteúdo univocamente concreto, mas, além disso, quanto mais a música purifica suas leis formais e confia nelas, mais se fecha a representação manifesta da sociedade dentro da qual tem seu território reservado. E precisamente a esta impenetrabilidade deve sua popularidade social. É uma ideologia na medida em que se afirma como um ser em si ontológico mais além das tensões sociais. Até a música de Beethoven, música burguesa levada a seu ponto culminante, tornava-se eco da exaltação dos ideais dos anos heróicos da classe burguesa, somente como o sonho matutino se torna eco dos rumores do dia; o conteúdo social da verdadeira música está garantido, não pelo ouvido, mas tão-somente pelo conhecimento dos diversos elementos e de sua configuração. A crua atribuição da música a classes e grupos é meramente assertiva e se converte muito facilmente no mau gosto da perseguição ao formalismo com o qual se estigmatiza como decadência burguesa tudo aquilo que não se abstém de fazer o jogo da sociedade existente. Até hoje a música existiu somente como produto da classe burguesa que incorpora como contraste e imagem toda a sociedade e a registra ao mesmo tempo esteticamente. Nisto, música tradicional e música emancipada são essencialmente idênticas. O feudalismo nunca produziu uma música "sua", mas sempre se fez prover da da burguesia urbana, enquanto ao proletariado, simples objeto de domínio da sociedade total, sempre lhe foi impedido, por sua própria constituição ou por sua posição no sistema, constituir-se em sujeito musical: poderia tê-lo feito somente na realização de sua liberdade, sem ter que sujeitar-se ao domínio de ninguém. No momento atual cabe duvidar de que exista uma música que não seja burguesa. Frente a isto o fato de que os compositores individuais pertençam a uma determinada classe ou ainda que se possa classificá-los como grandes ou pequenos burgueses é indiferente; seria como se se pretendesse deduzir algum juízo sobre a essência da música moderna, a partir do acolhimento que lhe reserva o público, que não faz quase nenhuma distinção entre os autores mais diversos, como Schoenberg, Stravinski ou Hindemith. No que se refere às convicções políticas pessoais dos autores, há um relacionamento inteiramente casual e isento de qualquer significado com o conteúdo de suas obras. O deslocamento do conteúdo social na nova música radical, que se manifesta somente de forma negativa na recepção que recebe, ou seja, como abandono da sala de concertos, não se deve ao fato de que esta música tome posições, mas que destrói hoje, desde o interior, como um imperturbável microcosmo da constituição antagônica humana, esses muros que a autonomia estética havia levantado tão cuidadosamente pedra sobre pedra. Era o sentido de classe da música tradicional que proclamava, ora através de sua compacta imanência formal, ora através do aspecto agradável de sua fachada, que, em última instância, não há classes. A nova música não pode arbitrariamente entrar por si mesma na luta, sem vulnerar sua própria coerência; mas, como bem sabem seus inimigos, assume contra sua própria vontade uma posição precisa quando renuncia ao engano da harmonia, engano que se tornou insustentável frente a uma realidade que está marchando para a catástrofe. O isolamento da nova música radical não deriva de seu conteúdo associal, mas de seu conteúdo social, pois, mediante sua única qualidade, e com tão maior vigor quando mais puramente a deixa transparecer, indica a desordem social, ao invés de volatilizá-la no engano de uma humanidade entendida como já realizada. Já não é ideológica. Nisto coincide, por sua segregação, com uma grande mudança social. Na fase atual, em que o aparato de produção e o de domínio se fundem entre si, o problema da mediação entre supra-estrutura e infra-estrutura começa, como todas as mediações sociais, a envelhecer em seu conjunto. As obras de arte, como todos os sedimentos do espírito objetivo, são a própria coisa. São a recôndita essência social evocada em sua manifestação exterior. É lícito perguntar se a arte foi

106   FILOSOFIA DA NOVA MÚSICA

alguma vez essa imagem mediata da realidade sob cujo
aspecto procurou legitimar-se frente ao poder do mundo e
que não tenha sido antes sempre uma relação com respeito
a este mundo, uma maneira de opor-se a seu poder. Isto
poderia ajudar a explicar que, com toda a autonomia, a dialética da arte não é uma dialética fechada, e que sua história
não é uma simples sucessão de problemas e soluções. Pode-se
presumir que o interesse mais íntimo das obras apóia-se precisamente no fato de subtrair-se à dialética a que obedecem.
As obras reagem à dor da obrigação dialética. Esta é para
elas a enfermidade incurável que a arte contraiu por obra
da necessidade. A legitimidade formal da obra que deriva
da dialética do material corta ao mesmo tempo esta dialética. A dialética fica interrompida. Mas fica interrompida
somente por causa da realidade com a qual está em relação,
isto é, por causa da própria sociedade. Enquanto não se
pode dizer que as obras de arte copiam a sociedade, e
enquanto seus autores, no fundo, não têm necessidade de
nada saber dela, os gestos das obras são respostas objetivas
a constelações sociais objetivas, muitas vezes adaptadas às
necessidades do consumidor, mais freqüentemente em contradição com este, mas nunca suficientemente definidas por
ele. Toda interrupção na continuidade do procedimento, todo
esquecimento, todo novo empenho, revela um modo de reagir frente à sociedade. Mas a obra de arte dá uma resposta
à heteronomia da sociedade com tão maior exatidão quanto
mais está perdida para o mundo. A obra de arte tende à
sociedade não na solução de seus próprios problemas e nem
sequer necessariamente na escolha deles, mas permanece
tensa contra o horror que a história lhe produz. Ora o esquece,
ora insiste nela. Ora cede a ele, ora se endurece contra ele.
Ora se mantém fiel a si mesma, ora renuncia a si mesma para
superar o destino. A objetividade da obra de arte é a fixação destes instantes. As obras de arte são como os gestos
das crianças que o soar das horas fixa para sempre. A técnica integral da composição não nasceu do pensamento no
estado integral nem tampouco do pensamento de eliminá-lo.
Trata-se, contudo, de um intento de enfrentar a realidade e
de absorver essa angústia pânica a que justamente corresponde o estado integral. A desumanidade da arte deve sobrepujar a do mundo por amor ao homem. As obras de arte
têm seus alicerces nos enigmas que o mundo organizado
propõe para devorar os homens. O mundo é a esfinge; o
artista, seu Édipo tornado cego; e as obras de arte se parecem à sábia resposta que precipita a esfinge nos abismos.
Desta maneira, toda arte está contra a mitologia. Em seu
"material" natural está sempre contida a "resposta", a única
resposta possível e exata, mas nunca separada da própria

obra. Dar esta resposta, pronunciar o que é real e satisfazer o preceito multívoco, mediante o uno contido nesse preceito desde sempre, tudo isso constitui o novo que vai mais além do antigo e o satisfaz. Continuar esboçando esquemas do conhecido, para criar o que nunca existiu, representa toda a seriedade da técnica artística, que é contudo bastante maior, já que hoje a alienação da coerência de tal técnica forma o conteúdo da própria obra. Os *shocks* do incompreensível, que a técnica artística distribui na época de sua falta de sentido e insensatez, se invertem. Dão um sentido ao mundo sem sentido. E a nova música se sacrifica a tudo isto. A nova música tomou sobre si todas as trevas e as culpas do mundo. Toda a sua felicidade apóia-se em reconhecer a infelicidade; toda a sua beleza, em subtrair-se à aparência do belo. Ninguém quer ter nada a ver com ela, nem os indivíduos nem os grupos coletivos. Repercute sem que ninguém a escute, sem eco. Quando se a escuta, o tempo forma ao redor dela como um reluzente cristal, mas quando não se a escuta, a música se precipita no tempo vazio como uma esfera perecível. A esta experiência tende espontaneamente a música nova, experiência que a música mecânica realiza permanentemente: a experiência do esquecimento absoluto. É verdadeiramente uma mensagem encerrada numa garrafa.

2. Stravinski e a Restauração

> E de nada serve adotar novamente, e por assim dizer de modo substancial, cosmovisões do passado, ou seja, pretender introduzir-nos em uma dessas determinadas maneiras de ver as coisas, por exemplo alguém tornar-se católico, como recentemente fizeram muitos, por razões de arte e com a finalidade de estabilizar seus estados de ânimo e de converter a evidente limitação de suas faculdades representativas em algo que seja em si e por si.
>
> HEGEL, *Estética,* II.

A inervação histórica de Stravinski e seus discípulos viu-se estimulada pela idéia de restituir seu caráter obrigatório à música, mediante procedimentos estilísticos. Enquanto o processo de racionalização da música e de domínio integral do material coincidia com sua subjetivação, Stravinski punha criticamente em relevo, por amor à autoridade de organização, o que parece um momento de arbitrariedade. O progresso da música para a liberdade plena do sujeito apresenta-se, frente às forças constituídas, como irracional, na medida em que, com a indeterminação de sua linguagem musical, dissolve a lógica inteligível da conexão exterior. A antiga aporia filosófica de que o sujeito como veículo de racionalidade objetiva é inseparável do indivíduo imerso na casualidade, que deforma o exercício dessa racionalidade, é atribuída finalmente à música, que na realidade nunca havia conduzido

110 FILOSOFIA DA NOVA MÚSICA

à lógica pura. O espírito de autores como Stravinski reage vivamente contra todo movimento que não esteja visivelmente determinado pelo geral, e especialmente contra todo vestígio do socialmente evasivo. Seu objetivo consiste em enfatizar a reconstrução da música em sua autenticidade, em imprimir-lhe de fora um caráter obrigatório, em dar-lhe com violência o caráter de não poder ser de maneira diferente da que é. A música da escola vienense espera participar da mesma violência submergindo-se incessantemente em si mesma e através da organização integral, mas não aceita a manifestação rígida. Pretende que o ouvinte seja ativo na tarefa de realizar a integração e não a viva somente de maneira reativa. Desde o momento em que essa música não põe tenso quem a ouve, a consciência de Stravinski a denuncia como impotente e contingente. Stravinski renuncia à severa auto-evolução da substância em favor do severo aspecto do fenômeno, em favor de sua força de persuasão. A música em sua maneira de apresentar--se não deve tolerar contradições. Em sua juventude, Hindemith formulou este pensamento com grande energia: imaginava um estilo em que todos escreveriam de maneira idêntica, como ocorreu na época de Bach e de Mozart; e, como professor, ainda hoje Hindemith insiste nesse programa de nivelação. A acuidade artística de Stravinski e sua refinada mestria estiveram desde o início completamente livres de semelhante ingenuidade. Empreendeu seu intento de restauração sem pretensões niveladoras, mas com consciência urbana, conhecendo plenamente o aspecto problemático e tolo de seu empenho; e assim sucedeu, ainda quando se esquece disso diante das claras partituras que ele compõe. Seu objetivismo pesa assim bem mais do que o de seus adeptos, já que compreende em si substancialmente o momento de sua própria negatividade. Contudo, não se pode duvidar de que sua obra antivisionária se inspire na visão da autenticidade, num *horror vacui,* na angústia da inanidade do que já não encontra ressonância social e que está acorrentado ao efêmero destino do particular. Em Stravinski, perdura tenazmente o desejo, típico do indivíduo imaturo, de converter-se num clássico com validade própria e de que o conserve como tal, em lugar de ser somente um moderno cuja substância se consome na controvérsia das tendências e que logo será esquecido. Neste modo de reagir é mister reconhecer o respeito não-iluminado e a impotência das esperanças a ele anexas — pois nenhum artista pode estabelecer o que haverá de sobreviver; mas assim mesmo é indiscutível que na base de tudo isto há uma experiência que ninguém que conheça a impossibilidade da restauração poderá negar. Até o *lied* mais perfeito de Anton Webern é inferior à melodia mais simples da *Viagem de inverno* quanto à autenticidade; até em seu alcance exterior mais perfeito aquele *lied* denota quase o caráter incondicional de uma situação de consciência. Esta

STRAVINSKI E A RESTAURAÇÃO

situação de consciência encontra a objetivação mais adequada, mas esta não decide sobre a objetividade do conteúdo nem sobre a verdade ou não-verdade da própria situação de consciência. Stravinski tende diretamente a esta objetivação, sem esforçar-se em expressar uma situação que, antes de fixar, preferiria abarcar com o olhar. Para seu ouvido, a música mais avançada não soa como se existisse desde o início dos tempos, e quer então que a música tenha este efeito. A crítica deste objetivo se esgota no exame dos diversos graus de realização de Stravinski.

Stravinski desdenhou o caminho fácil que conduz à autenticidade. Este teria sido o caminho acadêmico, seria limitar-se ao patrimônio já aceito do idioma musical que se formou durante os séculos XVIII e XIX e que para a consciência burguesa a que pertence assumiu o *cachet* do "natural" e evidente por si mesmo. O discípulo daquele Rimski-Korsakov, que corrigia a harmonia de Mussorgski segundo as regras do conservatório, rebelou-se contra o *atelier* como somente havia podido rebelar-se em pintura um *fauve*[1]. Para Stravinski, com seu sentido de necessidade obrigatória, as exigências impostas por aquelas regras tornavam-se insuportáveis no momento em que se refutavam a si mesmas ao colocar o *consensus* mediato do ensinamento no lugar da violência palpitante que a tonalidade exercia nos tempos heróicos da burguesia. A estreiteza da linguagem musical, a comprovação de que cada uma de suas fórmulas estava inteiramente penetrada de intenções determinadas, não se lhe apresentou como garantia de autenticidade, mas como garantia de desgastes[2]. A autenti-

---

(1) "Toute réflexion faite, le *Sacre* est encore une 'oeuvre fauve', une oeuvre fauve organisée" (COCTEAU, Jean. *Le Coq et l'Arlequin*, Paris, 1918, p. 64).

(2) Nietzsche reconheceu desde cedo que o material musical estava cheio de intenções, assim como reconheceu a contradição potencial entre intenção e material. "A música não é em si e por si tão importante, tão profundamente impressionante para nosso ser íntimo, que possamos considerá-la como língua direta do sentimento; mas sua antiqüíssima relação com a poesia pôs tanto simbolismo no movimento rítmico, na força e fragilidade do som, que hoje temos a impressão de que a música fala diretamente a nosso ser íntimo e que provém dele. A música dramática só é possível quando a arte dos sons conquistou um enorme campo de meios simbólicos através do canto, da ópera e de centenas de intentos da pintura musical. A 'música absoluta' é forma em si, no estado grosseiro da música, no qual o som em medida de tempo e diversamente acentuado produz prazer em geral, ou ainda é, sem poesia, simbolismo das formas que falam ao intelecto, uma vez que num grande desenvolvimento a música e a poesia se uniram e por fim a forma musical se encontrou inteiramente entrelaçada com fios de conceitos e sentimentos. Os homens que permaneceram para trás na evolução da música podem sentir uma obra musical de maneira puramente formal, enquanto aqueles que mais avançaram compreendem tudo de maneira simbólica. Em si mesma nenhuma música é profunda e significativa; ela não fala de 'vontade', de "coisa em si'; o intelecto conseguia isto somente numa época que havia conquistado para o simbolismo musical todo o domínio da vida interior. O próprio intelecto introduziu este valor no som, do mesmo modo que atribuiu às relações entre linhas e massas em arquitetura uma importância que é completamente estranha às leis mecânicas". (*Menschliches Allzumenschliches*, I, p. 194, aforismo 215.) Aqui a separação entre som e "conteúdo" é concebida mecanicamente. O "em si" postulado por Nietzsche é fictício: toda a nova música é veículo de significado, tem seu ser somente enquanto é mais do que mero som e não pode portanto decompor-se em ilusão e realidade. Da maneira que também o conceito nietzschiano de progresso musical como psicologização crescente é entendido de forma demasiado linear. Como o próprio material é espírito, a dialética

112   FILOSOFIA DA NOVA MÚSICA

cidade já consumida deve ser eliminada para conservar a eficácia de seu próprio princípio. E isto se obtém pela demolição de toda intenção. Disso, como se constituísse um contato direto com a matéria-prima da música, Stravinski espera a obrigatoriedade necessária. É indiscutível a afinidade com a fenomenologia filosófica que nasce precisamente nesse momento. A renúncia a todo psicologismo, a redução de tudo ao puro fenômeno, tal como este se apresenta, deve deixar aberta uma região do ser indubitável, "autêntico". Aqui como em qualquer lugar, o receio contra o que não é original — isto é, no fundo o pressentimento da contradição entre a sociedade real e sua ideologia — induz a transfigurar como verdade o "resto" que avança após haver eliminado o suposto conteúdo. Aqui como em qualquer lugar, o espírito permanece prisioneiro da ilusão de que pode escapar, em sua própria esfera, à esfera do pensamento e da arte, à maldição de ser mero espírito, mera reflexão, e não o próprio ser. Aqui como em qualquer lugar, a contraposição imediata de "coisa" e reflexão espiritual se torna absoluta e confere assim ao produto do sujeito a dignidade do natural. Nos dois casos trata-se de uma quimérica rebelião da cultura contra sua própria natureza de cultura. Stravinski empreendeu esta rebelião não somente no jogo familiarmente estético com a selvageria, mas também suspendendo asperamente o que se chamava cultura em música, isto é, a obra de arte humanamente eloqüente. Stravinski sente-se atraído para as esferas em que a música, não ainda à altura do sujeito burguês, se converte em música sem intenções e estimula movimentos corpóreos ao invés de conservar um significado, ou então para esferas em que o significado da música tem um sentido ritual, de modo que já não pode ser entendida como sentido específico do ato musical. O ideal estético de Stravinski é o da realização indiscutível. Assim como para Frank Wedekind em suas *Obras de circo,* também para Stravinski a "arte corpórea" converte-se num lema. Stravinski começa como compositor oficial do *ballet* russo. Desde *Petruschka* delineia passos e gestos que cada vez mais se afastam da compenetração com o personagem dramático. São passos e gestos que se limitam e se especializam e estão em agudo contraste com aquela exigência compreensiva que a escola de Schoenberg, em suas criações mais significativas,

musical se move entre o pólo objetivo e o pólo subjetivo, e de modo algum corresponde a este último, abstratamente, a classe superior. A psicologização da música, as custas da lógica de sua estrutura, demonstrou ser um fenômeno fragmentário e já envelhecido. Em sua psicologia musical Ernst Kurth esforçou-se, com categorias fenomenológicas e da teoria das formas, por definir menos cruamente a "introdução de um conteúdo". Mas desta maneira incorreu no extremo oposto de dar uma representação idealista de animismo musical universal que renega o elemento heterogêneo, material, do som; ou, melhor dito, abandona-o à disciplina da "psicologia dos sons" e limita desde o princípio a teoria musical à esfera das intenções. Desta forma, Kurth, com toda a sutileza de sua compreensão musical, passou por alto alguns elementos fundamentais da dialética musical. O material espiritual musical contém necessariamente um estrato sem intenções, algo próprio da "natureza", que com certeza não poderia pôr-se a descoberto como tal.

STRAVINSKI E A RESTAURAÇÃO   113

comparte ainda com o Beethoven da *Heróica*. Stravinski paga seu tributo à divisão do trabalho, que é em troca denunciada pela ideologia da *Die Glückliche Hand* de Schoenberg, pois tem consciência da impossibilidade de sobrepujar com a espiritualização o limite da capacidade de trabalho no sentido do artesanato. Aqui se revela, junto à mentalidade moderna do especialista, um elemento antiideológico: o ideal de realizar sua própria tarefa precisa e não, como dizia Mahler, construir um mundo com todos os meios da técnica. Como tratamento contra a divisão do trabalho, Stravinski propõe levá-la ao extremo, para ludibriar a cultura baseada nessa divisão. Da especialização ele faz a especialidade do *music hall,* da *variété* e do circo, tal como se glorifica na *Parade* de Cocteau e Satie, mas já premeditada em *Petruschka*. A criação estética converte-se por fim naquilo que já se estava preparando no impressionismo, ou seja, *tour de force,* ruptura da força da gravidade, ilusão do impossível, coisas que podem ser conseguidas em virtude da intensificação máxima do adestramento do especialista. Na realidade, a harmonia de Stravinski está sempre em suspenso e se subtrai à gravitação do procedimento dos acordes por graus harmônicos. A obsessão e a perfeição do acrobata, privada de todo sentido, a falta de liberdade de quem repete sempre a mesma coisa até que lhe surjam os exercícios mais temerários, indica objetivamente, sem que se tenha uma intenção determinada e objetiva, um domínio pleno, uma soberania e uma liberdade em relação à obrigação natural, coisas que contudo ficam ao mesmo tempo desmentidas como ideologia no próprio momento em que se afirmam. O êxito do ato acrobático, infinito em sua cegueira, quase subtraído às antinomias estéticas, glorifica-se como audaz utopia de algo que, graças à extrema divisão do trabalho e à extrema reificação, ultrapassa os limites burgueses. A falta de intenções vale como promessa de realizar todas as intenções. *Petruschka,* estilisticamente "neo-impressionista", compõe-se de inumeráveis peças de arte, desde a desordenada confusão de vozes da praça do mercado até a imitação exagerada de toda a música que repele a cultura oficial. Isto deriva da atmosfera do *cabaret* literário e ao mesmo tempo de artesão. Ainda permanecendo fiel ao aspecto apócrifo deste último, Stravinski rebelou-se simultaneamente contra o que permanecia de elevado no sentido narcisista e contra o que tinha uma alma burlesca, em suma, contra a atmosfera da *bohème*; e contra esta Stravinski realizou a desdenhosa demolição dos valores interiores que o número de *cabaret* já havia inaugurado pontualmente. Esta tendência conduz ao artesanato industrial, que considera a alma como mercadoria; conduz à negação da alma no protesto contra o caráter de mercadoria; conduz ao relacionamento solene da música com o físico e à sua redução a uma aparência que assumiria uma significação objetiva se

114 FILOSOFIA DA NOVA MÚSICA

renunciasse por sua vontade espontânea a significar algo. Egon Wellesz não se equivocou ao comparar *Petruschka* com o *Pierrot* de Schoenberg. Os temas, os próprios nomes, referem-se a uma idéia já então um pouco envelhecida, que é a transfiguração neo-romântica, do *clown*, cujo caráter trágico preanuncia a impotência da subjetividade, enquanto esta, condenada, predomina ainda, contudo ironicamente; *Pierrot* e *Petruschka*, assim como também *Eulenspiegel* de Strauss, que ressoa um par de vezes com tanta clareza no *ballet* de Stravinski, sobrevivem à sua própria decadência. Mas as linhas históricas da nova música se separam na maneira de tratar o trágico *clown*[3]. Em Schoenberg tudo se concentra na subjetividade solitária, que se reabsorve em si mesma. Toda a terceira parte esboça um "retorno" a uma vítrea terra de ninguém, em cuja atmosfera cristalina e privada de vida o sujeito, já tornado quase transcendental e liberado para as limitações do empírico, volta a encontrar-se num plano imaginário. Para isto contribui, não menos que o texto, a organização da música que, com a segurança de um náufrago, traça a imagem de uma esperança desesperada. Tal *pathos* é inteiramente estranho à *Petruschka* de Stravinski. A esta não faltam, na verdade, rasgos subjetivos; mas a música coloca-se à parte daqueles que combatem o maltratado, e não à parte deste; e, em conseqüência, a imortalidade do *clown* não adquire no final, para o público, o significado de uma conciliação, mas de uma sinistra ameaça. Em Stravinski, a subjetividade assume o aspecto da vítima, mas — e aqui ele zomba da tradição da arte humanista — a música não se identifica com ela, mas com a instância destrutora. Em virtude da liquidação da vítima, a música se priva de intenções e portanto de sua própria subjetividade.

Sob a envoltura neo-romântica, este giro contra o sujeito já se cumpre em *Petruschka*. Grandes passagens desta obra, a maior parte fora do segundo quadro, são muito simplificadas no conteúdo musical, em contradição com a intricada psique do boneco chamado a uma vida enganosa; e também o são no conteúdo técnico, do mesmo modo em contradição com um tratamento orquestral extraordinariamente sutil. Esta simplicidade corresponde à atitude da música frente à repreensão do boneco, que é a atitude do divertido observador de cenas de feira, as quais representam uma impressão estilizada de tumulto, com um pouco dessa alegria provocativa que o in-

---

(3) Stravinski, em sua primeira fase, como certa vez Cocteau disse abertamente, foi influenciado por Schoenberg muito mais do que hoje se quer admitir na disputa das duas escolas. Nos *Cantos Japoneses* e em muitos detalhes do *Sacre*, especialmente na introdução, a influência é evidente. Mas poder-se-ia segui-la até muito mais atrás, até *Petruschka*. Por exemplo, a disposição, na partitura, dos últimos compassos que precedem a famosa dança russa do primeiro quadro, após o número 32, especialmente a partir do quarto compasso, seria dificilmente concebível sem as *Obras para orquestra*, opus 16, de Schoenberg.

STRAVINSKI E A RESTAURAÇÃO 115

divíduo cansado de diferenciações encontra no que despreza, mais ou menos assim como os intelectuais europeus gostavam com ingenuidade dos filmes e romances policiais, preparando--se desse modo para sua função específica no seio da cultura de massas. Neste vazio sofrer que deriva do saber, já está implícito um momento de auto-extinção do observador. Assim como este se dissolve nos sons do *carrousel* e se disfarça de criança para libertar-se do peso da vida cotidiana racional, tanto como de sua própria psicologia, do mesmo modo se despoja de seu eu e busca sorte ao identificar-se com essa multidão amorfa e inarticulada descrita por Le Bon, cuja imagem está contida em tais ruídos[4]. Mas deste modo o espectador coloca-se à parte do que ri: a categoria fundamental de *Petruschka* é o grotesco e como tal a partitura usa com freqüência essa categoria como indicação para os *soli* dos instrumentos de sopro: é a categoria do particular, desfigurado, terminado. Desta maneira se manifesta graficamente a desintegração do sujeito. O grotesco é em *Petruschka* o característico. Quando se encontra um elemento subjetivo se o encontra depravado, sentimentalmente falso ou idiotizado. É invocado como algo já mecânico, reificado e de certa maneira morto. Os instrumentos de sopro, nos quais se manifesta, parecem um realejo: é a apoteose da opereta[5]; e também as cordas estão pervertidas, desprovidas dos sons que lhes dão vida. As imagens da música mecânica produzem o *shock* de um modernismo já superado e caído no infantilismo. A música mecânica converte-se, como ocorre mais tarde nos surrealistas, na porta aberta para as irrupções do passado primitivo. O realejo, tal como se ouvia antes nas ruas, opera como *déjà vu* acústico, como reminiscência. Prontamente, como num passe de mágica, a imagem do gasto e decadente deve transformar-se num remédio contra a dissolução. É o fenômeno fundamental da operação espiritual levada a cabo por Stravinski. Emprega o realejo como se fosse um órgão de Bach; e nisto seu humorismo metafísico pode referir-se à semelhança dos dois instrumentos como ao preço vital que os sons devem pagar para purificar-se das intenções. Toda a

(4) Aqui talvez se possa encontrar o elemento russo de Stravinski, que é freqüentemente considerado erroneamente como seu caráter distintivo. Há muito tempo observou-se que a lírica de Mussorgski diferencia-se do *lied* alemão pela ausência do sujeito poético; ele considera cada composição poética como os compositores de ópera consideram as árias, ou seja, não do ponto de vista da unidade da expressão imediata, mas de uma maneira que distancia e objetiva toda a expressão. O artista não coincide com o sujeito lírico. Na Rússia pré-burguesa, a categoria do sujeito não estava tão afirmada como nos países ocidentais. O elemento heterogêneo, especialmente em Dostoiévski, surge da não-identidade do eu consigo mesmo: nenhum dos irmãos Karamazov é um "caráter". Stravinski, representante da burguesia tardia, vale-se dessa pré-subjetividade para justificar em última instância a dissolução do sujeito.

(5) Este efeito de música barata é obtido tecnicamente com um particular manejo de oitavas ou sétimas nas melodias das madeiras, especialmente dos clarinetes, dispostos freqüentemente a grande distância. Stravinski conservou esta técnica de composição como meio para expressar o vazio espiritual, uma vez que a intenção grotesca já se tornou condenada. Por exemplo, nos *Cercles Mystérieux des Adolescentes* do *Sacre*, do número 94 em diante.

116   FILOSOFIA DA NOVA MÚSICA

música até hoje teve de pagar a validez de vínculo coletivo com um ato de violência contra o sujeito, quer dizer, com a entronização como autoridade de um elemento mecânico.

O *Sacre du Printemps,* a obra mais famosa e mais avançada de Stravinski em relação ao material, foi concebido, de acordo com a autobiografia do autor, durante o trabalho de *Petruschka,* e esta não é por certo uma circunstância casual. Apesar de toda a diferença estilística que há entre o primeiro *ballet,* elaborado cuidadosamente, e o outro *ballet,* tão tumultuoso, ambos têm em comum o núcleo, o sacrifício anti-humano ao coletivo: sacrifício sem tragédia, praticado não à imagem nascente do homem, mas à cega confirmação de uma condição que a própria vítima reconhece, ora com o escárnio de si mesma, ora com a própria extinção. Este motivo, que determina inteiramente o desenvolvimento da música, abandona a envoltura folgazã de *Petruschka* para apresentar-se no *Sacre* com sangrenta gravidade. É uma obra que pertence aos anos em que se começou a chamar primitivos os selvagens. Pertence à esfera de Frazer e Lévy-Bruhl e também à dos "totens e tabus". De modo algum se pretendia, na França, contrapor assim à civilização o mundo pré-histórico. Antes se "indagava", com um desapego positivista que convinha bem a essa distância, o que a música de Stravinski conserva em relação aos horrores que ocorrem no cenário e que ela acompanha sem comentários. "Ces hommes crédules", escrevia Cocteau com boas intenções iluministas e com certa complacência a respeito da juventude pré-histórica do *Sacre,* "s'imaginent que le sacrifice d'une jeune fille élue entre toutes est nécessaire à ce que le printemps recommence"[6]. E a música diz: assim era; e não toma nenhuma posição, assim como não a toma Flaubert em *Madame Bovary.* O horror é observado com certa complacência; não é transfigurado, mas representado sem paliativos. De Schoenberg se aceita a prática de não resolver as dissonâncias. E este princípio constitui o aspecto cultural bolchevista dos "Quadros da Rússia pagã". Quando a vanguarda declarou-se pelo plasticismo negro, a finalidade reacionária do movimento estava totalmente oculta: voltar à pré-história parecia melhor para emancipar a arte acorrentada até então, do que regulamentá-la. Ainda hoje deve-se ter muito presente a diferença existente entre estes manifestos de fascismo anticulturais e o fascismo da cultura, se não se quiser perder de vista o duplo sentido dialético do intento de Stravinski. Ele se apóia no liberalismo exatamente como Nietzsche. A crítica da cultura supõe uma substancialidade própria da cultura; prospera em sua proteção e dela recebe o direito de formular juízos sem

(6) COCTEAU. *Le Coq et l'Arlequin.* p. 63.

STRAVINSKI E A RESTAURAÇÃO   117

escrúpulos, o de comportar-se como um fato espiritual autônomo, mesmo quando termine por voltar-se contra o próprio
espírito. O sacrifício humano, em que se anuncia a crescente
potência do coletivo, é determinado pela insuficiência da
própria condição individual e precisamente a selvagem representação do selvagem não satisfaz simplesmente, como lhe
censura o filisteu, a necessidade de estímulos românticos civi-
lizadores, mas também o desejo de sufocar a aparência social,
o impulso para a verdade sob as mediações e mascaramentos
burgueses da violência. Nesta disposição de ânimo está justamente presente a herança da revolução burguesa. O fascismo, em troca, liquida literalmente a cultura liberal juntamente com seus críticos, e precisamente por isto não pode
tolerar a expressão do bárbaro. Não foi por nada que Hitler
e Rosenberg decidiram as controvérsias culturais dentro de
seu próprio partido contra a ala intelectual nacional bolchevista, a favor do sonho pequeno-burguês de colunatas de
templos, nobre simplicidade e serena grandeza. O *Sacre du
Printemps* não teria podido ser representado no Terceiro
Reich das inumeráveis vítimas humanas, e quem se atrevia
a admitir diretamente na ideologia a selvageria da *praxis* caía
em desgraça. A selvageria alemã — talvez tenha sido esta a
idéia de Nietzsche — teria, sem mentira alguma, desarrai-
gado juntamente com a ideologia a própria selvageria. Apesar
disto a afinidade do *Sacre* com seu modelo é indiscutível e o
mesmo ocorre com seu gauguinismo e as simpatias de seu
autor que, como relata Cocteau, escandalizava os jogadores
de Monte Carlo pondo as jóias de um rei negro. Não somente
nesta obra ressoa de fato o estrépito da futura guerra; ela
também se compraz abertamente na própria suntuosidade,
que por outro lado bem poderia ser compreendida na Paris
das *Valses Nobles et Sentimentales*. A pressão da cultura
burguesa reificada impele o espírito a refugiar-se nos fantasmas da natureza, que terminam por revelar-se como mensageiros da pressão absoluta. Os nervos estéticos vibram com
o desejo de retornar à idade da pedra.

Como peça de virtuosismo da regressão, o *Sacre du Printemps* representa o intento de dominá-la mediante sua cópia,
e não já de abandonar-se a ela simplesmente. Tal impulso
tem sua parte na influência enormemente vasta que este trabalho de especialização exerceu na geração seguinte de compositores: não somente confirmava como *up to date* a involução da linguagem musical e do estado de consciência conforme
a ela, mas prometia ao mesmo tempo resistir à pressentida
anulação do sujeito, tornando-o coisa sua ou pelo menos
registrando-o artisticamente como pode fazê-lo um observador
imparcial e superior. Ao imitar o selvagem evitaria, com

118 FILOSOFIA DA NOVA MÚSICA

uma magia realista e positiva, cair presa daquilo que teme. Assim como nos começos, em *Petruschka*, a montagem com fragmentos deve-se a um procedimento humorista organizador e realiza-se mediante truques técnicos, de maneira que toda regressão da obra de Stravinski é manejada precisamente como uma cópia que não esquece nunca, nem sequer por um instante, o autodomínio estético. No *Sacre*, um princípio artístico de seleção[7] e estilização, empregado com grande liberdade, produz o efeito do pré-histórico. Ao censurar a maneira neo-romântica de compor melodias, como por exemplo as do gênero açucarado de *O cavaleiro da rosa*, contra o qual devem ter-se rebelado vivamente por volta de 1910 os artistas mais sensíveis[8], toda melodia de certa longitude, e logo também toda a realidade objetiva que se desenvolve musicalmente, converte-se em tabu. O material se limita, como no Impressionismo, a rudimentares sucessões de sons.

(7) O conceito da renúncia é fundamental em toda a obra de Stravinski e constitui até a unidade de todas as fases. "Chaque nouvelle oeuvre... est un exemple de renoncement" (COCTEAU. *Le coq et l'Arlequin*. p. 39). O caráter equívoco do conceito de *renoncement* é o veículo de toda a estética dessa esfera. Os apologistas de Stravinski usam-no no sentido da proposição de Valéry, segundo o qual um artista deve ser valorizado de acordo com a qualidade de suas renúncias. Esta afirmação, no sentido da universalidade formal, é incontestável e pode aplicar-se tanto à escola vienense, ou seja, à implícita proibição da consonância, da simetria e da melodia ininterrupta, como aos cambiantes ascetismos das escolas ocidentais. Mas o *renoncement* de Stravinski não é somente uma abstenção como renúncia aos meios problemáticos e consumidos, mas além disso uma incapacidade, um querer excluir por princípio a possibilidade de resolver ou satisfazer um elemento dado que contudo na dinâmica imanente do material musical se encontra presente sob a roupagem da espera ou aspiração. Quando Webern disse de Stravinski que após a conversão à tonalidade "a música se lhe havia subtraído", caracterizou o irresistível processo que termina modificando a pobreza eleita por alguém em miséria objetiva. Não basta censurar Stravinski de maneira ingenuamente técnica quanto ao que existe de defeituoso em sua obra. Na medida em que as faltas derivam do próprio princípio estilístico, a situação não seria substancialmente diferente dessa crítica formulada contra a escola vienense em que se lamenta o predomínio das "cacofonias". Mas o que a renúncia permanente produz em Stravinski é determinado pela medida que ele mesmo quis se impor. Deve-se julgá-lo pela idéia e não meramente pelas deficiências voluntárias; seria importante a censura de que o artista não faz o que seu princípio não quer; e eficaz em troca seria somente a censura de que o voluntariamente imposto a alguém se gasta, põe a perder a paisagem circundante e não consegue legitimar-se.

(8) Antes já da Primeira Guerra Mundial, o público se lamentava de que os compositores não tinham "melodia". Em Strauss perturbava a técnica da surpresa permanente, que interrompe a continuidade melódica para depois entregá-la ao ouvinte só ocasionalmente, de maneira tosca e barata, como uma compensação após toda aquela turbulência. Em Reger desaparecem os perfis melódicos atrás dos acordes incessantemente interpostos. Na última fase de Debussy as melodias estão, como num laboratório, reduzidas a modelos de combinações sonoras elementares. Por fim, Mahler, que se atém ao conceito tradicional de melodia mais docilmente do que qualquer outro, tornou-se precisamente por isso cheio de inimigos. Censura-se-lhe a trivialidade da invenção e até o fato de que não faça derivar seus grandes arcos diretamente do impulso interior dos temas. Paralelamente ao Strauss das partituras mais conciliadoras, Mahler pagou exageradamente pela extinção da melodia romântica no sentido do século XIX, e era realmente necessário seu engenho para transformar até este exagero num meio de composição que representava no sentido musical a consciente nostalgia de sua própria falta de plenitude. A força melódica dos compositores individuais de modo algum estava esgotada; mas o fato de que a sucessão harmônica se deslocara historicamente cada vez mais para o primeiro plano da criação e da recepção musical, terminava por não permitir que a dimensão melódica crescesse a passo proporcional no pensamento homofônico, enquanto justamente nela havia tornado possíveis os descobrimentos harmônicos, desde princípios do Romantismo. Daí a trivialidade já de muitas formas melódicas wagnerianas, objetada por Schumann. É como se a harmonia tornada cromática não pudesse sustentar uma melodia autônoma: se se aspira a esta, como ocorria no caso do jovem Schoenberg,

STRAVINSKI E A RESTAURAÇÃO 119

Mas a atomização debussiana do corte melódico transforma-se de meio compacto de coincidência de manchas sonoras em meio de desintegração do procedimento arcaico. Restos disseminados e escassos devem representar o patrimônio sem dono e sem sujeito do tempo primitivo, vestígios memoráveis filogenéticos, "petites mélodies qui arrivent du fond des siècles[9]". As partículas melódicas que de vez em quando estão na base de uma seção do *Sacre* são, geralmente, de tipo diatônico, folclóricas na inflexão ou simplesmente tomadas da escala cromática, como na dança final; jamais são uma sucessão "atonal" de intervalos, completamente livre, não referida a uma escala preordenada. Às vezes trata-se de uma eleição limitada dos doze sons, como por exemplo na pentatônica, como se os outros sons fossem tabu e não pudessem ser tocados: bem se pode pensar, no caso do *Sacre,* nesse *délire de toucher* que Freud remete à proibição do incesto. O caso elementar da variante rítmica, em que consiste a repetição, é o de que o motivo se constrói de maneira tal que quando recomeça subitamente e sem pausas, após sua conclusão, os acentos caem sobre notas diferentes das do início *(Jeu du Rapt).* Freqüentemente, assim como os acentos, também se modificam as longas e as breves. Em todas as partes as diferenças do modelo temático dão a impressão de que se produziram mediante uma mera sacudida. Desta maneira, as células melódicas estão como que condenadas: não se condensam, mas estão impedidas em seu desenvolvimento. Reina assim, mesmo na obra de Stravinski mais exteriormente radical, uma contradição entre o moderado desenvolvimento horizontal e o temerário desenvolvimento vertical, contradição que já contém em si as condições do restabelecimento da tonalidade entendida como um sistema de relações cuja estrutura está mais de acordo com a melodia do que os acordes de muitos sons. Estes acordes funcionam como cores e não têm função construtiva, enquanto em Schoenberg a emancipação da harmonia referia-se desde o começo à melodia, em que a sétima maior e a nona menor são consideradas no mesmo plano dos intervalos habituais. Contudo, mesmo harmonicamente, não faltam no *Sacre* irrupções tonais, como a arcaica frase modal dos instrumentos de sopro na *Danse des Adolescentes.* Em seu conjunto, a harmonia está muito perto do que o Grupo dos Seis, após a Primeira Guerra

desmorona-se o próprio sistema tonal, de modo que aos compositores não resta outro remédio senão desgastar a melodia até o ponto em que esta se transforme num mero valor de função harmônica, ou decretar com um ato de violência expansões melódicas que parecem arbitrárias se se mantém o tradicional esquema harmônico. Stravinski tirou as conseqüências da primeira possibilidade, a de Debussy: consciente da debilidade das sucessões melódicas, que de fato já não são tais, anula o conceito de melodia em favor de arquétipos melódicos. Somente Schoenberg emancipou na verdade o *melos*, mas com isso também a própria dimensão harmônica.

(9) COCTEAU. *Op. cit.* p. 64.

120 · FILOSOFIA DA NOVA MÚSICA

Mundial, chamava politonalidade. O modelo impressionista da politonalidade é o soar simultâneo de músicas espacialmente separadas na praça da feira. Trata-se de uma idéia comum a Stravinski e a Debussy, idéia que por volta de 1910 tem na música francesa uma função análoga à do bandolim e da guitarra no Cubismo. Pertence ao mesmo tempo ao patrimônio de motivos russos: uma ópera de Mussorgski tem como cenário uma feira. As feiras continuam apocrifamente existindo em meio à ordem cultural e fazem pensar no nomadismo, numa condição não sedentária nem estabilizada, mas pré-burguesa, cujos rudimentos servem agora ao tráfico comercial. No Impressionismo, a absorção pela civilização burguesa de tudo o que não se experimentou faz-se gostar primeiro sorrindo, como dinâmica dessa civilização, como "vida", mas logo é mal-interpretado e dá-se-lhe um sentido arcaico que ameaça a vida do próprio princípio burguês da individualização. Esta troca de funções representa a novidade de Stravinski frente a Debussy. A passagem harmônica mais espantosa do *Sacre,* que constitui a interpretação dissonante daquele tema modal dos instrumentos de sopro de *Rondes printanières,* desde os compassos 53-54, é um efeito de feira pânico elevado, mas de modo algum uma liberação da "vida instintiva dos sons". Em conseqüência, com o desenvolvimento harmônico cai também o procedimento harmônico. Os pedais harmônicos, que já em *Petruschka* tinham uma importante função para representar uma sonoridade circular e de certo modo fora de tempo, resolvem-se em ritmos de *ostinato,* princípio exclusivo da harmonia. A base harmônico-rítmica devida ao *ostinato* permite desde o início seguir facilmente a música, apesar de toda a sua aspereza dissonante. Por fim, dali teve de sair esse aborrecimento sujeito a normas da típica música de festival, a partir da Primeira Guerra Mundial, pelo menos na medida em que pretende ser moderna. O especialista Stravinski sempre se mostrou desinteressado com relação ao contraponto; basta considerar aquele par de modestas combinações de temas que se encontram em *Petruschka,* dispostas de tal maneira que apenas são percebidas. Aqui está em jogo toda a polifonia, independentemente dos acordes de muitos sons como tais. O uso do contraponto é bastante raro e geralmente aparece nas oblíquas interferências de fragmentos temáticos. Não são apresentados de modo algum problemas formais entendidos como problemas de um todo que progride e a construção do conjunto é pouco elaborada. Desta maneira, por exemplo, as três passagens rápidas *Jeu du Rapt, Danse de la Terre* e *Glorification de l'Élue,* com as partes principais fragmentárias nos instrumentos de madeira agudos, são fatalmente parecidas. O conceito da especialidade encontra sua fórmula mu-

STRAVINSKI E A RESTAURAÇÃO

sical: de todos os elementos constitutivos da música admite-se, por um lado, somente o da marcada articulação de elementos sucessivos, também aqui num sentido em alto grau especializado; e, por outro, o timbre instrumental, seja em forma de um *tutti* expansivo ou contagiante, seja como efeito particular de cor. Um dos muitos procedimentos possíveis, a concatenação de complexos definidos de um arquétipo, alcança a partir de agora a exclusividade.

Os imitadores de Stravinski permaneceram por trás de seu modelo, pois não têm a força da renúncia, do *renoncement,* a perversa complacência na repulsa. Stravinski é um moderno pelo que já não pode tolerar; é propriamente um moderno na aversão contra toda a sintaxe da música. Mas seus seguidores não compartem esta sensibilidade, com exceção talvez de Edgar Varèse. A maior amplitude dos meios musicais, que eles, em virtude de sua origem inócua, se permitem, priva-os precisamente desse *air* de autenticidade que os havia levado a eleger Stravinski como modelo. Seria instrutivo comparar com o original uma imitação do *Sacre* como *Offrande à Shiva* de Claude Delvincourt. A orgia sonora impressionista se manifesta aqui como um corrosivo em que se submerge a vítima e em que esta perde todo seu sabor. De resto, uma relação análoga já existia entre Debussy e adeptos seus como Dukas. O gosto coincide em grande parte com a capacidade de renunciar a meios artísticos sedutores. Nesta negatividade consiste, por um lado, a verdade do próprio gosto, entendida como verdade da inervação histórica; mas, por outro, também um elemento de estreiteza que impõe privações[10]. A tradição da música alemã, que inclui também Schoenberg, caracteriza-se desde Beethoven pela ausência de gosto. Em contrapartida, o predomínio do gosto choca, em Stravinski, com a "coisa". O efeito arcaico do *Sacre* deve-se a uma censura musical, a uma proibição de todos os impulsos que não se conciliem com o princípio de estilização, mas a regressão assim obtida leva logo à regressão do próprio ato de compor, empobrece os procedimentos e arruína a técnica. Os discípulos de Stravinski costumam sair do mal-estar a que os conduz semelhante comprovação definindo seu mestre como o músico do ritmo e afirmando que Stravinski voltou a salientar a dimensão rítmica sufocada pelo pensamento melódico-harmônico e com ele desenterrou as origens da música; e na realidade o *Sacre* evocaria os ritmos complexos e ao mesmo tempo severamente

(10) "Contudo, a profundidade da coisa permaneceu fechada ao gosto, pois tal profundidade exige não somente o sentido e a reflexão abstrata, mas a plenitude da razão e o espírito incontaminado, enquanto o gosto só se referia à superfície exterior, em torno da qual se dão as sensações e de onde podem fazer-se valer máximas unilaterais. Mas por isso o chamado bom gosto teme qualquer ação em profundidade e cala quando a coisa chega a expressar-se e quando desaparecem as exterioridades e os elementos acessórios." (HEGEL, *Aesthetik, loc. cit.,* I, p. 44.) A casualidade das "máximas unilaterais", a hipóstase da suscetibilidade sensual, as idiossincrasias como regras e o ditado do gosto são aspectos diferentes de um mesmo estado de coisas.

122 FILOSOFIA DA NOVA MÚSICA

disciplinados dos ritos primitivos. Frente a isto fez-se ressaltar com razão, por parte da escola de Schoenberg, o fato de que o conceito de ritmo adotado em geral demasiado abstratamente é ainda restrito no próprio Stravinski. A verdade é que nele a articulação rítmica como tal se apresenta livre, mas somente à custa de todas as outras aquisições da organização rítmica. Não somente falta a flexibilidade expressiva e subjetiva do tempo musical, que Stravinski sempre tornou rígida a partir do *Sacre,* como também faltam todas as relações rítmicas com a construção, com a combinação da composição interna e com o "ritmo geral" de toda a forma. O ritmo é acentuado, mas separado do conteúdo musical[11]. Termina por ser menos ritmo aqui do que onde não é considerado um fetiche, ou seja, permanecem somente reverberações de elementos sempre idênticos e na verdade estáticos, um contínuo apresentar-se em que a irregularidade do retorno substitui o novo. Isto resulta evidente na *Dança final da eleita,* que representa o sacrifício humano, passagem em que os compassos mais complicados, que obrigam o diretor a fazer gestos de equilibrista[12], sucedem-se nas menores subdivisões de tempo, com a única finalidade de inculcar na bailarina e no ouvinte uma inalterável rigidez mediante *shocks* e movimentos convulsivos que nenhuma disposição angustiosa pode antecipar. O conceito de *shock* corresponde justamente a essa época. Pertence ao estrato fundamental de toda a música nova, mesmo ao da mais oposta à de Stravinski: já se falou da importância que tinha para o Schoenberg expressionista. Pode-se supor que a causa social esteja na desproporção irresistivelmente aumentada no 'industrialismo tardio, entre o corpo do homem e os objetos, por um lado, e as forças da civilização técnica, por

(11) A analogia formal que existe entre o construtivismo dodecafônico e Stravinski estende-se também ao ritmo que em Schoenberg e Berg às vezes se torna independente do conteúdo dos intervalos melódicos e assume a função do tema. Mas a diferença é mais essencial; mesmo em momentos em que a escola de Schoenberg opera com tais ritmos temáticos, estes são preenchidos, de vez em quando, por um conteúdo melódico e contrapontístico, na medida em que as proporções rítmicas que ocupam o primeiro plano musical em Stravinski são expostas unicamente como efeitos de pulsação e se referem a conjuntos melódicos tão vazios que se apresentam como fins em si mesmos e não como articulação de linhas.

(12) A polêmica que os discípulos de Stravinski sustentam contra a atonalidade dos países da Europa Central tende a censurar-lhes a anarquia. Frente a isto não é supérfluo observar que no "rítmico" Stravinski, se bem que a imagem de uma objetividade imutável esteja delineada por meio da identidade de todas as unidades temporais num complexo dado, as modificações no entanto, dos acentos, produzidas pelas mutáveis indicações de tempo, não estão numa relação coerente com a construção; poderiam estar colocadas de outra maneira e sob os *shocks* rítmicos oculta-se aquilo que se critica na atonalidade vienense, ou seja, a arbitrariedade. O efeito das modificações se deve à irregularidade abstrata como tal e não aos eventos específicos que se desenvolvem no interior dos compassos. Os *shocks* são efeitos vigiados apenas pelo gosto, coisa que dificilmente esta música estaria disposta a admitir. O momento subjetivo continua vivendo em pura negatividade, na convulsão irracional que responde ao estímulo. Enquanto os tempos compostos são imitados dos de danças exóticas, sendo inventados livremente e estando despojados de todo significado tradicional, representam um jogo arbitrário e sua arbitrariedade está naturalmente em relação muito estreita com o *habitus* que o autêntico assume em toda a música de Stravinski. Já o *Sacre* contém em gerne o que mais adiante dissolverá a pretensão de autenticidade e que entrega a música à impotência, já que ela aspira à potência.

STRAVINSKI E A RESTAURAÇÃO   123

outro; forças que o homem domina sem que seu sensório, ou seja, a possibilidade da experiência, possa dominar o excesso desenfreado, enquanto a forma de organização individualista impede à sociedade comportamentos coletivos que talvez estejam subjetivamente maduros para o estado das forças de produção objetivas e técnicas. Pelos *shocks,* o indivíduo percebe diretamente sua própria nulidade frente à gigantesca máquina de todo o sistema. Desde o século XIX os *shocks* deixaram atrás de si seus vestígios nas obras de arte[13], e, do ponto de vista musical, Berlioz foi talvez o primeiro para cuja obra os *shocks* eram essenciais. Mas tudo depende de como a música realiza a vivência do *shock.* Na fase média de Schoenberg, o autor se defende do *shock* representando-o. Na *Erwartung* ou naquela deformação do *Scherzo* tão terrivelmente decomposta que se pode observar desde a *Lockung* do opus 6 até a segunda obra para piano do opus 23, a vivência do *shock* gesticula quase como um homem invadido por uma selvagem angústia. Mas aqui se dá o que na linguagem psicológica se chama disposição angustiosa: enquanto o *shock* atravessa o homem e dissocia a duração contínua de antigo estilo, ele permanece dono de si mesmo, continua sendo sujeito e portanto pode ainda submeter a sua vida que não pára à vivência do *shock* e converter esta última, com heroísmo, em elemento da própria linguagem. Em Stravinski não existe nem uma disposição angustiosa nem um eu que lhe oponha resistência, mas dá-se por aceito que os *shocks* não permitem que alguém se aposse deles. O sujeito musical renuncia a impor-se e se contenta em expressar os *shocks* ao refleti-los. Comporta-se literalmente como um ferido grave, vítima de um acidente de que não pode recuperar-se e que por isso repete continuamente o esforço desesperado dos sonhos. O que parece absorção completa dos *shocks,* ou seja, a acomodação da música aos golpes rítmicos provenientes do exterior, é, na verdade, justamente um testemunho de que a absorção fracassou. Este é o mais íntimo engano do objetivismo: a destruição do sujeito em virtude do *shock* fica transfigurada em organização estética como vitória do sujeito e ao mesmo tempo como superação deste em virtude do que é em si.

A idéia coreográfica do sacrifício penetra na própria feitura musical. Aqui se extirpa, e não somente no cenário, tudo o que se diferencia, como individual, do coletivo. A ponta polêmica de Stravinski aguçou-se com o aumento do perfeccionismo estilístico. Em *Petruschka* o elemento do individualizado aparecia na forma do grotesco, que guiava o individual[14]. No *Sacre* já nada mais existe para rir. Nada

(13) BENJAMIN, Walter: "Über eininge Motive bei Baudelaire". In: *Schriften,* I, *loc. cit.,* pp. 426 e ss.

(14) Socialmente, o grotesco é em geral a forma em que se tornam aceitáveis elementos estranhos e avançados. O burguês está pronto a se aproximar da arte moderna se esta com seu aspecto o tranqüiliza no sentido de que não deve levá-la a sério. O exemplo mais notório disso é o êxito

124   FILOSOFIA DA NOVA MÚSICA

talvez mostre mais claramente que, em Stravinski, modernismo e arcaísmo são dois aspectos do mesmo fenômeno. Ao eliminar a inocência do grotesco a obra coloca-se à parte da vanguarda, especialmente do Cubismo; mas chega-se a esta modernidade através de um arcaísmo de cunho muito diferente daquele arcaísmo fundado no critério do "No antigo estilo", apreciado por exemplo por Reger. O entrelaçamento de música e civilização deve ser cortado e a música, provocativa, se constitui símbolo de uma condição gozada como estímulo precisamente em sua contradição com a civilização. Ao assumir um disfarce totêmico pretende a unidade primordial de homem e natureza, enquanto ao mesmo tempo, contudo, o sistema se descobre, em seu princípio fundamental, no princípio do sacrifício, como sistema autoritário e, em conseqüência, como algo antagônico em si mesmo. A negação do antagonismo constitui, entretanto, no *Sacre du Printemps,* um truque ideológico. Assim como um prestidigitador faz desaparecer a bela moça no cenário de um teatro de *variété,* no *Sacre* a música escamoteia o sujeito, que deve levar o peso da religião natural. Em outras palavras: não se chega a nenhuma antítese estética entre a vítima imolada e a tribo, mas a dança daquela realiza antes sua identificação imediata com esta. O tema não expõe um conflito, assim como o contexto musical não poderia suportá-lo. A eleita dança até morrer, mais ou menos como os antropólogos relatam que os selvagens morrem na verdade quando, sem saber, violaram um tabu. Dela como ser individual não se reflete nada na música, senão o reflexo inconsciente e fortuito da dor; seu solo de dança é, como todas as outras danças, coletivo em sua específica organização interna, uma dança em círculo, desprovida de toda dialética do universal e do particular. A autenticidade é obtida sub-repticiamente negando-se o pólo subjetivo. Com a escolha do ponto de vista coletivo, que tem muito de golpe de mão,

popular da lírica de Christian Morgenstern. *Petruschka* mostra claros sinais desta conciliação que recorda ao conferencista que, mediante ditos agudos, concilia seus ouvintes com o que lhes lança ao rosto. Esta função do humorismo tem uma rica pré-história na música. Não somente pode-se pensar em Strauss ou na concepção de Beckmesser, mas até em Mozart. Se se admite que os compositores se sentiam atraídos já antes do início do século XX pela dissonância e que somente a convenção os impedia de escrever as sonoridades da dor subjetiva, logo o *Sexteto dos músicos de aldeia,* chamado comumente "*scherzo* musical", torna-se muito mais significativo do que se se o considera um simples jogo excêntrico. Precisamente em Mozart, não só no começo do *Quarteto em dó maior,* mas também em certas obras posteriores para piano, pode-se descobrir uma irresistível tendência à dissonância: seu estilo parecia desconcertante aos contemporâneos justamente pela riqueza de dissonâncias. Talvez a emancipação da dissonância não seja na verdade, como ensina a história oficial da música, o resultado da evolução do romantismo tardio pós-wagneriano, mas a propensão a ela acompanhou como um hemisfério escuro toda a música burguesa, desde Gesualdo e Bach, e pode ser comparada talvez com a função que na história da *ratio* burguesa tem ocultamente o conceito do inconsciente. E aqui não se trata de uma simples analogia, mas a dissonância foi desde o início veículo de tudo aquilo que devia ceder ao tabu da ordem. A dissonância torna-se garantia do censurado movimento dos instintos. Contém um momento de libido, enquanto é tensão, ou então o lamento pela renúncia. Poder-se-ia explicar assim a ira com que em todas as partes se reage contra a dissonância manifesta, e o *Sexteto dos músicos de aldeia* de Mozart parece uma precoce antecipação justamente desse Stravinski que entrou na consciência geral.

STRAVINSKI E A RESTAURAÇÃO 125

produz-se a agradável conformidade com a sociedade individualista, uma conformidade diferente e por certo em alto grau sinistra: a conformidade com uma sociedade integral e cega, quase uma sociedade de castrados ou de homens sem cabeça. O estímulo individual, que pôs em movimento esta arte, deixa somente a negação de si mesma, a dissolução da individualização; já o humorismo de *Petruschka,* para não dizer o humorismo burguês em geral, tendia a isto ocultamente; mas agora o obscuro impulso converte-se em estridente fanfarra. Na condição privada de sujeito, a complacência pela música é sado-masoquista. Se o espectador não goza sem rodeios a morte da moça, identifica-se com o coletivo e, convertido em vítima potencial, pensa participar assim, precisamente assim, em mágica regressão, da força coletiva. O rasgo sado-masoquista acompanha a música de Stravinski em todas as suas fases. O *Sacre* tem, e este é o único ponto em que se diferencia daquela complacência, certa opacidade tanto em seu colorido geral como em seus caracteres musicais particulares. Mas essa opacidade, mais que a aflição pela verdade do ritual mortal, expressa a disposição interior do que está atado, do que não é livre...; expressa, em suma, a voz de uma inibição do ser vivo. Este tom de aflição objetiva no *Sacre,* tecnicamente inseparável do predomínio de sonoridades dissonantes, mas também freqüentemente de uma escrita condensada com arte, representa a única instância contra a atitude litúrgica que queria consagrar como sagrado o ato execrável de brutalidade do enigmático feiticeiro[15] e as rodas das moças que dançam. Mas também é este tom que imprime à monstruosidade densa de *shocks* uma espécie de submissão obtusa e caprichosa, que transforma em aborrecimento o que antes era sensacional, aborrecimento que de modo algum é muito diferente do que Stravinski mais adiante produzirá sistematicamente e que já torna bastante difícil a compreensão do prazer de imitação que antes se irradiava do *Sacre.* O primitivismo de ontem é a simplicidade de hoje.

Mas o que continuou impulsionando o Stravinski do *Sacre* não foi de modo algum a insuficiência implícita no empobrecimento em alto grau estilizado. Antes Stravinski deve ter-se dado conta de um elemento histórico romântico que existia na pré-história anti-romântica; deve ter-se dado conta da mansa nostalgia por um estado do espírito objetivo que aqui e agora pode ser evocado somente em sua roupagem. No íntimo, os russos primitivos parecem-se aos antigos germânicos

(15) Já em *Petruschka* há uma réplica do *sage* do *Sacre,* o mago que faz mover os títeres. Chama-se Charlatão. Poder-se-ia considerar facilmente que a transfiguração do charlatão no poderoso mago representa o sentido do ato de *variété* stravinskiano. Seu princípio de autoridade, o princípio musical da autenticidade, nasceu do jogo, da ilusão, da sugestão. É como se nesta origem a autenticidade manipulada reconhecesse sua própria não-verdade. Nas obras posteriores de Stravinski já não aparecem charlatães nem feiticeiros.

126 FILOSOFIA DA NOVA MÚSICA

de Wagner — a cenografia do *Sacre* recorda as rochas das *Valquírias* — e é wagneriana essa configuração da monumentalidade mítica e da tensão nervosa, como observou Thomas Mann em seu ensaio sobre Wagner em 1933. De origem romântica é especialmente o resultado sonoro, como por exemplo a idéia de fazer recordar instrumentos de sopro já esquecidos mediante timbres particulares da orquestra moderna: o emprego do fagote, que numa posição muito "aguda" tem um efeito grave para sugerir o áspero corne inglês e a flauta tubular, ou as tubas expostas do episódio do feiticeiro. Estes efeitos pertencem ao exotismo musical não menos que a pentatônica de uma obra tão diferente por seu estilo, como o de Mahler, *Lied von der Erde*. Também o *tutti* da gigantesca orquestra tem às vezes algo de luxuriante, straussiano, que é alheio à substância da composição. O caráter da linha de acompanhamento sentida como pura cor de que emergem repetidos fragmentos melódicos deriva, apesar de toda a diversidade de caráter da sonoridade e do material harmônico, diretamente de Debussy. Apesar de todo o anti-subjetivismo professado, o efeito do conjunto parece refletir um estado de ânimo e tem algo de excitação angustiada. Às vezes a própria música se comporta como se estivesse psicologicamente excitada; assim ocorre na *Danse des Adolescentes,* do compasso 30 em diante, ou nos *Cercles Mystérieux* do segundo quadro, depois do compasso 93. Mas, evocando de maneira quase histórica o tempo primitivo (a paisagem anímica de *Electra,* por exemplo, Stravinski logo já não pode satisfazer o impulso objetivo. Aguça a tal ponto a tensão entre o arcaico e o moderno que repele, em favor da autenticidade arcaica, o mundo primitivo entendido como princípio estilístico. De suas obras fundamentais somente as *Noces* acolhem ainda o folclórico. Stravinski escava em busca da autenticidade na própria estrutura e na dissolução do mundo de imagens da arte moderna. Se Freud ensinou que existe uma conexão entre a vida psíquica dos selvagens e dos neuróticos, o compositor desdenha os selvagens e se atém àquilo cuja experiência é segura na arte moderna, ou seja, a esse arcaísmo que constitui o estrato profundo do indivíduo e que se cria novamente na decomposição deste. As obras que se situam entre o *Sacre* e o desvio neoclássico imitam o gesto da regressão, típico da dissociação da identidade individual, e esperam disto uma autenticidade em sentido coletivo. A afinidade verdadeiramente estreita desta tendência com a doutrina de C. G. Jung, de que o compositor provavelmente nada sabia, é tão convincente quanto o potencial reacionário. A busca de equivalentes musicais do "inconsciente coletivo" prepara a revirada que levará à instauração de uma comunidade regressiva entendida como fato positivo. Mas este tem antes de tudo um aspecto de vanguarda. Os trabalhos realizados na época da *Histoire du Soldat* e que pertencem ao período da Primeira Guerra Mundial poderiam ser caracterizados como infantis; rastros de tal revolução estendem-se muito além disso até *Petruschka*; e as cançonetas infantis sempre foram para Stravinski os mensageiros que o tempo primitivo envia ao indivíduo. Num ensaio sobre o *Renard* publicado em 1926[16] por Else Kolliner — autora que além disso quase não escreveu depois sobre música — já existe uma primeira revelação desse infantilismo, é claro que com acentos inteiramente apologéticos. Para esta autora, Stravinski move-se "num novo espaço fantástico... em que cada indivíduo entrou uma vez quando era criança, com os olhos fechados". Stravinski introduz este espaço não para cantá-lo idilicamente, e nem sequer de maneira episódica como fez o próprio Mussorgski, "mas como o único cenário que durante toda a duração da representação está fora de todos os outros mundos reais e irreais". Como constitui um cenário íntimo de experiências pré-individuais comuns a todos e novamente acessíveis a todos em virtude do *shock,* mas ao mesmo tempo absolutamente impenetrável para o eu consciente, determinar-se-ia uma "fantasia coletiva" que se revela em "entendimentos rápidos como o raio" com o público. E isto ocorre precisamente na anamnese de ritos como os que sobrevivem no jogo. "A contínua mudança de tempos, a obstinada repetição de motivos particulares, assim como a separação e nova concatenação de seus elementos, seu caráter de pantomima, que se manifesta vibrantemente nas passagens de sétimas, que se estendem até converter-se em nonas, e de nonas que se contraem em sétimas, no tumulto dos tambores entendido como a forma mais concisa para expressar a cólera do galo etc., todos estes elementos são transposições instrumentais de movimentos lúdicos infantis para a música". O excitante estaria no fato de que, em virtude da estrutura móvel, não-fixa, da repetição, "se acredita ver um processo de gênese"; com outras palavras, estaria no fato de que a expressão musical se subtrai a toda univocidade e com isto esboça uma situação não-alienada cujos fundamentos procedem da infância. Este processo de gênese a que se alude aqui nada tem a ver com a dinâmica musical e menos ainda com esse surgir do nada das grandes formas musicais em contínuo movimento, que constitui uma das idéias condutoras de Beethoven desde suas primeiras composições até o primeiro tempo da *Nona Sinfonia* e que recentemente se atribuiu, em virtude de um equívoco, a Stravinski. Pensa-se que não existem na verdade modelos musicais de nítidos contornos e nem sequer motivos salientados de uma vez por todas, mas que Stravinski se move sempre em torno de um germe temático latente e implícito — daí derivam as irregularidades métricas — sem chegar nunca a uma formulação definitiva. Em Beethoven os motivos, embora em si mesmos fórmulas in-

(16) *Anbruch,* ano 8, 1926, cad. 5, pp. 214 e ss.

128 FILOSOFIA DA NOVA MÚSICA

significantes de relações tonais fundamentais, são sempre
determinados e têm uma identidade. Evitar essa identidade é
uma das tarefas primárias da técnica stravinskiana das imagens musicais arcaicas. Mas precisamente porque o próprio
motivo temático não está ainda "aí", os complexos postergа-
dos continuam se repetindo e não têm, como se diria na ter-
minologia de Schoenberg, "conseqüências". O conceito da
forma musical dinâmica, que domina a música ocidental desde
a escola de Manheim até a atual escola vienense, pressupõe
precisamente o motivo, embora infinitamente pequeno, identi-
ficado e destacado claramente. Sua dissolução e variação
realizam-se unicamente frente à imagem que dele se conserva
na memória. A música não somente é capaz de desenvolvimento, mas é capaz também de solidez e de coagulação; a
regressão stravinskiana, pretendendo recriar um estado anterior, substitui justamente o progresso pela repetição. Do
ponto de vista filosófico isto conduz ao núcleo da música. A
música compõe-se como sempre — já que é prototípica na
teoria kantiana do conhecimento — de dinâmica subjetiva e
reificação, pólos de uma mesma constituição geral. Subjetivação e concretização da música são a mesma coisa. Esta
coincidência se realiza acabadamente na técnica dodecafônica.
Stravinski se afasta do princípio dinâmico subjetivo da variação de um elemento unívoco e emprega uma técnica de
ataques permanentes, técnica que busca em vão, tateando, o
que na realidade não pode alcançar nem conservar. Sua música não conhece a lembrança e nem tampouco a continuidade
temporal. Desenvolve-se em reflexos. O erro fatal de seus
apologistas está em interpretar como garantia de vitalidade a
falta nessa música de um elemento preestabelecido, de uma
temática, no sentido mais rigoroso, pois trata-se de uma falta
que exclui precisamente o alento da forma, a continuidade do
processo musical e, em última instância, a própria "vida" da
música. O amorfo nada tem em comum com a liberdade,
mas se assemelha à obrigação da mera natureza: nada existe
mais rígido do que o "processo de gênese". Se é exaltado,
contudo, como um processo não-alienado, diz-se que conjun-
tamente com o princípio do eu, está suspensa também a identidade individual. O jogo estético de Stravinski se assemelha-
ria ao jogo "tal como o vive a criança. A criança, não necessita da invisibilidade efetiva, pois intercala aqui e ali figuras e
imagens de sua imaginação, sem impedimento racional entre
a realidade e a irrealidade. (Os educadores dizem que ela
mente.) Assim como as crianças, no jogo que inventaram,
gostam de dissimular, gostam de apagar todos os vestígios e
vestem e tiram inesperadamente a máscara, assim como con-
fiam a um ator muitos papéis sem um equilíbrio racional e,
posto que jogam, não conhecem outra lógica senão aquela
em que o movimento deve estar em permanente fluxo, assim

STRAVINSKI E A RESTAURAÇÃO 129

Stravinski separa a representação e o canto e não liga a figura a uma voz determinada, nem as vozes a uma figura". Em *Renard* as vozes cantam na orquestra, enquanto a ação se desenvolve no cenário.

Contra uma representação em Berlim, a autora do ensaio formula a censura de que "se montou o que é fábula primitiva como cena de circo". O fundamento desta censura é o fato de que o "povo" de Stravinski é "uma comunidade de homens aparentados por sua estirpe, é o seio primário de todos os símbolos, de todos os mitos, das forças metafísicas que formam a religião". Esta interpretação, que mais adiante sobreveio na Alemanha em sinistras circunstâncias, é até demasiado leal a Stravinski e ao mesmo tempo não lhe faz justiça. Toma o arcaísmo moderno *à la lettre,* como se em arte bastasse somente o verbo liberador para restabelecer diretamente e com êxito o mundo primitivo a que se aspira e que em si mesmo já era o terror, como se a imaginação do músico pudesse apagar a História. Mas deste modo se atribui ao infantilismo stravinskiano uma ideologia afirmativa, cuja ausência, em troca, constitui precisamente o conteúdo de verdade dessa fase de sua *oeuvre.* Que o indivíduo passe na primeira infância por graus de desenvolvimento arcaicos é uma descoberta da Psicologia, assim como o é o furor antipsicológico de Stravinski, que não se pode separar absolutamente da interpretação psicológica do inconsciente entendido como um elemento substancialmente preordenado da individualização. O esforço de Stravinski para fazer da linguagem aconceitual da música um órgão do que é anterior ao eu pertence precisamente à tradição que ele, em sua condição de técnico do estilo e político da cultura, condena, ou seja, a tradição de Schopenhauer e Wagner. O paradoxal resolve-se historicamente. Freqüentemente fez-se notar que Debussy, o primeiro representante significativo da hostilidade ocidental contra Wagner, não poderia ser concebido sem Wagner: que *Pelléas et Mélisande* é, em suma, um verdadeiro drama musical. Wagner, cuja música remete à filosofia alemã de princípios do século XIX num sentido mais do que puramente literário, atém-se a uma dialética entre o arcaico — a "vontade" — e o individual. Mas esta dialética se desenvolve nele em detrimento do *principium individuationis;* e mais ainda, no tocante à estrutura musical e poética, está decidida desde o início a avançar contra a individualização, de maneira que, na verdade, os veículos musicais que expressam o individual têm em Wagner algo de impotente, de débil, como se já estivessem historicamente condenados. Sua obra se fragmenta logo que os momentos individuais se vangloriam como substanciais, ao passo que estão em decadência e assumiram o caráter de clichês. Stravinski tem isso em conta: sua música,

130   FILOSOFIA DA NOVA MÚSICA

como regressão permanente, dá uma resposta ao fato de que o *principium individuationis* tenha degenerado em ideologia. Como filosofia implícita, Stravinski se atém ao positivismo de Mach: "O eu não pode salvar-se"; e como comportamento pertence a uma arte ocidental cujo nível mais alto é alcançado na obra de Baudelaire em que o indivíduo, graças à sensação, goza de seu próprio aniquilamento. Daí a tendência mitologizante do *Sacre* continuar a tendência wagneriana, embora ao mesmo tempo a renegue. O positivismo de Stravinski se atém ao mundo primitivo como a uma situação de fato. Stravinski constrói um modelo imaginariamente étnico do pré-individuado e quer elaborá-lo com exatidão. O mito de Wagner deve apresentar simbolicamente relações fundamentais humanas nas quais o sujeito se reflete e que lhe concernem diretamente. Frente a isto a pré-história quase científica de Stravinski quer ser mais antiga do que a wagneriana que, porém, com todos os movimentos arcaicos a que dá expressão, não transcende o tesouro formal burguês. Quanto mais moderno se é, tanto mais se retrocede a estados anteriores. O proto-romantismo sentia-se ligado à Idade Média e Wagner ao politeísmo germânico; Stravinski está ligado ao clã totêmico. Mas como nele não há símbolos mediadores entre o impulso regressivo e sua materialização musical, não está menos prisioneiro da psicologia do que esteve Wagner, e talvez o esteja ainda mais. Precisamente o prazer sado-masoquista da auto-extinção, que tem uma função tão evidente em seu antipsicologismo, é determinado pela dinâmica da vida dos instintos e não pelas exigências da objetividade musical. Característico do tipo humano a que se refere a obra de Stravinski é o fato de que nela não se tolera nenhuma espécie de introspecção nem de reflexão. A saúde pertinaz que se apega à exterioridade e que renega a alma como se esta já fosse uma enfermidade do espírito é um produto de mecanismos de defesa no sentido freudiano. A convulsiva obstinação no sentido de excluir a alma da música trai o pressentimento inconsciente de algo incurável que de outra maneira viria fatalmente à luz. Tanto mais passivamente a música obedece ao jogo das forças psíquicas, quanto mais encarniçadamente nega suas manifestações. Isto deforma seu aspecto específico. Schoenberg deparou com as leis objetivas da música, graças à sua predisposição ao documento psicológico. Em Stravinski, em troca, cujas obras não podem ser entendidas como órgãos de uma função interior, precisamente por isto a lei imanente da música é quase impotente: a estrutura se impõe de fora; impõe-na o desejo do autor que determina tanto a constituição de suas composições quanto aquilo a que elas devem renunciar.

Mas com isto fica excluído aquele simples retorno às origens que Else Kolliner atribui a obras como *Renard*. A

STRAVINSKI E A RESTAURAÇÃO
131

Psicologia ensina que entre os estratos arcaicos existentes na pessoa individual e seu eu erguem-se muros que somente as forças explosivas mais poderosas conseguem demolir. A crença de que o arcaico esteja esteticamente à disposição do eu, que se regeneraria com isto, é superficial, é mera fantasia, filha do desejo. A força do processo histórico que cristalizou solidamente o eu objetivou-se no indivíduo e o mantém unido e separado do mundo pré-histórico que existe nele. Os movimentos arcaicos revelados são incompatíveis com o progresso da civilização. Demolir aqueles muros não era por certo a tarefa nem a dificuldade menor da dolorosa operação da Psicanálise, como era concebida a princípio. O arcaico só pode vir à tona mediante a explosão que abate o eu: ou seja, na dissolução do ser individual integral. O infantilismo de Stravinski sabe que tem que pagar este preço. Stravinski desdenha a ilusão sentimental de *Owüsst ich doch den Weg zurück* * e adota o ponto de vista da alienação mental para tornar manifesto o mundo primitivo atual. Enquanto os burgueses acusam a escola de Schoenberg de loucura pelo fato de que não lhes faz nenhuma concessão e encontram Stravinski normal e cheio de espírito, a constituição de sua música está modelada por uma neurose obsessiva; e, mais ainda, por um agravamento psicopático desta neurose, ou seja, a esquizofrenia. Essa música se manifesta como um sistema severo, intangível como um cerimonial, sem que sua pretensa metodicidade seja transparente em si mesma, seja racional, em virtude da lógica da coisa. Este é o *habitus* típico do sistema delirante. Permite ao mesmo tempo que alguém se coloque numa posição autoritária frente a tudo o que não é prisioneiro do sistema. Desta maneira o arcaico se converte em moderno. O infantilismo musical pertence a um movimento que, como defesa mimética da loucura da guerra, esboçou por toda parte modelos esquizofrênicos: por volta de 1918 Stravinski foi atacado como dadaísta, e a *Histoire du Soldat,* juntamente com *Renard,* quebram a unidade da pessoa *pour épater le bourgeois*[17].

O impulso fundamental de Stravinski visando dominar a regressão com um procedimento disciplinado determina mais que nenhum outro a fase infantil. Está na essência da

(*) "Oh, se eu conhecesse o caminho de volta!", do texto de um *lied* de Brahms. (N. da T.)

(17) A obra radical de Schoenberg não tem em nenhuma de suas fases o aspecto do *épatant*, mas mostra antes uma espécie de crédula confiança no trabalho objetivo do compositor e Schoenberg se nega a admitir que as obras de Brahms ou de Wagner sejam qualitativamente diferentes das suas. Na fé inabalável que tem na tradição esta fica quebrada em virtude de sua própria coerência. Em troca, quando se trata do *épatant* está sempre presente a preocupação com um efeito, embora este seja desconcertante, preocupação de que talvez nenhuma obra ocidental nunca esteja totalmente livre. Por isso, o entendimento com o mundo preordenado resulta sempre muito mais fácil para o *épa.ant.*

132 FILOSOFIA DA NOVA MÚSICA

música de *ballet* prescrever movimentos físicos e, conseqüentemente, comportamentos. O infantilismo de Stravinski permanece fiel a isto. De modo algum se dá expressão à esquizofrenia, mas a música tem um comportamento que se parece ao de certos doentes mentais. O indivíduo representa tragicamente sua própria dissociação. Desta imitação ele se promete, de maneira mágica, mas na atualidade imediata, a possibilidade de sobreviver a seu próprio ocaso. Daí o efeito da música stravinskiana, que não pode ser explicada por certo num sentido especificamente musical, mas só antropologicamente. Stravinski traça esquemas de reações humanas logo tornadas universais sob a inevitável pressão da sociedade industrial tardia. Semelhante atitude respondia ao impulso próprio dessa sociedade, à auto-anulação, à destreza inconsciente, à adaptação, à cega totalidade. O sacrifício do eu, que a nova forma de organização exige de todo homem, seduz na forma de um passado primitivo e está do mesmo modo cheio de horror por um futuro em que o homem deve deixar que se perca tudo aquilo em virtude de que ele é ele e em virtude de cuja conservação funciona o mecanismo de adaptação. A imagem refletida da criação estética acalma a angústia e reforça a sedução. Esse momento de sossego e harmonia, esse momento em que aquilo que se teme se transfere à arte, entendida como herança estética da *praxis* mágica contra a qual se voltava todo o Expressionismo até as obras revolucionárias de Schoenberg, esse elemento harmonizador, pois, triunfa como mensageiro da Idade do Ferro, no tom orgulhoso e cortante de Stravinski. Stravinski é o que diz *sim* em música. Frases de Brecht como "pode andar também de outra maneira, mas assim também anda" ou "não quero ser de modo algum um homem", poderiam servir como lemas da história do soldado e da ópera dos animais. Com relação ao *Concertino para quarteto de cordas,* o autor pretendia que zumbisse como uma máquina de costura, e o *Piano Rag Music* está escrito para piano mecânico. A angústia da desumanização transforma-se na alegria de revelá-la e por fim no prazer do mesmo impulso de morte, cujo simbolismo já havia sido introduzido pelo odiado *Tristão.* A suscetibilidade em relação ao já gasto nos caracteres da expressão, elevada a uma aversão contra toda expressão não bem filtrada, aversão típica de toda a civilização das formas aerodinâmicas, revela-se como orgulho de negar o conceito do homem em si, em conivência com o sistema desumanizado, sem contudo perecer realmente por isto. O comportamento esquizofrênico da música de Stravinski é um ritual que serve para superar a frieza do mundo. Sua obra aceita com um esgar a loucura do espí-

STRAVINSKI E A RESTAURAÇÃO

rito objetivo. Ao expressar a loucura que mata toda expressão, não somente reage a essa própria loucura, como se diz em Psicologia, mas a submete à razão organizadora[18].

Nada seria mais falso do que entender a música de Stravinski em analogia com o que um fascista alemão chamou criação fantástica de doente mental. Seu interesse apóia-se antes no dominar rasgos esquizofrênicos mediante a consciência estética e também em geral queria reivindicar a loucura como boa saúde. Algo disto está contido no conceito burguês do normal. Esse conceito exige atos de autoconservação até o absurdo, até a desintegração do sujeito por amor a uma ilimitada retidão com relação à realidade, que só permite a autoconservação anulando o que se conserva. A isto corresponde um realismo fictício: enquanto somente um princípio de realidade é decisivo, a própria realidade se torna vazia para quem segue incondicionalmente esse princípio, inacessível em sua própria substância, separada dele por um abismo de sentido. O objetivismo stravinskiano tem muito desse realismo fictício. O eu, privado de ilusões, eleva o não-eu à condição de ídolo; mas em seu zelo corta os fios que unem sujeito e objeto. A envoltura do objetivo, abandonada a si mesma e privada de relações, transforma-se por causa desta alienação em objetividade supra-subjetiva, como a verdade. Esta é a fórmula que revela a manobra metafísica de Stravinski e seu duplo caráter social. A fisionomia de sua obra une a do *clown* com a do alto funcionário. A obra é colocada no plano dos loucos e mantém praticamente disponível seu próprio esgar. Maliciosamente se inclina ante o público, tira a máscara e mostra que sob ela não há um rosto, mas sim um punho. O *dandy* apático do esteticismo

(18) A estreita relação desta fase do ritual na música de Stravinski com o *jazz*, que se tornou internacionalmente popular precisamente nessa época, é evidente. Alcança detalhes técnicos como a simultaneidade de tempos rígidos e acentos sincopados irregulares. Precisamente na fase infantil, Stravinski fez experiências com fórmulas do *jazz*. O *Ragtime para onze instrumentos*, o *Piano Rag Music* e, por exemplo, o *Tango* e o *Ragtime* da *Histoire du Soldat*, estão entre suas composições mais significativas. À diferença dos inumeráveis compositores que, apoiando-se no *jazz*, acreditavam ajudar sua própria "vitalidade", supondo que esta palavra signifique algo em música, Stravinski descobre, mediante a deformação, o quanto existe de maçante, de gasto e de comercial na música de dança estabelecida há uns trinta anos. De certo modo, Stravinski obriga quase a manifestar a vergonha desta música e modifica as fórmulas generalizadas em símbolos estilizados da dissolução. Desta maneira, elimina todos os rasgos de falsa individualidade e de expressão sentimental, que são elementos inseparáveis do *jazz* ingênuo, e com feroz sarcasmo transforma estes rastros do humano que ainda sobrevivem nas fórmulas discrepantes por ele atribuídas à arte, em fermentos de desumanização. Suas obras são compostas com rótulos de diversas mercadorias, como certos quadros ou certas obras plásticas da mesma época, compostas de cabelos, folhinhas de enfeite e papel de estanho. Isto define a diferença de nível em relação ao mau gosto comercial. Ao mesmo tempo seus *pastiches* de *jazz* prometem absorver a ameaçadora atração de abandonar-se ao espírito de massa e conjurar este perigo no próprio momento de ceder a tal atração. Comparado com este, qualquer outro interesse dos compositores pelo *jazz* foi somente um congraçar-se com o público, uma pura e simples venda comercial. Mas Stravinski ritualizou a própria venda; e, mais ainda, até a relação com a mercadoria. Stravinski dança a dança macabra em torno do caráter fetichista da mercadoria.

134 FILOSOFIA DA NOVA MÚSICA

de outrora, saciado de emoções, revela-se como um boneco de estopa: o indivíduo que se mantém doentiamente afastado, como modelo de inumeráveis indivíduos normais que se parecem entre si. O *shock* provocador da desumanização, que o próprio homem quis, transforma-se em protofenômeno da generalização. A elegância cadavérica e a solicitude do homem excêntrico que põe a mão onde antes estava o coração é também o gesto da capitulação, o gesto de quem, privado do próprio sujeito, se entrega ao onipotente destino de morte de que um momento antes zombava.

O realismo da fachada se revela musicalmente no esforço de recorrer a meios já existentes. Em sua técnica, Stravinski é justo com a realidade. O predomínio da especialidade sobre a intenção, o culto da obra de arte, a alegria de saber manejar destramente os meios, como ocorre na bateria do *Soldado,* tudo isso significa jogar com os meios prescindindo do fim. O meio, no sentido literal da palavra, o instrumento, é objeto de hipóstase: tem a prioridade sobre a música. O empenho principal da composição deve ser o de realizar a sonoridade mais de acordo com a natureza dos instrumentos, de realizar o efeito mais pertinente, ao invés de fazer com que os valores instrumentais sirvam, como exigia Mahler, para o esclarecimento do contexto, para significar estruturas puramente musicais. Isto deu a Stravinski a fama de técnico hábil e conhecedor do material e lhe valeu a admiração de todos os ouvintes que idolatram a *skill.* Dessa maneira Stravinski realiza uma antiga tendência. A crescente diferenciação dos meios musicais, por amor à expressão, esteve sempre ligada ao aumento do "efeito": Wagner não era somente o homem que sabia manejar os movimentos da alma, encontrando-lhes as correlações técnicas mais adequadas, mas era além disso o herdeiro de Meyerbeer, o *showman* da ópera. Em Stravinski, os efeitos que já eram preponderantes em Strauss terminam por tornar-se autônomos. Já não visam ao estímulo, mas sim ao "fazer" em si, quase *in abstracto,* que é realizado e fruído sem finalidade estética, como um *salto mortale.* Ao emancipar-se do significado de um todo, os efeitos assumem certa condição física material, tangível, desportiva. A animosidade contra a *anima,* que penetra toda a *oeuvre* de Stravinski, tem a mesma natureza que a relação dessexualizada de sua música com o corpo. Este último é tratado como meio, como coisa que reage com exatidão; a música o obriga a contorções inacreditáveis, que no cenário se manifestam drasticamente no jogo do rapto e nos jogos das tribos rivais do *Sacre.* A dureza do *Sacre,* que é surda a todo movimento subjetivo, assim como o é o ritual à dor nas iniciações e sacrifícios, é ao mesmo tempo a força da imposição, que proíbe ao corpo, com uma ameaça permanente, expressar a dor, exatamente como faz com o *ballei* o elemento tradicional mais importante de Stravinski. Essa du-

STRAVINSKI E A RESTAURAÇÃO 135

reza, o exorcismo ritual da alma, contribui para fazer acreditar que o produto não é uma criação subjetiva, um ente que reflete o homem, mas um ente em si. Em suas respostas numa *interview*, que lhe foram tomadas de má-fé por sua presumida arrogância, mas que refletem com exatidão sua idéia-mestra, o próprio Stravinski disse, referindo-se a uma obra sua, recente, que não havia necessidade de discutir sua qualidade, pois esta existia, assim como existe qualquer coisa. O ar de autêntico é obtido ao preço de se apagar enfaticamente a alma. A música pondo todo seu peso sobre o simples fato de existir e ocultando a participação do sujeito sob seu enfático mutismo, promete ao sujeito o apoio ontológico que ele perdeu em virtude dessa mesma alienação que a música elege como princípio estilístico. A falta de relação entre sujeito e objeto levada ao extremo é um substituto da própria relação. Justamente o que há de obsessivo no procedimento stravinskiano, a contradição crassa com a obra de arte que se organiza a si mesma, seduziu sem dúvida alguma inumeráveis homens.

Neste sistema, os elementos propriamente esquizofrênicos da música de Stravinski encontram seu lugar exato. Na fase infantil, o elemento esquizofrênico torna-se quase temático. A *Histoire du Soldat* acolhe, em suas configurações, modos musicais de comportamento psicopático. A unidade orgânico-estética fica dissociada. O relator, os acontecimentos cênicos e a visível orquestra da câmara colocam-se juntos para desafiar a identidade do próprio sujeito estético fundamental. O aspecto inorgânico impede toda compenetração e identificação. É formado pela própria partitura. Esta suscita a impressão de algo decomposto, formulado com mestria extraordinária, especialmente graças à sonoridade instrumental, que rompe as habituais proporções de equilíbrio. O autor exige do trompete, dos instrumentos de percussão e do contrabaixo uma magnitude desmedida, um som exorbitante saído do equilíbrio acústico e comparável ao olhar de uma criança a quem as calças de um homem parecem enormes e a cabeça, em troca, muito pequena. A feitura melódico-harmônica determina-se mediante uma duplicidade de cesuras e de inexorável controle, duplicidade que presta à extrema arbitrariedade algo de determinação, algo dessa lógica inevitável e irresistível do defeito, que se impõe à própria lógica da coisa. É como se a decomposição se recompusesse a si mesma. O *Soldado,* obra fundamental de Stravinski, que zomba do conceito de *chef d'oeuvre* representado ainda pelo *Sacre,* lança luz sobre toda a sua produção. Nem um único dos mecanismos esquizofrênicos de que trata a Psicanálise, como por exemplo no último livro de Otto Fenichel[19], deixa de encontrar aqui seus equivalentes mais convincentes. A mesma objetividade negativa da obra de arte faz pensar num fenômeno de regressão.

(19) FENICHEL, Otto. *The Psychoanalytic Theory of Neurosis.* New York, 1945.

136 FILOSOFIA DA NOVA MÚSICA

Este fenômeno é conhecido pela teoria psiquiátrica da esquizofrenia como "despersonalização"; segundo Fenichel, é um movimento de defesa contra o narcisismo predominante[20]. A alienação da música em relação ao sujeito, e ao mesmo tempo sua atribuição a sensações corporais, tem sua analogia patogênica nas alucinações físicas de quem percebe seu próprio corpo como se fosse um objeto estranho. Talvez a mesma cisão da obra de arte stravinskiana em *ballet* e música objetiva documente a percepção corpórea doentiamente ampliada e ao mesmo tempo alienada do sujeito. A percepção corpórea do eu estaria neste caso projetada sobre um *medium* realmente estranho a ele mesmo — os bailarinos — enquanto a música como esfera "pertencente ao eu" e determinada por este estaria alienada e contraposta ao sujeito considerado como ser em si. A cisão esquizofrênica das funções estéticas no *Soldado* poderia estar antecipada pela música de *ballet* privada de expressão, destinada a uma entidade física que se encontra mais além daquilo que propriamente exige seu significado. Já nos primeiros *ballets* de Stravinski não faltam passagens em que a "melodia" é evitada na música para aparecer na verdadeira voz principal, ou seja, no movimento de corpos que se desenvolve no cenário[21].

O rechaçamento da expressão, que em Stravinski constitui o aspecto mais evidente da despersonalização, tem na esfera da esquizofrenia sua réplica clínica na hebefrenia, que é a indiferença do doente com relação aos fatos exteriores. A frieza dos sentimentos e o "achatamento" emocional que sempre se encontra nos esquizofrênicos não é um empobrecimento da suposta interioridade em si. Procede da falta de conteúdo libidinoso no mundo dos objetos, da própria alienação que não permite que a interioridade se desenvolva, mas a exterioriza, traduzindo-a em rigidez e imobilidade. A música de Stravinski faz disto sua virtude: a expressão que procede sempre da dor do sujeito frente ao objeto está proibida, pois já não se chega a um contato. A *impassibilité* do programa estético é uma astúcia da razão para a hebefrenia. Esta se transforma em superioridade e em pureza artística. Não se deixa perturbar por impulsos, mas se comporta como se operasse no reino das idéias. Verdade e não-verdade condicionam-se, contudo, aqui, reciprocamente. Com efeito, a negação da expressão não é uma simples recaída na perversa inumanidade, o que poderia resultar cômodo ao ingênuo humanismo. A expressão experimenta o que mereceu. Não somente

---

(20) Otto FENICHEL, *loc. cit.*, p. 419.

(21) A tendência dissociativa que se impõe aqui num sentido interiormente estético encontra-se numa concordância curiosamente preestabelecida, e somente explicável pela unidade da sociedade como totalidade, com aquela, tecnologicamente determinada do filme, entendido como *medium* decisivo da indústria cultural contemporânea. No filme, imagem, palavra e som são díspares entre si. A música de filmes obedece às mesmas leis que a música de *ballet*.

STRAVINSKI E A RESTAURAÇÃO 137

na música que ficou até agora, como *medium*, por trás da civilização, os tabus desta estendem-se à expressão[22], mas socialmente o substrato da expressão — o indivíduo — está condenado, porque ele mesmo forneceu o princípio destrutor dessa sociedade que hoje vai-se demolindo por sua própria natureza antagônica. Se em sua época Busoni censurava à escola expressionista de Schoenberg um novo sentimentalismo, este não é somente o pretexto moderno de quem não conservava o passo com o desenvolvimento musical, mas Busoni sentia que, na expressão como tal, sobrevive algo do falso do individualismo burguês, da mentira do que, mesmo sendo apenas um agente social, quisera ser algo em si; sentia que na expressão continua existindo o fútil lamento de alguém se encontrar preso ao princípio da autoconservação, o que, contudo, se representa justamente mediante a própria individualização e se reflete na expressão. A relação crítica com a expressão é hoje comum a toda a música responsável. Por caminhos divergentes conquistaram-na a escola de Schoenberg e a de Stravinski, embora a primeira, mesmo depois da introdução da técnica dodecafônica, não a tenha dogmatizado. Em Stravinski, há passagens que em sua turva não-diferenciação e rígida dureza honram mais a expressão e seu sujeito decadente do que a música em que este último continua fluindo porque não sabe ainda que está morto: nesta atitude Stravinski põe fim, na verdade, ao processo Nietzsche contra Wagner[23]. Os olhos vazios de sua música são às vezes mais expressivos do que a própria expressão. A renúncia à expressão só se torna falsa e reacionária quando a violência a que está de tal maneira subordinado o individual se manifesta diretamente como superação do individualismo, como atomização e nivelação, ou seja, como comunidade dos homens. E desta maneira a hostilidade stravinskiana pela expressão torna-se coquete com este perigo em todos os seus estados. A hebefrenia termina por revelar-se também na música como aquilo que conhecem dela os psiquiatras. A "indiferença com relação ao mundo" termina na subtração de todos os efeitos do não-eu, na indiferença narcisista a respeito do destino humano, e esta indiferença se celebra esteticamente como o próprio sentido do destino do homem.

À indiferença hebefrênica que não se interessa pela expressão corresponde a passividade mesmo naquelas passagens em que a música de Stravinski mostra incansável atividade. Seu procedimento rítmico aproxima-se em tudo bastante do esquema das condições catatônicas. Em certos esquizo-

---

(22) Ver Max Horkheimer e T. W. Adorno, *Dialektik der Aufklaerung*. pp. 212 e ss.

(23) Historicamente tudo isto tem um elo mediador em *Le coq et l'arlequin* de Cocteau, um escrito contra o elemento dramático da música alemã. Tal elemento coincide com o elemento expressivo: em música, drama não é outra coisa senão tornar disponível a expressão. Cocteau se alimenta da polêmica de Nietzsche. De sua estética se pode fazer derivar a estética de Stravinski.

138 FILOSOFIA DA NOVA MÚSICA

frênicos, o fato de que o aparato motor se torne autônomo conduz, após a dissolução do eu, a uma repetição sem limites de gestos ou palavras; algo parecido já se conhece em pessoas que sofrem um *shock*. E assim está a música de *shock* de Stravinski submetida à coação de repetir. E a coação continua por sua vez carregando o que se repete. A conquista de regiões musicais antes virgens, como, por exemplo, o caráter obtuso e animalesco que pode ser encontrado no *Soldado*, deve-se a esta veia catatônica. Porém, esta veia não contribui somente para realizar o objetivo caracterizador; contagia o próprio decurso musical. Deu-se à escola separada de Stravinski o nome de "motorismo". A concentração da música em acentos e intervalos temporais produz a ilusão de um movimento corporal. Mas este movimento consiste no retorno do mesmo, sob diferente aspecto: as mesmas formas melódicas, as mesmas harmonias e até os mesmos modelos rítmicos. Enquanto a motilidade — Hindemith chamou uma obra sua para coro de *Das Unaufhoerliche (O incessante)* — na verdade nunca avança nada, a insistência, a pretensão de força, cai vítima de uma debilidade e inanidade comparáveis aos esquemas típicos dos gestos de esquizofrênicos. Toda a energia empregada está colocada a serviço de uma obediência sem finalidade a regras cegas que impõem um trabalho de Sísifo. Nas melhores obras infantis consegue-se, com esta maneira louca de morder-se o rabo, o efeito desconcertante que é próprio do não querer livrar-se das garras. Como as ações catatônicas são rígidas e ao mesmo tempo estranhas, as repetições de Stravinski unem o convencionalismo à ofensa. O primeiro recorda a cortesia impessoal e cerimoniosa de certos esquizofrênicos. A esta música ficam, após haver conseguido expulsar a alma, as moradas vazias da alma. Ao mesmo tempo, o convencionalismo, de que logo derivou, com um ligeiro deslocamento estético, o ideal neoclássico, opera como "fenômeno de restituição", como ponte para voltar ao "normal". Em *Petruschka* encontram-se reminiscências convencionais, como a trivialidade do realejo e dos risos infantis, com a função de valores de estímulo. O *Sacre du Printemps* as havia afastado muito: com as dissonâncias e todas as proibições impostas pelo estilo, o *Sacre* lança a convenção ao rosto e por isso foi entendida como obra revolucionária no sentido de hostil ao convencional[24]. A partir da *Histoire du Soldat,* isto se modifica. O humilhado e ofen-

---

(24) Nem sequer o *Sacre* é incondicionalmente anticonvencional. Por exemplo, a cena do desafio que prepara a entrada do feiticeiro, do compasso 62 em diante, p. 51 da partitura, é a estilização de um gesto da convenção operística e poderia ser a descrição da massa do povo agitada; formalmente é a elaboração de um intróito. A ópera tradicional conhecia tais passagens desde *A Muda de Portici.* Em toda a obra de Stravinski está presente a inclinação, não tanto para eliminar as convenções, mas para elaborar sua essência. Algumas das últimas obras, como as *Danças Concertantes* e as *Scènes de ballet* até converteram esta tendência num programa. Tal inclinação

STRAVINSKI E A RESTAURAÇÃO 139

dido, a trivialidade, que em *Petruschka* figurava como humorismo em meio ao fragor geral, converte-se agora em renascimento da tonalidade. Os núcleos melódicos, segundo o protótipo do *Sacre* e talvez das *Três composições para quarteto,* agora completamente desvalorizados, soam em consonância com a música vulgar de nível inferior, com a marcha, com a idiota música barata, com a valsa antiquada e até com as danças mais correntes, como o tango e o *ragtime*[25]. Não se buscam os modelos temáticos na música artística, mas nas peças de uso corrente, estandardizadas e degradadas pelo mercado, às quais naturalmente lhes basta que o compositor as torne transparentes com seu virtuosismo para que revelem seu esqueleto sujeito a achaques, que soa como matraca. Em virtude de sua afinidade com esta esfera musical, o infantilismo readquire um apoio "realista", por mais negativo que seja, no que constitui a normalidade mais corrente; e, além disso, ao distribuir seus *shocks,* o infantilismo persegue tanto os homens com a música popular que lhes é familiar, que os ouvintes se espantam com ela, como se ela fosse uma música entregue através do mercado, concreta e completamente remota. A convenção se inverte: agora somente em virtude dela a música produz a alienação. Esta descobre o horror latente da música inferior, seja interpretando-a erroneamente, seja interpretando-a em sua própria essência, feita de partículas desorganizadas. E desta maneira recebe da desorganização geral o próprio princípio de sua organização. O infantilismo é o estilo do prejudicado, do arruinado; produz o mesmo efeito de certos quadrinhos feitos com selos postais colados, ou seja, de uma montagem que, sendo precária, é contudo de uma densidade inexorável, ameaçadora, como os sonhos mais angustiosos. A disposição patogênica, desintegrada e circularmente conclusa, corta a respiração. Nela se registra musicalmente o fato antropológico crucial, característico da época, cujo início é marcado por esta obra: a impossibilidade da experiência. Benjamin definiu a épica de Kafka como uma doença do sadio entendimento humano;

não pertence somente a Stravinski, mas a toda a época. Quanto mais cresce o nominalismo musical e quanto mais as formas traídas perdem o seu caráter obrigatório, tanto menor pode ser o interesse de juntar outro caso particular ao representante já existente desse nominalismo. Quando os compositores não renunciam a toda universalidade formal preestabelecida devem formular explicitamente a essência da forma que empregam, ou seja, de certo modo sua idéia platônica. O *Quinteto para sopro* de Schoenberg é uma sonata no mesmo sentido em que o conto de Goethe é um conto propriamente dito (ver T. W. ADORNO: "Schoenbergs Blaeserquintett", em *Pult und Taktstock*, 1928, ano V, pp. 45 e ss. Quanto à "destilação" de caracteres expressivos, ver de THOMAS MANN, *Doktor Faustus,* Estocolmo, 1947, p. 741.

(25) Desta maneira o perigo do que não tem perigo torna-se agudo, parodia-se o que se despreza, um pouco por já não ter necessidade da paródia, e de cuja distanciada imitação justamente goza, com perversidade, o burguês amante da cultura. Nas obras para piano a quatro mãos, que são certamente bonitas e que logo foram instrumentadas com grande virtuosismo, o *shock* fica absorvido pelo rizo. Não há ali nenhum vestígio da alienação esquizofrênica do *Soldado* e essas obras tornam-se prediletas nos concertos por seu intato efeito de *cabaré*.

140   FILOSOFIA DA NOVA MÚSICA

logo, as lesivas convenções do *Soldado* são as cicatrizes do que em toda a época burguesa se chamou sadio entendimento humano na música. Nelas aparece a inconciliável ruptura entre o sujeito e o que estava frente a ele como elemento objetivo, a linguagem. Aquele se tornou tão impotente quanto este. A música deve, pois, renunciar a fazer de si mesma a imagem, mesmo que trágica, de uma vida verdadeira. Em lugar disso encarna a idéia de que já não há vida.

Assim se explica a contradição que há na música de Stravinski. Esta representa a antítese de todo o "literário" em música, não somente na música de programa, mas também nas aspirações poéticas do Impressionismo, de que zombava Satie, intelectualmente muito próximo de Stravinski, embora medíocre como compositor. Mas enquanto a música de Stravinski não se apresenta como um processo vital imediato, mas como mediação absoluta, enquanto registra em seu material a desintegração da vida e a condição alienada da consciência do sujeito, ela mesma se torna literária num sentido completamente diferente e desmente assim, por certo, a ideologia de se encontrar perto das origens, a que tão prazerosamente se aferrava. A proibição do *pathos* na expressão prejudica a própria espontaneidade da composição: o sujeito, que agora musicalmente nada tem que dizer de si mesmo, deixa assim de "produzir" em sentido próprio e se contenta com o eco vazio da linguagem musical objetiva, que já não é a sua. Segundo Rudolf Kolisch, a obra de Stravinski é, principalmente, sobretudo na fase infantil, mas na verdade em seu conjunto, "música ao quadrado"[26]. Stravinski não

(26) A tendência para escrever música ao quadrado foi muito difundida no início do século XX. Remonta-se a Spohr, se não quisermos fazê-lo remontar às imitações haendelianas de Mozart. Mas ainda os temas de Mahler, livres de tal ambição, constituem recordações infantis do livro de ouro da música transpostas em beata nostalgia; e Strauss se deleita em inumeráveis alusões e *pastiches*. Tudo isso tem um protótipo em *Os Mestres Cantores*. Seria superficial tachar esta tendência de alexandrinismo civilizado no sentido de Spengler como se os compositores já não tivessem nada próprio a dizer e por isso fossem parasitas do perdido. Semelhante conceito de originalidade deriva da propriedade burguesa: os juízes não-músicos condenam os ladrões da música. A razão desta tendência é de índole técnica. As possibilidades de "invenção", que parecem ilimitadas aos estetas da época da concorrência, podem ser contadas nos dedos no interior do esquema tonal, definidas como estão pelo acordo perfeito decomposto em intervalos melódicos e pela sucessão diatônica de segundas. Na época do classicismo vienense, quando a totalidade da forma valia mais do que a "idéia" melódica, ninguém se escandalizava com o fato de o material disponível ser tão restrito. Mas com a emancipação do *melos* subjetivo próprio do *lied*, a limitação tornou-se cada vez mais perceptível: os compositores estavam empenhados em criar "idéias" melódicas como fizeram em sua época Schubert ou Schumann; mas o exíguo material estava a tal ponto esgotado que não era possível inventar idéias musicais que já não existissem. Por isso os compositores tomaram o desgaste objetivo do fluxo numa relação subjetiva e assim construíram mais ou menos abertamente sua temática como "citação", com o que conseguiram um efeito semelhante ao que nos faz ver de novo um conhecido. Em Stravinski este princípio tornou-se absoluto: frente a isto, o único procedimento que pode ser contrário é o abandono do círculo harmônico, como ocorre em Schoenberg. Entre os impulsos que levam até a atonalidade não era por certo o menor o de sair ao ar livre, abandonando um material já esgotado em suas próprias configurações ou em seu simbolismo. Em tudo isto é evidente o parentesco entre o aspecto histórico de compor música ao quadrado e a crise do que num tempo foi corrente como "melodia".

STRAVINSKI E A RESTAURAÇÃO   141

se ateve ao conselho de seu esteta: *ne faites pas l'art après l'art.* A própria concepção da tonalidade lesada em que se apóiam quase todas as obras de Stravinski a partir do *Soldado* pressupõe matérias musicais exteriores às leis formais imanentes das obras, que sejam tomadas pela consciência desde fora, "literariamente", e sobre as quais se possa exercer o ato da composição. A composição se alimenta da diferença entre os modelos e do que ela cria desta maneira. O conceito central da escola de Schoenberg de um material musical presente na própria obra não é rigorosamente aplicável a Stravinski. Sua música tem permanentemente presente outra música, que "deforma", mediante a superiluminação de seus rasgos rígidos e mecânicos. A *Histoire du Soldat,* com um tratamento coerente, faz nascer dos restos da linguagem musical despojada outra linguagem fantasticamente agressiva. Poderia ser comparada com as montagens oníricas dos surrealistas, construídas com resíduos da vida cotidiana. Talvez desta maneira esteja construído esse *monologue intérieur* que a música do rádio e dos gramofones automáticos entorna sobre os habitantes da cidade, com a falta de escrúpulos que lhes é própria, uma segunda língua musical sintética, tecnizada e primitiva. No intento de chegar a tal linguagem, Stravinski se toca com Joyce: em nenhum outro momento está mais perto de sua mais íntima aspiração, isto é, de construir o que Benjamin chamou história primitiva do moderno. Contudo, Stravinski não ficou neste extremo; obras como os dois *Ragtimes* já não violentam tanto, mesmo com o trabalho onírico da recordação, a linguagem musical — isto é, a tonalidade —, como tornam a conceber modelos particulares tomados da esfera do consuetudinário e claramente desvinculáveis entre si, que transformam em imagens musicais absolutas. Ao lado de muitas obras deste tipo poder-se-ia escrever seu nome "exato": polcas, galopes e outros nomes vulgares de música de salão do século XIX. A ação mutiladora desloca-se do idioma como tal para a escória já julgada: primeira mudança de atitude. Segundo a Psicologia, o "caráter autoritário" tem um comportamento ambivalente em relação à autoridade. Assim, a música de Stravinski despreza a de nossos pais[27]. O respeito pela autoridade, a que se lesa, ao invés de ser resolvido no esforço crítico da própria produção, segue ao lado da ira contra o *renoncement* que em geral a música de Stravinski reprime em troca com êxito. Esta mentalidade alcança o público novo, autoritário, na metade do caminho. O caráter ridículo da polca agrada ao fanático do *jazz;* o triunfo sobre o tempo *in abstracto* e o triunfo sobre o

---

(27) Esta ambivalência é tão forte que torna a aparecer até na fase neoclássica, em que se afirma sem reservas a aceitação da autoridade. O exemplo mais recente disto é a *Polca de Circo,* com a caricatura pouco decorosa da marcha militar de Schubert no final.

142 FILOSOFIA DA NOVA MÚSICA

que se representa como antiquado por causa da modificação
da moda é o substituto do impulso revolucionário, que opera
somente quando sabe que está coberto por grandes forças.
Contudo, o aspecto literário de Stravinski conserva a possibilidade permanente do escândalo. Seus imitadores diferenciam-se dele porque, menos dispostos a lutar pelo espírito,
liberaram-se rapidamente da tentação de escrever música ao
quadrado. Hindemith, especialmente, tomou de Stravinski
a pretensão neo-objetivista, mas traduzindo a rompida linguagem musical, após excessos de breve duração, numa solidez
literal e traçou uma linha de conjunção entre as máscaras e
produtos plásticos e vazios, por um lado, e o ideal musical
"absoluto" do academicismo alemão, por outro. O curto-
-circuito, que se estendia desde a estética de Apollinaire e
Cocteau à música juvenil para o povo e a empresas afins da
mesquinhez organizada, seria um dos exemplos mais singulares do rebaixamento do fluxo cultural, se não tivesse sua
réplica no fascínio que no campo internacional o fascismo
cultural alemão exerceu precisamente nesses intelectuais cujas
inovações foram pervertidas e ao mesmo tempo anuladas pela
ordem hitlerista.

A música ao quadrado de Stravinski desautorizava esse
provincianismo do bom músico alemão que paga com o atraso
amusical sua coerência de artesão. Enquanto nele nenhum
feito musical afirma ser "natureza", Stravinski introduziu
enfaticamente na música o tipo do "literato" e neste teve sua
boa parte de razão, como a tem o literato frente à pretensão
do poeta de andar por sua conta em meio ao mundo mercantil do industrialismo tardio, como inspirado criador na
selva. O sentir-se separado da natureza, sentimento típico
da esquizofrenia, que convém à sua *oeuvre,* converte-se em
corretivo frente a um comportamento da arte que oculta a
alienação em lugar de apresentar-lhe a frente. Na música
ocidental o literato tem sua origem no ideal da medida. A
finalidade última é que uma coisa esteja bem feita. Somente
o que eleva a pretensão metafísica ao infinito busca precisamente assim eliminar, por considerá-lo restritivo, o caráter
de boa feitura e erigir-se ele mesmo como absoluto. Debussy
e Ravel eram músicos de tipo literário, não só porque punham
em música boa poesia, mas especialmente porque a estética
raveliana do jogo bem realizado, da *gageure,* do *tour de force,*
prendia-se ao veredicto de *paradis artificiels,* de Baudelaire,
que já não escrevia "lírica da natureza". Nenhuma música
que participa da *Aufklaerung* técnica pode subtrair-se a esse
veredicto. Já em Wagner a força técnica predomina em todo
o sentido sobre a inspiração, sobre o abandonar-se ao material não dominado; mas a ideologia alemã impõe ocultar

STRAVINSKI E A RESTAURAÇÃO 143

precisamente este momento: o próprio domínio do artista sobre a natureza deve aparecer como natureza. O perverso irracionalismo de Wagner e seu realismo, na medida em que domina conscientemente os meios, são dois aspectos do mesmo estado de coisas. A escola de Schoenberg, cega diante das modificações históricas no processo de produção estética, modificações que eliminaram definitivamente a categoria do cantor dotado, não foi mais além desse estado. Junto à racionalização total do material, realizada na técnica dodecafônica, existe uma fé infantil no gênio, que culmina em inoperantes controvérsias sobre a prioridade e em pretensões de possuir originalidade. Semelhante cegueira, talvez condição de uma formação severa e pura, não está somente em relação com a intenção dos compositores, que como tal é indiferente. Essa cegueira torna-os impotentes frente a todos os problemas da função espiritual da música que compõem. A música vienense, que aspira à máxima autarquia, continua inocentemente multiplicando os pretextos literários segundo o esquema dramático-musical, em lugar de distanciar-se deles ou de tratá-los antiteticamente. Na ópera de Stravinski, esta atmosfera se deformou. Enquanto o momento artificial da música, enquanto o "fazer" readquire consciência de si mesmo e se afirma abertamente, perde, contudo, o estímulo da mentira, que lhe permitia representar-se como som puro da alma, primordial e não condicionado. Esta é a verdade que se conquista ao expulsar o sujeito. Em lugar do *bien fait* dos franceses, vale aqui um *mal fait* engenhoso: a música ao quadrado dá a entender que não é um microcosmo concluso, mas somente o reflexo do rompido e vazio de sentido. Seus erros calculados são parentes dos contornos de certa pintura contemporânea perfeitamente legítima, como a de Picasso, contornos que desmentem todo caráter compacto na configuração da imagem. A paródia, isto é, a forma fundamental da música ao quadrado, significa imitar algo e, imitando-o, ridicularizá-lo. Semelhante atitude, que a princípio parece suspeita aos burgueses, por considerá-la própria do músico intelectual, se adapta facilmente à regressão. Assim como uma criança desmonta um brinquedo e logo o reconstrói defeituosamente, do mesmo modo se comporta a música infantilista com os modelos. Algo que não está inteiramente domesticado, algo indomitamente mimético — a natureza — está oculto precisamente nesta não-natureza: talvez assim dancem os selvagens ao redor de um missionário antes de devorá-lo. Mas o impulso nasceu da pressão da civilização, que proíbe uma imitação amorosa e somente a tolera se ela está mutilada. Isto, e não o suposto alexandrinismo, merece crítica. A maldade com que a música ao quadrado olha o modelo confina-a à falta de liberdade. É uma música que

144 FILOSOFIA DA NOVA MÚSICA

entristece porque está acorrentada ao heterônomo. É como se não pudesse exigir de si mesma, quanto ao conteúdo de composição, nada mais do que a mesquinhez da música parodiada, em cuja imagem negativa se compraz. O perigo do literato musical, com todas as suas formas de reação, com esse gesto afetado do que prefere o *music hall* ao *Parsifal,* o piano mecânico ao som das cordas ou uma ilusória América do Norte romântica ao amedrontado romantismo alemão, não representa um excesso de consciência, de perspicácia ou de sentido da diferenciação, mas significa tão-somente empobrecimento. E este empobrecimento torna-se evidente logo que a música ao quadrado suprime as aspas.

Ficam assim dispostos, uns junto aos outros, restos de recordações; mas de modo algum se desenvolve, partindo de seu impulso natural, um material musicalmente direto. A composição não se realiza através do desenvolvimento, mas em virtude dos hiatos que a marcam. Estes assumem a função que antes tocava à expressão, analogamente ao que declarou Eisenstein referindo-se à montagem cinematográfica: o "conceito geral", o significado, a síntese dos elementos parciais da obra projetada derivariam precisamente de sua justaposição como justaposição de elementos separados[28]. Mas de igual maneira se dissocia a própria continuidade temporal da música. A música de Stravinski é um fenômeno marginal, apesar da difusão de seu estilo, que alcança quase toda a geração jovem, porque evita a discussão dialética com o decurso musical no tempo, discussão que representa a essência de toda a grande música, desde Bach. Mas a escamoteação do tempo, levada a cabo pelas obras artísticas rítmicas, não é uma conquista súbita de Stravinski. Aquele que desde o *Sacre* foi aclamado como antipapa do Impressionismo, aprendeu deste a "atemporalidade" musical. A quem quer que esteja formado na música alemã e austríaca é familiar já em Debussy uma sensação de decepcionada expectativa. O ouvido permanece tenso e atento, durante toda a obra, para que "isso chegue"; tudo aparece como um prelúdio, um preâmbulo que precede à verdadeira realização musical. É um "epodo" que não chega. O ouvido deve orientar-se de maneira diferente para compreender exatamente Debussy, para entendê-lo, não como um processo de tensões e resoluções, mas como uma justaposição de cores e superfícies, como a de um quadro. Tecnicamente torna isso possível, em primeiro lugar, o que Kurt Westphal definiu como harmonia "privada de funções". Ao invés de expressar tensões de graus harmônicos no interior da própria tonalidade ou por meio de modulações, desprendem-se de vez em quando com-

(28) Ver Sergej Eisenstein, *The Film Sense,* New York, 1942, p. 30.

STRAVINSKI E A RESTAURAÇÃO   145

plexos harmônicos estáticos em si mesmos e permutáveis no tempo. O jogo de forças harmônicas fica substituído pela modificação dessas próprias forças; a idéia não é muito diferente da da harmonia complementar da técnica dodecafônica. Todo o resto deriva dessa concepção harmônica do Impressionismo: a forma é imprecisa e exclui todo "desenvolvimento"; predomina, até em composições mais ou menos extensas, a "passagem de caráter" que deriva da música de salão, às custas do elemento propriamente sinfônico; falta o contraponto; o colorido é excessivo e se impõe aos complexos harmônicos. Não há um "final"; a obra termina como o quadro de que afastamos o olhar. Em Debussy esta tendência foi-se fortalecendo a partir do segundo livro dos *Préludes* e do *ballet Jeux*, com uma crescente atomização da substância temática. Seu radicalismo neste sentido custou a algumas de suas obras magistrais a ausência do beneplácito público. Em troca, o último estilo de Debussy é uma reação a esta maneira, é o intento de voltar a delinear uma espécie de decurso musical no tempo, sem contudo sacrificar o ideal do impreciso. Em grande escala, o trabalho de Ravel seguiu uma linha inversa. A obra juvenil *Jeux d'eau* é uma das mais pobres quanto ao desenvolvimento e das menos dinâmicas de toda a escola, apesar de sua construção de sonata; mas logo Ravel se esforçou por consolidar a consciência dos graus harmônicos. Daí a funcão particular da modalidade, completamente diferente da de Brahms. As sonoridades de igreja oferecem um substituto para os graus harmônicos tonais, mas estes, já que a função de cadência fica diminuída em favor da modalidade, estão privados de sua dinâmica. O arcaísmo dos efeitos de *organum* e de *faux bourdon* contribui para colocar em movimento uma espécie de procedimento por graus harmônicos, mas mantendo a sensação de uma justaposição estática. A natureza adinâmica da música francesa pode talvez fazer-se remontar a seu inimigo declarado, Wagner, a quem contudo se costuma censurar uma dinâmica insaciável. Já em Wagner o decurso musical é, mais de uma vez, um mero deslocamento. E dali deriva a técnica temática de Debussy, que repete sem desenvolvimento sucessões sonoras muito simples. Os *melismos,* calculadamente avaros, de Stravinski são os descendentes diretos daqueles motivos debussianos, por assim dizer, físicos. Deveriam encarnar a "natureza" como muitos dos motivos wagnerianos, e Stravinski permaneceu fiel a esses fenômenos primitivos, mesmo quando esperava assim torná-los, mediante a parcimônia da expressão. Na realidade, a incansável dinâmica de Wagner, que privando-se de contraposições se anula, tem algo de ilusório, de vão. "A cada começo tranqüilo seguia-se um rápido movimento ascendente. Wagner, nisto insaciável mas não inesgotável, viu-se na neces-

146 FILOSOFIA DA NOVA MÚSICA

sidade de recorrer ao expediente de atacar de novo em *pianissimo* após haver alcançado um ponto culminante, para em seguida voltar a crescer"[29]. Em outras palavras: o crescendo não conduz propriamente mais adiante, e se dá novamente a mesma coisa. Em conseqüência, o conteúdo musical do motivo melódico, que está na base das seqüências sujeitas à intensificação, como, por exemplo, no segundo ato de *Tristão,* não é objeto do procedimento de progressão harmônica. Ao elemento dinâmico se associa um mecânico. A isto deveria referir-se a velha e limitada censura à ausência de forma que se fazia a Wagner. Seus dramas musicais mostram, como gigantescos cartazes, sintomas dessa mesma desespacialização do decurso temporal e de uma justaposição com abstração do tempo, que depois nos impressionistas e em Stravinski se torna predominante e se converte em fantasma da forma. A construção filosófica de Wagner, singularmente homogênea com a da composição, não conhece propriamente a história; conhece somente a permanente evocação reiterada em forma de natureza. Esta suspensão da consciência do tempo musical corresponde à consciência geral de uma burguesia que, já nada vendo à sua frente, nega o próprio processo e sua utopia, que consiste na reabsorção do tempo no espaço. A *tristesse* sensível do Impressionismo é a herdeira do pessimismo filosófico wagneriano. Em nenhum momento o som vai temporalmente mais além de si mesmo, mas se extingue lentamente no espaço. Em Wagner, a categoria metafísica fundamental era a renúncia, a negação da vontade de vida; a música francesa, despojada de toda metafísica, até da metafísica pessimista, expressa objetivamente esta renúncia, com uma força proporcional à sua entrega a uma felicidade que, como mero aqui, como mera transitoriedade, já não é felicidade. Estes graus de resignação são as preformas da liquidação do indivíduo que celebra a música de Stravinski. Poder-se-ia chamá-lo, exagerando, um Wagner voltado a si mesmo, que se abandona premeditadamente a seu impulso de repetição, se não já também à exterioridade "musical dramática" do procedimento musical, sem mais ocultar sequer o impulso regressivo com ideais burgueses de subjetividade e desenvolvimento. Se a crítica wagneriana de outra época, encabeçada por Nietzsche, censurava Wagner por pretender inculcar com sua técnica temática pensamentos na gente ignorante da música — ou seja, em caracteres humanos destinados à cultura de massas industrial —, esta inculcação se converte em Stravinski, mestre da arte da percussão, em princípio técnico reconhecido, no princípio do efeito; a autenticidade converte-se assim em propaganda de si mesma.

(29) BUSONI, F. *Entwurf einer neuen Aesthetik der Tonkunst.* 2ª ed., Leipzig, o. J., p. 29.

STRAVINSKI E A RESTAURAÇÃO

A repetida observação de que o passo de Debussy a Stravinski é análogo ao passo da pintura impressionista ao Cubismo indica algo mais do que um vago caráter comum, histórico-espiritual, que, como habitualmente, a Música adquire, chegando por último, a uma boa distância atrás da Literatura e da Pintura. Antes a especialização da Música é testemunha de uma pseudomorfose com a Pintura, e, no fundo, testemunha de sua abdicação. Isto pode ser explicado em primeiro lugar pela situação particular da França, onde a evolução das forças criadoras da Pintura estava tão adiantada em relação às musicais que estas buscaram involuntariamente um ponto de apoio na grande Pintura. Mas a vitória do engenho pictórico sobre o musical se acomoda ao rasgo positivista de toda a época. O *pathos* de toda a Pintura, mesmo da pintura abstrata, apóia-se no que é; toda a Música, em compensação, pressupõe um acontecer e Stravinski quer subtrair-se a este com a ficção da mera existência[30]. Em Debussy, os complexos particulares de timbre estavam ainda relacionados entre si como na "arte da transição" de Wagner: o som não fica destituído mas, às vezes, vai mais além de seus limites. Com o encadeamento das partes entre si formava-se uma espécie de infinitude sensível. Com o mesmo procedimento produziram-se, em quadros impressionistas de que a música absorveu a técnica, efeitos dinâmicos de luz, graças a manchas de cor postas umas junto às outras. Esse infinito sensível constituía a essência poético-aurática do Impressionismo, e contra ela se verificou um movimento de rebelião, pouco antes da Primeira Guerra Mundial. Stravinski continuou diretamente a concepção espacial plana da música de Debussy; e sua técnica de complexos e até a qualidade dos modelos é debussiana. A inovação apóia-se precisamente no fato de que os fios que ligam os complexos ficam cortados e os resíduos do procedimento dinâmico diferencial ficam demolidos.

---

(30) A idéia burguesa do panteão bem quisera atribuir placidamente à Pintura e à Música, dois lugares, um junto ao outro. Mas sua relação, apesar de eventuais ambivalências sinestéticas, é na verdade contraditória até o ponto de ser inconciliável. Isto se manifestou precisamente onde a conciliação se proclamava de um ponto de vista cultural e filosófico, isto é, no *Gesamtkunstwerk* wagneriano. O elemento figurativo estava tão empobrecido desde o princípio que não se há de maravilhar-se caso, por fim, em Bayreuth as execuções musicalmente mais exatas se realizassem ante os cenários mais poeirentos. Thomas Mann fez notar quanto *dilettantismo* existe na idéia da união de todas as artes. Este autor determina tal elemento de *dilettantismo* como uma relação amusical com a Pintura. De Roma, assim como de Paris, Wagner escrevia a Mathilde Wesendonk que "o olho não me basta como órgão para perceber o mundo", e que Rafael "nunca me comoveu". "Veja e olhe você por mim: tenho necessidade de alguém que o faça por mim" (MANN, Thomas. *Adel des Geis.es*. Estocolmo, 1945, p. 413). Por esta razão, Wagner se considera um vândalo. Aqui o guia o pressentimento de que a Música contém algo indefinido do ponto de vista do progresso da civilização, algo que não está inteira e objetivamente sujeito à *ratio*, à medida que as artes visuais, que se atêm aos objetos determinados, ao mundo concreto da *praxis*, mostram-se aparentadas com o espírito que anima o progresso técnico. A pseudomorfose da música com a técnica pictórica capitula diante da potência da técnica racional, precisamente nessa esfera artística cuja substância apoiava-se na oposição a essa potência e que, contudo, cai presa do domínio racional do homem sobre a natureza.

148 FILOSOFIA DA NOVA MÚSICA

Os complexos parciais vêm opor-se reciprocamente no espaço. A negação polêmica do suave *laissez vibrer* é considerada como uma prova de força; o não-ligado, produto final da dinâmica, se estratifica como blocos de mármore. Enquanto antes as sonoridades se compenetravam reciprocamente, agora se tornam autônomas, como acorde de certo modo anorgânico. A espacialização torna-se absoluta: o aspecto do clima, em que toda a música impressionista encerra algo de tempo subjetivo da experiência, fica suprimido.

Stravinski e sua escola prepararam o fim do bergsonismo musical. Valem-se do *temps espace* contra o *temps durée*[31]. Sua maneira de proceder, originalmente inspirada na filosofia irracionalista, constitui-se defensora da racionalização, entendida como mensurabilidade e computabilidade, em que não existe a dimensão da recordação. A música, que duvida de si mesma, teme, diante do incremento da técnica do capitalismo tardio, sucumbir regressivamente à sua própria oposição a essa técnica. Mas, ao subtrair-se-lhe com um salto de dança, se enreda mais ainda nela. A verdade é que Stravinski nunca se abandonou a uma arte mecânica, no sentido da detestável "medida musical do tempo". Mas sua música se ocupa de comportamentos humanos que correspondem à ubiqüidade da técnica entendida como esquema de todo o processo vital: de modo que o que não quer cair sob a roda deve reagir como esta música. Atualmente não há nenhuma

---

(31) A *Histoire du Soldat* revela-se como o verdadeiro centro da obra de Stravinski, mesmo pelo fato de que dar construção musical ao significativo texto de Ramuz conduz aos umbrais da consciência desta situação. O herói, um protótipo daquela geração de depois da Primeira Guerra Mundial, em cujas filas o fascismo recrutava suas hordas prontas à ação, fica arruinado porque não acata o mandamento do desocupado, isto é, viver somente o instante. A persistência da experiência nas recordações é um inimigo mortal dessa autoconsciência que é alcançada com a extinção de alguém. Segundo a versão inglesa, o *raisonneur* adverte ao soldado:

"One can't and what one had to what one has
Nor to the thing one is, the thing one was.
No one has a right to have everything —
It is forbidden.
A single happiness is complete happiness
To add to it is to destroy it..."

Esta é a máxima angustiosa e irremediável do positivismo, a proscrição do retorno de qualquer coisa passada, entendido como recaída no mito, como um entregar-se às forças que nessa obra o diabo encarna. A princesa se lamenta de nunca ter falado ao soldado de sua vida anterior, e ele, por toda a resposta, menciona obscuramente a cidade onde vivia sua mãe. O pecado do soldado, que transpôs os estreitos limites do reino, não pode ser entendido senão como uma visita a essa cidade: isto é, como um sacrifício feito ao passado. "La recherche du temps perdu est interdite": em nenhuma arte isto é tão válido como naquela que tem como sua lei mais íntima a regressão. A involução do sujeito em ser anterior ao mundo torna-se possível porque ele fica privado da consciência de si mesmo, da memória. O fato de que o soldado termine proscrito no domínio do que é mero presente revela o tabu sob cujo signo está a música de Stravinski. As repetições aos empurrões, perceptíveis com crueza, deveriam ser entendidas como meios para extirpar da música, detendo a duração, ou seja, a dimensão da recordação, o passado que pretende proteger. Os vestígios deste, como por exemplo a mãe do soldado, estão subordinados ao tabu. O caminho brahmsiano do sujeito, que conduz "de volta à terra da infância", converte-se em pecado cardeal de uma arte que queria reconstituir o aspecto pré-subjetivo da infância.

STRAVINSKI E A RESTAURAÇÃO 149

música que não tenha em si algo da violência do momento histórico e que, portanto, não se ressinta da decadência da experiência, da substituição da "vida" por um procedimento de adaptação econômica, guiado pela violência dominadora da economia concentrada. O ocaso do tempo subjetivo em música parece tão inevitável em meio a uma humanidade que se converteu na coisa, no objeto de sua própria organização, que se pode observar algo semelhante nos dois pólos extremos do ato da composição. A miniatura expressionista da escola vienense contrai a dimensão temporal, ao "expressar", como disse Schoenberg, "um romance com um só gesto", e nas vigorosas construções dodecafônicas o tempo se detém em virtude de um procedimento integral que parece privado de desenvolvimento pelo fato de não admitir nada fora de si mesmo, de maneira que somente em relação a um termo de comparação exterior poderia manifestar-se o desenvolvimento. Mas entre esta transformação da consciência temporal, dada em conexão íntima com a música, e a pseudomorfose do tempo musical com o espaço, isto é, sua detenção mediante *shocks,* mediante sacudidas elétricas que dispersam a continuidade, há uma grande diferença. No primeiro caso a música se abandona, na profundidade inconsciente de sua estrutura, ao destino histórico da consciência do tempo; no segundo caso, em troca, se estabelece como *arbiter temporis* e induz o ouvinte a esquecer a dimensão temporal de sua experiência e a abandonar-se, inerme, à dimensão espacial. Essa música glorifica como aquisição própria e como objetivação da vida o fato de já não existir vida. E assim se precipita a vingança imanente. O truque que define todas as configurações formais de Stravinski, isto é, suspender o tempo como numa cena de circo e apresentar espacialmente complexos temporais, se desgasta. Já não domina a consciência da duração: despida, heterônoma, esta se torna manifesta e desmente a intenção musical denunciando-a como aborrecimento. Ao invés de realizar a tensão entre música e tempo faz uma ameaça a este último. Por isso ficam debilitadas todas as forças, próprias da música, quando esta acolhe em si o tempo. A pobreza afetada que se manifesta logo que Stravinski aspira algo mais do que a especialidade, deve-se à espacialização. Ao subtrair-se ao que poderia verdadeiramente constituir relações temporais, como por exemplo a transição, o *crescendo,* a diferença de tensões e resoluções, de exposição e desenvolvimento, de pergunta e resposta[32], todos os meios

---

(32) Stravinski é em muitos aspectos o pólo contrário de Mahler, embora seja afim a este na crescente desagregação do procedimento de composição; antes de tudo se opõs vivamente ao que constitui o orgulho da arte sinfônica de Mahler: ao epodo, esses instantes em que a Música, após um momento de calma, põe-se de novo em movimento. Stravinski firma sua imposição ao ouvinte, prova sua importância, sobretudo no sentido de que não lhe dá o que aquele espera no tocante à tensão dos próprios modelos: a espera fica frustrada

150 FILOSOFIA DA NOVA MÚSICA

artísticos musicais com exclusão do virtuosismo, caem sob
essa condenação e verifica-se uma involução que se justificava
com a intenção regressiva e literária, mas que se torna fatal
se se toma a sério a exigência musical absoluta. As debili-
dades da produção de Stravinski nos últimos vinte e cinco
anos, que até os ouvidos mais obtusos percebem, não se devem
a um cansaço derivado de compor demasiado, mas devem-se
antes à circunstância da própria coisa, que faz da Música
uma parasita da Pintura. Esta debilidade, ou seja, o inapro-
priado e o ineficaz da organização musical de Stravinski, em
seu conjunto, é o preço que ele deve pagar se quer limitar-se
à dança, que antes lhe parecia garantia de ordem e objetividade. A dança impunha à composição, desde o princípio,
certa subordinação, e a renúncia à autonomia. A verdadeira
dança, ao contrário da música mais madura, é uma arte temporalmente estática, um girar em círculo, um movimento
privado de progresso. Consciente disto, superou a forma de
sonata, conservando a forma da dança: em toda a história da
música relativamente recente, com exceção de Beethoven, os
minuetos e os *scherzi* estão quase sempre relacionados ao primeiro tempo de uma sonata e ao *adagio,* de hierarquia mais
cômoda e secundária. A música de dança está deste lado,
não mais além da dinâmica subjetiva; e nisto contém um elemento anacrônico que, em Stravinski, está em singular contradição com o arrivismo literário que caracteriza sua hostilidade pela expressão. O mais-que-perfeito se desloca para
o futuro como uma criança malcriada e está apto para isto
por causa da natureza disciplinar da dança. Stravinski voltou
a reconstruir esta natureza. Seus acentos são outros tantos
sinais acústicos destinados ao cenário. E assim conferiu à
música de dança, do ponto de vista de sua funcionalidade,
uma precisão que ela havia perdido fundamentalmente por
causa das intenções ilustrativas ou da pantomima psicologi-
zante do *ballet* romântico. Basta pensar em *A lenda de José,*
de Strauss, para compreender o drástico efeito da colabora-
ção de Stravinski e Diaghilev. E algo desse efeito ficou numa
música que, embora concebida como música absoluta, não
esqueceu, contudo, em nenhum momento, sua natureza de
dança. Mas, eliminando da relação de música e dança todas
as instâncias simbólicas acessórias, prevalece ainda assim

e a tensão em si, uma espécie de esforço sem finalidade, ilimitado e irracional,
converte-se em lei da composição e da concepção que a fundamenta. E assim
como ocorre a alguém chegar a sentir entusiasmo por homens perversos, quando
estes por uma vez fazem algo honesto, assim também pode-se apreciar esta
música. Em exceções extraordinariamente raras, essa música admite estrofes
que têm uma aparência de epodo e que na realidade, precisamente em virtude
de sua raridade, terminam por parecer de uma graça inacreditável. Um
exemplo disto é a intensa cantilena da *Danse de l'Élue,* dos compassos 184 a
185, antes da última entrada do tema de rondó. Mas mesmo aí, onde os
violinos se podem "expandir" durante uns segundos, o acompanhamento se
limita a um sistema de *ostinato* rígido, imutável. O epodo não é propriamente
um epodo.

STRAVINSKI E A RESTAURAÇÃO

esse fatal princípio que na linguagem popular se define com expressões como "dançar conforme a música". O efeito geral visado pela música de Stravinski não é certamente a identificação do público com os movimentos da alma expressados na dança, mas antes um efeito de eletrização semelhante ao que surpreende os bailarinos.

Com tudo isto, Stravinski se manifesta como executor de uma tendência social, que vai do progresso à aistoricidade negativa, à nova ordem hierarquicamente rígida. Seu truque de autoconservação em virtude da auto-extinção entra no esquema behaviorista da humanidade totalmente articulada. Como sua música atraiu todos aqueles que queriam libertar-se de seu eu, ela se configurou como um tipo de audição regressivo e espacial. Distinguem-se, em termos gerais, dois destes tipos, não como estabelecidos pela natureza, mas substancialmente históricos, que se podem referir aos síndromes de caracteres que predominam num determinado momento. Os dois tipos de audição são: expressivo-dinâmica e rítmico-espacial. O primeiro tem sua origem no canto; tende a dominar inteiramente o tempo, integrando-o e em suas manifestações mais acabadas transforma o heterogêneo recurso temporal em força do processo musical. O outro tipo obedece ao toque do tambor. Está baseado na articulação do tempo mediante subdivisões em quantidades iguais, que virtualmente invalidam o tempo e o espacializam[33]. Os dois tipos de audição se excluem reciprocamente em virtude da alienação social que separa sujeito e objeto. Em música, toda a subjetividade está sob a ameaça da casualidade, enquanto tudo o que surge como objetividade coletiva está sujeito à ameaça da alienação, da dureza repressiva da mera existência. A idéia da grande música consistia numa compenetração recíproca dos dois modos de audição com as categorias de composição inerentes a eles. Na sonata se concebia a unidade de disciplina e liberdade. Da dança recebia a integração legítima, a intenção do todo de estender-se ao todo; do *lied* recebia o princípio de oposição, negativo e contudo capaz de engendrar novamente o todo em virtude de sua própria coerência interior. A sonata, mantendo por princípio a identidade, se não já do tempo mecânico, pelo menos do tempo musical, preenche a forma com uma variedade de aspectos e perfis rítmicos e melódicos que o tempo "matemático", reconhecido em sua objetividade e quase espacializado, coincide, na feliz suspensão do instante, com o tempo subjetivo da experiência. Com esta concepção de um sujeito-objeto musical violenta a real discrepância entre sujeito e objeto, e desde o começo

(33) A distinção de Ernst Bloch entre música de natureza dialética e música de natureza matemática se aproxima muito da distinção destes dois tipos.

152 FILOSOFIA DA NOVA MÚSICA

houve nela um elemento de paradoxo. Beethoven, graças a esta concepção mais próxima de Hegel do que de Kant, teve necessidade das mais extraordinárias faculdades do espírito formal para levar a cabo essa realização musical com a coerência que a *Sétima Sinfonia* mostra. Ele mesmo, em sua última fase, sacrificou a unidade paradoxal deixando que se manifestasse com fria eloqüência a inconciliabilidade das duas categorias, inconciliabilidade entendida como a verdade suprema de sua música. Se se admitir que a história da música posterior a Beethoven, tanto a romântica como a propriamente nova, decai paralelamente com a classe burguesa, e se se admitir isto num sentido estrito e não já como um eufemismo idealista, tal decadência poderia ser atribuída à impotência enquanto se resolvesse esse conflito[34]. Estes dois modos de escutar música separam-se hoje diretamente e, separados um do outro, devem ambos ajustar contas com a não-verdade. Esta, encoberta pelos produtos da música de arte, torna-se evidente na música ligeira que, com sua insolente inexatidão, desmente o que no plano superior se produz sob a máscara do gosto, da rotina e do desejo de surpreender. A música ligeira se polariza para o "sentimentalismo", para a expressão privada de toda organização temporal objetiva, mas ao mesmo tempo arbitrária e generalizada, para o mecanicismo dessa música barata em cuja irônica imitação se formou o estilo de Stravinski. O novo, que Stravinski introduziu na música, não é tanto o tipo de música matemático-espacial em si, mas sua apoteose, isto é, a paródia da apoteose beethoveniana da dança. O aspecto acadêmico da síntese é desdenhado sem ilusões. Mas com ele o sujeito desdenha até o elemento subjetivo. Por afinidade, a obra de Stravinski deriva sua conseqüência da extinção do tipo expressivo dinâmico. Essa cbra se refere somente ao tipo rítmico espacial, desenvoltamente· hábil, que hoje em dia prolifera com os técnicos e

(34) O documento teórico mais importante sobre este ponto é o escrito de Wagner sobre a arte de dirigir uma orquestra. A capacidade de reação expressiva do sujeito é aqui de tal maneira preponderante sobre o sentido musical matemático-espacial, que este sobrevive unicamente sob a forma do espírito burguês do diretor de orquestra alemão de província, que se limita a marcar o tempo. Tal diretor pretende que se modifiquem radicalmente até os tempos em Beethoven, segundo os diferentes caracteres das figuras musicais, e, desta maneira sacrifica, mesmo no aspecto mais sensível, a unidade paradoxal em prol da variedade. Para superar a ruptura entre a arquitetura do conjunto e o detalhe particular, carregado de expressão, apenas ainda o ímpeto dramático pode servir, um elemento quase teatral, intimamente estranho à música, esse elemento que logo chegou a ser um dos meios de comunicação dos mais recentes virtuoses da arte de dirigir uma orquestra. Frente a este deslocamento do problema do tempo na música sinfônica para o lado subjetivamente expressivo, que renuncia ao domínio musical do tempo e em certo sentido confia passivamente na duração, o procedimento de Stravinski representa um mero contragolpe, e de modo algum a revalorização da dialética propriamente sinfônica do tempo. Simplesmente se corta o nó górdio e à decadência subjetiva do tempo se contrapõe a subdivisão, geometricamente objetiva, do tempo, sem que exista uma conexão constitutiva entre a dimensão temporal e o conteúdo musical. Na espacialização da Música, o tempo, em virtude de sua detenção, se dissolve, assim como no estilo expressivo o tempo se decompõe em momentos líricos.

STRAVINSKI E A RESTAURAÇÃO 153

mecânicos, como se procedesse da natureza e não da sociedade. A música de Stravinski considera como sua missão essencial opor-se a este tipo, que deve suportar os ataques e os choques irregulares dos acentos rítmicos stravinskianos, sem deixar-se contudo arrebatar a regularidade da unidade de tempo, que é sempre igual. Desta maneira a música de Stravinski robustece-o contra qualquer impulso que pudesse opor-se ao decurso heterogêneo e alienado. Assim a música stravinskiana se refere ao corpo humano, como se este lhe pertencesse por direito... e, no caso extremo, à regularidade das pulsações. Mas o fato de justificar-se por meio do que se considera invariável, isto é, o elemento fisiológico, anula aquilo que tornava a música verdadeiramente tal: a espiritualização da Música apoiava-se na intervenção que a modificava de fora. A música não está ligada à continuidade das pulsações em maior medida do que está em relação a alguma lei natural da Música, como, por exemplo, aquela em virtude da qual somente as relações mais simples dos sons harmônicos poderiam ser entendidas como harmonia: a consciência musical libertou-se destas cadeias pelo mesmo processo fisiológico da audição. A verdade é que para o ódio contra a espiritualização da música, de que Stravinski extrai suas energias, contribui também a irritação contra a mentira de que a música implicitamente pretenderia estar subtraída ao poder do físico e ser ela mesma o ideal. Mas o fisicalismo musical não conduz ao estado de natureza, à substância pura e livre de toda ideologia, mas antes está de acordo com a involução da sociedade. A mera negação do espírito afigura-se como realização do que constitui a finalidade e intenção do espírito. Trata-se de uma negação nascida de pressão de um sistema cuja potência irracional sobre todos aqueles que lhe estão subordinados só pode ser mantida se esse sistema desacostuma-os do capricho de pensar, reduzindo-os a simples centros reativos, a arremedos de reflexos condicionados. A *fabula docet* de Stravinski consiste em versátil adaptabilidade e ao mesmo tempo em tenaz obediência; é o exemplo do caráter autoritário que hoje se está formando em todas as partes. Sua música já não conhece a tentação de querer ser de maneira diferente da que é. O mesmo desvio a respeito das convenções, desvio antes subjetivo, transformou-se em *shock* e logo num simples meio de espantar o sujeito para mantê-lo mais seguramente acorrentado. Por isso, a disciplina e a ordem estéticas, que propriamente já não têm nenhum substrato, tornam-se vazias e gratuitas, mero ritual da capitulação. A pretensão de autenticidade fica transferida para o comportamento autoritário. A obediência contínua e imperturbável se proclama princípio estético do estilo, bom gosto, ascetismo, que degrada ao mau gosto a expressão, isto é, a

154   FILOSOFIA DA NOVA MÚSICA

marca da recordação do sujeito. A negação do elemento negativo subjetivo próprio desta atitude autoritária, a negação do próprio espírito, a própria essência da negação que seduz por sua hostilidade a toda ideologia, tudo isso se estabelece como nova ideologia.

Mas trata-se aqui de mera ideologia, pois a autoridade do efeito é obtida sub-repticiamente: deriva, não da lei específica da criação musical, de sua própria lógica ou exatidão, mas do gesto que realiza frente ao ouvinte. A composição está *sempre marcata,* do princípio ao fim. Sua objetividade é disposição subjetiva, tensa até alcançar o aspecto de uma legitimidade super-humana, aprioristicamente pura; a desumanização se organiza como *ordo.* A aparência desta ordem está produzida em virtude de um pequeno número de medidas de demagogia técnica, experimentadas e continuamente praticadas sem atender à civersidade dos fins para os quais se empregam. Evita-se todo vir-a-ser, como se fosse uma profanação da própria coisa. Ao subtrair-se a uma elaboração profunda, a própria coisa aspira a uma monumentalidade liberta de todo ornamento e baseada em si. Todo complexo se limita a um material de partida que, por assim dizer, é fotografado de ângulos de perspectiva variáveis, mas permanecendo sempre intato em seu núcleo harmônico melódico. A resultante falta de forma propriamente musical dá a seu todo um aspecto de estabilidade duradoura: o abandono da dinâmica simula uma eternidade imóvel, em que somente as diabruras métricas suscitam alguma modificação. O objetivismo está limitado à fachada, ou porque não há nada a objetivar, ou porque não é operante contra nenhum elemento que possa opor-se a ele, pois no fundo é uma simples ilusão de força e segurança. E muito mais caduco se revela, porque o material de partida mantido firme estaticamente e preparado segundo a medida desde o princípio renuncia à sua própria substância, pelo que só poderia readquirir vida na coerência funcional, a que se opõe o estilo de Stravinski. Em lugar disso se apresenta um elemento totalmente efêmero, com uma tal altivez que pretende fazer crer que é substancial. Sua música repete com autoridade algo que não existe e toma assim por tonto o ouvinte. Este acredita a princípio que de modo algum tem-se que vê-las como um elemento arquitetônico, mas como algo que se desenvolve em sua própria irregularidade, isto é, como sua própria imagem. O ouvinte acredita que deve identificar-se com ela; mas ao mesmo tempo o todo demolidor fá-lo readquirir consciência de algo pior: da imutabilidade. O ouvinte tem que adaptar-se a ela. É este o esquema em que se apóia a autenticidade de Stravinski. É uma autenticidade usurpada. O que se instaura arbitrariamente, e que é subjetivo precisamente em sua ca-

STRAVINSKI E A RESTAURAÇÃO 155

sualidade, faz-se passar por confirmado e universalmente válido, sendo que a ordem que abarca é, pela permutabilidade fundamental de todos os seus elementos sucessivos, inteiramente casual. A força de persuasão desta música deve-se em parte à auto-opressão do sujeito, em parte à linguagem musical expressamente construída com vistas a obter efeitos autoritários, e sobretudo a enfática instrumentação imperiosa, que une concisão e veemência. Tudo isto está tão alheio àquele cosmos musical percebido pela posteridade de Bach, como o está a nivelação de uma sociedade atomizada e organizada desde acima da utopia de uma cultura fechada, que se orienta sem impedimentos para uma economia corporativa e para uma época de manufatura primitiva.

É significativo o fato de que Stravinski, logo que formulou a pretensão objetiva, teve que montar sua armadura com supostas fases pré-subjetivas da música, ao invés de fazer progredir sua linguagem formal além do elemento romântico incriminado, em virtude de seu próprio peso de gravitação. Por isso, da inconciliabilidade das fórmulas "pré--clássicas", de sua própria condição de conseqüência e de sua própria disponibilidade de material, Stravinski fez um estímulo e gozou com jogo irônico a impossibilidade da restauração a que aspirava. É indiscutível o esteticismo subjetivo da atitude objetiva: Nietzsche sustentou, por exemplo, para demonstrar que se havia curado de Wagner, que em Rossini e em Bizet e até no periodístico Offenbach, gozava de tudo aquilo que soava como zombaria das peculiaridades e do *pathos* wagneriano. Assegurar a subjetividade ao excluí--la — como ocorre nas graciosas más ações da suíte *Pulcinella* — representa o melhor aspecto do Stravinski da maturidade que, por certo, especula um pouco com aqueles que gostam do que é familiar e ao mesmo tempo moderno: surge aqui a possibilidade de uma arte funcional de moda, parecida com aquela em que o Surrealismo tem de converter-se em decoração de vitrinas. A atitude de conciliação cada vez mais pronunciada não pode superar a contradição entre modernismo e pré-classicismo. Stravinski procura concilíá-las de duas maneiras; primeiro funde na linguagem da composição os giros do século XVIII a que inicialmente se limita o novo estilo e que, privados de sua continuidade, são cruamente dissonantes em sentido literal e figurado. Em lugar de sobressair como corpos estranhos, constituem todo o material musical; já não chocam, e, salvando sua contradição em relação ao elemento moderno, a linguagem musical vai-se suavizando de obra em obra. Ao mesmo tempo, contudo, logo essa linguagem já não se limita às convenções do século XVIII. A substância especificamente arromântica, pré-subjetiva, do passado agora mobilizado, já não é o decisivo, mas

156 FILOSOFIA DA NOVA MÚSICA

o é somente o fato de que já seja passado e bastante convencional como se se tratasse de um fato subjetivo tornado convenção. Uma simpatia indiscriminada *flerta* com toda reificação e de modo algum se liga à *imago* de uma ordem adinâmica. Weber, Tchaikóvski, o vocabulário do *ballet* do século XIX, encontram graça por parte dos ouvidos mais rigorosos; até a expressão é passável, mesmo quando já não seja expressão, mas somente sua máscara mortuária. A perversidade extrema deste estilo está numa necrofilia universal que já não pode ser distinguida do elemento normal com que trabalha e que está constituída por tudo aquilo que se sedimentou como uma segunda natureza nas convenções da música. Assim como nas montagens gráficas de Max Ernst o mundo de nossos pais — feito de pelúcia, *buffets* e aeróstatos — tende a suscitar o pânico, ao aparecer cruamente como um conjunto de imagens já históricas, assim a técnica stravinskiana do *shock* se apodera do mundo das imagens musicais do mais recente passado. Mas enquanto o *shock* se debilita cada vez mais rapidamente — já hoje, a vinte anos de distância, *Le baiser de la Fée* soa notavelmente inócuo, apesar dos saiotes das bailarinas e dos trajes de turista suíço do tempo de Andersen —, o aumento de mercadorias musicais citáveis iguala cada vez mais as brechas que existem entre ontem e hoje. Por fim, o idioma musical assim conseguido já não tem para ninguém o efeito de *shock:* é o compêndio de tudo o que foi aprovado em duzentos anos de música burguesa, o que se tratou com os truques rítmicos aprovados no ínterim. O sadio entendimento humano volta a restabelecer-se como um *revenant* em seus direitos perdidos tempos atrás. Os caracteres autoritários de hoje são conformistas sem exceção e a pretensão autoritária da música de Stravinski fica transferida por fim ao conformismo. Em última instância, essa música pretende ser um estilo para todos, porque coincide com o estilo cosmopolita. Sua falta de diferenciação, a anemia que a surpreende desde o momento em que responde aos últimos impulsos agressivos, são o preço que deve pagar para poder reconhecer o consenso geral como a instância da autenticidade. Stravinski, em sua última fase, limita a alienação esquizofrênica, entendida como rodeio. O processo de contração, que faz desaparecer suas antigas conquistas — elas mesmas já contrações — sem ter desenvolvido seriamente novos trabalhos, garante uma fácil compreensão e, ainda que funcione bem o gesto agressivo e a mescla de ingredientes mais ou menos saborosos, garante também o êxito, pelo menos na esfera do bom gosto. É claro que a simplificação anula de imediato até o interesse pelo escândalo domesticado, e aqueles que querem as coisas simples encontram-nas mais simples ainda nos epí-

STRAVINSKI E A RESTAURAÇÃO   157

gonos de Stravinski, modestos bufões ou fósseis juvenis. Brilhantemente se fecha a superfície antes cheia de fendas. Se antes o sujeito estava separado da expressão, agora até o obscuro mistério deste sacrifício de amputação é tácito. Os que sonham com uma administração da sociedade por parte de um domínio autoritário e imediato têm sempre na boca os valores tradicionais que querem salvar do naufrágio; da mesma maneira, a música objetiva se apresenta agora como uma música conservadora e curada, sadia. A desintegração do sujeito proporciona-lhe a fórmula para a integração estética do mundo; como por obra de uma varinha mágica, essa música modifica, falsificando-a, a lei destruidora da própria sociedade, a pressão absoluta, e transforma-a em lei construtiva da autenticidade. O truque de despedida, empregado por quem renuncia, quanto ao mais com elegância, a todo elemento de surpresa, é a entronização do esquecimento negativo de alguém como elemento positivo autoconsciente.

Enquanto toda a obra de Stravinski tendia a esta manobra, converteu-se num acontecimento respeitável e pomposo, ao passar ao neoclassicismo. Aqui é decisivo o fato de que, atendendo à substância puramente musical, não se possa determinar nenhuma diferença entre as obras infantis e as neoclássicas. A acusação de que Stravinski converteu-se, como um alemão clássico, de revolucionário em reacionário, não é válida. Todos os elementos de composição da fase neoclássica não somente estão contidos implicitamente na fase anterior, mas determinam, tanto aqui como em qualquer parte, toda a feitura. Até o "como se" mascarado das primeiras obras do novo estilo coincide com o procedimento antigo de escrever música ao quadrado. Há obras dos primeiros anos da década de 20, como o *Concertino para quarteto de cordas* e o *Octeto para instrumentos de sopro,* de que seria difícil dizer se devem ser atribuídos à fase infantilista ou à fase neoclássica; e são obras particularmente bem sucedidas, porque conservam o caráter fragmentário e agressivo do infantilismo, sem deformar por isto manifestamente um modelo: não são nem celebrações nem paródias. O passo ao neoclassicismo poderia facilmente ser comparado com o da atonalidade livre à técnica dodecafônica, passo que Schoenberg cumpriu naquela mesma época: isto é, passo para a transformação de meios articulados e empregados de maneira extremamente especializada, num material por assim dizer desqualificado, neutro, e privado do significado original de sua manifestação. Mas a analogia não vai além disto. A transformação dos veículos atonais da expressão em material dodecafônico sobreveio, em Schoenberg, pela própria gravitação da composição, e por isso modificou de maneira decisiva tanto a linguagem musical como a essência das compo-

158   FILOSOFIA DA NOVA MÚSICA

sições particulares. Nada disto ocorre em Stravinski. A verdade é que o retorno à tonalidade é feito cada vez com menos escrúpulos e, ainda que provocativamente falso, ou seja, cacofônico, como por exemplo o coral da *Histoire du Soldat*, suaviza-se até converter-se numa espécie de ingrediente aromático; mas, em última instância, não é a música que se modifica, mas um fator literário, quase poder-se-ia dizer a ideologia[35]: de chofre, esta quer ser tomada *à la lettre*. É o esgar rígido de um ídolo, adorado como imagem divina. O princípio autoritário de escrever música ao quadrado é tão desenvolto que reivindica para todas as fórmulas musicais imagináveis do passado uma necessidade que elas historicamente perderam e que só parecem possuir quando já não a possuem. Simultaneamente, sublinha-se cinicamente o caráter usurpador, próprio da autoridade, com pequenos atos arbitrários que informam o ouvinte, com piscadelas, sobre a ilegitimidade da pretensão autoritária, sem entretanto nada ceder dela. Os velhos gracejos de Stravinski, embora discretos, zombam da norma no mesmo momento em que a celebram: é preciso obedecê-la, não por seu direito próprio, mas pela força de seu ditado. Tecnicamente, a estratégia deste terrorismo cortês é realizada evitando-se certas continuações naturais em passagens em que a linguagem musical tradicional especialmente a pré-clássica, baseada em progressões, parece exigi-las automaticamente e apresentando, em seu lugar, um elemento de surpresa, um *imprévu* que diverte o ouvinte, embora ao mesmo tempo o prive justamente do que ele esperava. O esquema predomina, mas a continuidade do decurso que ele promete não se mantém: desta maneira, o neoclassicismo põe em prática o velho costume de Stravinski de montar, uns junto a outros, modelos diferentes separados por rupturas insuperáveis. É música tradicional penteada ao contrário. Mas as surpresas se esfumam em nuvenzinhas rosadas, que são somente ações fugazes que perturbam a ordem

(35) Manifesta-se aqui um elemento que caracteriza a obra de Stravinski em sua totalidade. Como as obras particulares não estão desenvolvidas em si, sucedem-se umas às outras — e com elas as fases estilísticas sem que haja uma evolução propriamente dita. Todas são a mesma coisa na rigidez do ritual. À surpreendente mudança dos períodos corresponde uma contínua identidade do que se produz. Porque, com efeito, nada se modifica; o fenômeno original pode ser encontrado em perspectivas desconcertantes: até as transformações de Stravinski, impostas pela racionalização, encontram-se sob a lei do truque. "O importante é a decisão" (ARNOLD SCHOENBERG, "Der Neue Klassizismus", em *Drei Satiren für gamischten Chor*, opus 28). Entre as dificuldades que oferece um tratamento teórico de Stravinski, esta não é a menor: porque na sucessão de suas obras a transformação do imutável obriga o observador a uma antítese arbitrária ou a uma mediação informe de todos os opostos, como a que exerceu a história do espírito baseada no "entendimento". Em Schoenberg as fases se contrapõem com dureza muito menor e pode-se dizer que já em obras juvenis, como os *lieder* opus 6, prevê-se, como sob um cotilédone, o que depois irromperá com violência subversiva. Mas a revelação da nova qualidade como identidade e ao mesmo tempo diversidade da qualidade antiga, é, na realidade, um processo. A mediação, o vir-a-ser, realizam-se no compositor dialético dentro do próprio conteúdo, não nos atos com que este se manipula.

STRAVINSKI E A RESTAURAÇÃO

em que permanecem. Em si mesmas não são outra coisa senão a desmontagem de fórmulas. Certos meios característicos de um estilo como o de Haendel, como os retardos ou outros sons estranhos à harmonia, são usados independentemente de sua finalidade técnica, que é a de uma ligação densa de tensões, sem preparação nem solução: mais ainda, evitando com malícia procedimentos deste tipo. Entre os paradoxos de Stravinski, o menor não é por certo que seu procedimento propriamente neo-objetivo e funcional separe das funções determinadas da estrutura musical certos elementos que, recebendo um sentido próprio e tornando-se autônomos, deixa-as congelar. Por isso, os primeiros trabalhos neoclássicos dão a impressão de títeres atados com fios, e muitos deles, como o árido *Concerto para piano*, com suas consonâncias disformes até nas articulações, ofendem o ouvido que acredita mais radicalmente na cultura do que nas dissonâncias de antes. Obras deste tipo, em *lá* menor, são incompreensíveis; têm essa incompreensibilidade que o *common sense* gostava de censurar o que para ele era o caos atonal. Com efeito, estes floreios retóricos aqui evocados não se organizam nessa unidade do contexto musical que constitui o sentido musical, mas negando inexoravelmente tal unidade. São, pois, "anorgânicos". Sua claridade é um fantasma, nascido da vaga familiaridade com os materiais empregados e da solenidade do conjunto, cheia de reminiscências e triunfos, que são os sinais da ordem constituída. Na impressão subjetiva do tradicional está precisamente a incompreensibilidade objetiva que inexoravelmente reduz ao silêncio toda dúvida e oposição do ouvido. A obediência cega antecipada pela música autoritária corresponde à cegueira do próprio princípio autoritário. A frase atribuída a Hitler, segundo a qual só se pode morrer por uma idéia que não se compreende, poderia ser inscrita sobre o portão do templo neoclássico.

As obras da fase neoclássica são de nível singularmente desigual. Na medida em que é lícito falar de evolução, na última fase de Stravinski, ela contribui, pelo menos, para afastar o aguilhão do absurdo. Ao contrário de Picasso, de quem procede o estímulo neoclássico, Stravinski logo deixou de sentir a necessidade de perturbar uma ordem que se havia tornado tão problemática. Somente os críticos mais obstinados continuam hoje buscando os rastros do Stravinski selvagem. Não se pode negar certa coerência a essa desilusão planificada, à frase "Que se aborreçam, pois!" Ela revela o segredo de uma rebelião a qual interessava, desde o primeiro momento, a repressão do próprio movimento, e não a liberdade. O sentido positivo do ultimo Stravinski significa que seu tipo de negatividade, que ia contra o sujeito e que

160 FILOSOFIA DA NOVA MÚSICA

dava razão a todo tipo de opressões, já era positivo e estava separado dos batalhões mais fortes. A princípio, naturalmente, a revirada para o positivo, para a música rigorosamente absoluta, terminou com um empobrecimento extremo dos valores musicais absolutos; obras como a *Serenata para piano* ou o *ballet Apollon Musagète*[36] não tem igual neste sentido. Stravinski não aspirava a isso, mas aproveitou a paz, proclamada pouco antes, para estender o âmbito interior da música especializada e para tornar suas algumas das dimensões de composição depreciadas depois do *Sacre,* pelo menos na medida do possível dentro dos limites que ele se impunha. Ocasionalmente, ele tolera formações temáticas de novo tipo, persegue modestos problemas de arquitetura maior, introduz formas mais complexas, até polifônicas. Artistas que como ele vivem de lemas têm sempre a vantagem tática de que, se querem renovar sua atividade após um período de abstenção, lhes basta somente lançar como conquista de vanguarda um meio que antes haviam eliminado por considerá-lo irremediavelmente envelhecido. O esforço de Stravinski no sentido de criar contextos musicais de riqueza intrínseca fez com que amadurecessem obras como os três primeiros tempos do *Concerto para dois pianos* (o segundo é verdadeiramente uma composição singular e de grande perfil), algumas passagens do *Concerto para violino* e até o *Capriccio para piano e orquestra,* cheio de colorido e brilho, salvo o final, extremamente banal. Mas tudo isto antes de ser atribuído ao próprio procedimento neoclássico deve ser exigido do estilo. A verdade é que a produção uniformemente fluente de Stravinski repele pouco a pouco os mais crassos lugares-comuns de temas infantis, como os que ainda aparecem no *Concerto para violino,* como também repele o procedimento de recalcar certas frases no estilo das *ouvertures* ou de introduzir grupos de progressões harmônicas no primeiro plano. Mas sua maneira de escrever música se limita tanto à esfera do material que lhe oferece a tonalidade já menosprezada e herdada da fase infantil, e sobretudo se limita à diatônica, perturbada por notas acidentalmente "falsas" no interior dos grupos particulares, que assim se limita também à possibilidade de uma configuração mais profunda. É como se a substituição do processo de composição pela técnica do truque desse como resultado determinados fenômenos de dissociação. Dessa maneira a fuga, muito curta e sem desenvolvimento, do *Concerto para dois pianos* retrata tudo o que precedia, e as oitavas penosamente involuntárias do final zombam do mestre da renúncia, logo que este se abandona àquele contraponto que sua sagacidade havia proibido. Com

(36) Ver a análise de H. F. REDLICH, em *Anbruch,* 1929, pp. 41 e ss.

STRAVINSKI E A RESTAURAÇÃO 161

os *shocks,* sua música adoece de violência. Obras como o *ballet Jogo de Cartas* ou o *Duo para violino e piano* e, afinal, a maior parte da produção realizada entre os anos de 1930 e 1940, têm algo de artesanato decaído, não muito diferente das composições da última fase de Ravel. Oficialmente gosta-se dele, já somente no tocante a seu prestígio, enquanto só se gosta espontaneamente de obras secundárias, como o *Scherzo russo,* cópias complacentes de sua própria juventude. Stravinski dá ao público mais do que este pode assimilar, ou seja, muito pouco: ao Stravinski associal acudiam os corações frios. Agora que se tornou acessível, Stravinski deixa-os frios. As mais difíceis de suportar são as obras-primas do novo gênero, da nova tendência estilística em que se refugia a pretensão coletiva à monumentalidade, como o *Édipo* em latim e a *Sinfonia dos Salmos.* A contradição entre a pretensão de grandeza e elevação, por um lado, e o conteúdo musical encarniçadamente miserável, por outro, faz com que a seriedade se transforme em gracejo contra aquele que levanta o dedo acusador. Entre as obras mais recentes há uma de notável importância: a *Sinfonia em Três Tempos,* de 1945. Liberta dos elementos antiquados, mostra uma aspereza lacerante e se empenha em conseguir uma homofonia lapidar, a que talvez não tenha sido totalmente estranha a recordação de Beethoven: nunca antes se havia manifestado tão às claras o ideal da autenticidade. A habilidade orquestral, segura de si mesma não está com toda sua economia exclusivamente atenta às mudas cores de timbre, como a frase para harpa, singularmente temática, ou a combinação de piano e trompete num *fugato,* mas subordina-se inteiramente a esse ideal de autenticidade. Contudo, somente se sugere ao ouvinte o que a composição deveria ter realizado. A redução de todo o temático a simples incisos, que operam como motivos fundamentais de extrema simplicidade e que os exegetas registraram precisamente como beethoveniana, não exerce nenhuma influência na estrutura. Esta permanece como antes; é uma justaposição estática de "blocos", com os deslocamentos habituais. De acordo com o programa do compositor, este queria que a pura e simples relação das partes produzisse essa síntese da qual resulta, em Beethoven, a dinâmica da forma. Mas a extrema redução dos modelos melódicos exigia seu tratamento dinâmico, sua expansão. Mas, com o procedimento habitual de Stravinski, a que a obra se atém rigidamente, a nulidade planificada dos diversos elementos se converte em insuficiência, em enfática confirmação de uma falta de conteúdo, e a tensão interna, predemonstrada, não se verifica. Somente o som alcança um vigor de bronze; o fluxo musical, em troca se quebra. E tanto o primeiro tempo como o último se rompem, quando poderiam continuar livre-

162 FILOSOFIA DA NOVA MÚSICA

mente; fica sem realizar o trabalho dialético que desta vez se havia prometido terminar em virtude do caráter da própria tese. Logo que retorna um elemento já aparecido, ele se extingue na uniformidade; e nem sequer as interpolações contrapontísticas com caráter de desenvolvimento têm algum poder sobre o destino do decurso formal. Até as dissonâncias, tão aclamadas como símbolos trágicos, revelam-se, num exame atento, extraordinariamente mansas: tudo se reduz ao conhecido efeito bartokiano da terça neutra, pelo acoplamento do intervalo maior com o menor. E todo o *pathos* sinfônicos não é outra coisa senão o aspecto sombrio de uma abstrata *suíte* de *ballet*.

Esse ideal de autenticidade que persegue a música de Stravinski, tanto aqui como em todas as suas fases, não é de modo algum um privilégio seu, embora justamente o estilo quisesse fazê-lo crer assim. Este ideal guia, *in abstracto,* toda a música séria contemporânea e a define substancialmente. Mas tudo depende de que se reclame a autenticidade com uma atitude em que ela se dá já por conquistada ou de abandonar--se, quase com os olhos fechados, à exigência intrínseca do objeto para conquistá-la somente deste modo. E precisamente uma disposição deste tipo constitui, apesar de todas as desesperadas antinomias que implica, a incomparável superioridade de Schoenberg sobre o objetivismo que no ínterim se corrompeu em gíria cosmopolita. A escola de Schoenberg obedece sem subterfúgios à situação dada de um nominalismo completo do ato de compor. Schoenberg extrai as conseqüências da dissolução de todos os tipos obrigatórios na música, conseqüências já implícitas na lei da própria evolução musical: a libertação de estratos de material cada vez mais amplos e o predomínio da natureza musical, que progride para o absoluto. Schoenberg não falsifica o que em Escultura se chamou extinção da força formadora do estilo, ao readquirir consciência do princípio burguês da arte. Sua resposta aqui é "desdenhe para obter". Sacrifica a aparência de autenticidade, mantendo-a inconciliável com o estado dessa consciência que a ordem liberal havia conduzido para tão longe até a individualização que negava a própria ordem que a havia levado a esse estado. No estado desta negatividade Schoenberg não finge nenhuma validade obrigatória coletiva: esta, hoje e na situação atual, estaria frente ao sujeito como um fator exterior, repressivo e, em sua impossibilidade de se conciliar com o sujeito, não necessário como conteúdo de verdade. Schoenberg atém-se sem reservas ao *principium individuationis* estético e não oculta o fato de encontrar-se envolvido na situação da real decadência da sociedade tradicional. Não concebe o ideal de uma sociedade total formulado pela "filosofia da cultura", mas de vez em quando se abandona ao que, no choque do sujeito compositivo consciente com o material socialmente

STRAVINSKI E A RESTAURAÇÃO 163

dado, se manifesta como uma exigência concreta. Justamente de maneira objetiva, Schoenberg confirma uma verdade filosófica superior ao intento de reconstruir uma necessidade obrigatória. Seu obscuro impulso vive da segurança de que na arte nada é obrigatoriamente necessário, senão aquilo que pode ser totalmente acumulado pelo estado histórico da consciência, que constitui a própria substância, ou seja, por sua "experiência" em sentido enfático. É guiado pela esperança desesperada de que tal movimento espiritual, privado de certo modo de janelas, supere com a força de sua própria lógica esse elemento privado de que deriva, e que lhe censuram precisamente aqueles que não estão maduros para esta lógica objetiva da coisa. A renúncia absoluta ao gesto da autenticidade vem a ser a única demonstração da autenticidade criadora. A escola que costuma tachar-se de intelectual demonstra-se ingênua em semelhante empresa, se a comparamos com as manipulações da autenticidade de Stravinski e de todo o seu círculo. Sua ingenuidade frente ao curso dos acontecimentos do mundo apresenta muitos rasgos de atraso e provincianismo: em sua crença, essa escola espera da integridade da obra de arte mais do que esta pode realizar na sociedade integral[37]. Enquanto compromete desta maneira quase todas as suas criações, não somente readquire ao mesmo tempo uma visão artística mais densa e mais involuntária que a do objetivismo, mas readquire além disso uma objetividade superior: a objetividade da exatidão imanente, assim como da conformidade imaculada com a condição histórica. Obrigado a ultrapassar esta condição histórica para chegar a uma objetividade sensível *sui generis* — o construtivismo dodecafônico — nem por isso o sujeito esclarece ainda suficientemente o movimento da coisa. A ingenuidade, ao aferrar-se ao ideal do "bom músico" alemão que não se ocupa senão da boa feitura de seus produtos, encontra o castigo na subjetividade, por mais que esta seja consistente. E o castigo apóia-se na passagem da autonomia absoluta a um fato heterônomo, a uma auto-alienação não

---

(37) O provincianismo da escola de Schoenberg não é inseparável de seu contrário, seu intransigente radicalismo. Onde se espera ainda da arte algo absoluto, a arte toma como absoluto cada um de seus próprios rasgos específicos, cada som particular e persegue desta maneira a autenticidade. Stravinski está mais experiente em suas relações com a seriedade estética. Sua clara consciência de que hoje toda a arte se transformou em artigo de consumo condiciona a estrutura de seu estilo. A acentuação objetiva do jogo como jogo significa também, além de um programa estético, que não se deve levar tudo tão a sério; esta seria uma atitude grave, teutonicamente presumida e, de certo modo, estranha à arte, pois a contamina com o real. O gosto esteve sempre acompanhado da falta de seriedade e assim a própria seriedade parece privada de gosto, em conformidade com uma larga tradição. E, justamente na repulsa à seriedade, na negação de toda responsabilidade da arte, que encerra a resistência ao domínio da existência puramente física, deveria consistir a autenticidade: a música se converte aqui em imagem de uma concepção que ridiculariza o sério ao ser atribuída ao horror. Na autenticidade do paisagístico esta intenção realista fica naturalmente superada e reduzida *ad absurdum* pela soberbia dos *tune smiths* que são considerados expressão do tempo quando martelam juntos em pianos, expressamente preparados em fá sustenido maior, suas próprias fórmulas, e para os quais Stravinski já é um *long haired musician*, enquanto o nome de Schoenberg lhes é tão pouco conhecido que o tomam por um compositor de canções populares.

164 FILOSOFIA DA NOVA MÚSICA

resolvida, escrava da matéria. Desta maneira também essa ingenuidade paga seu preço, com seu próprio espírito de *Aufkaerung,* ao heterônomo, à integração sem sentido do atomizado. Precisamente isto ocorre em Stravinski: a época obriga os opostos a se unirem. Mas Stravinski furta-se ao doloroso automovimento da coisa, ao tratá-la como *regisseur.* Por isso, sua linguagem não se afasta muito da linguagem comunicativa nem da zombaria estudantil: falta de seriedade, jogo, com o qual o sujeito nada tem a ver, renúncia ao estético "desdobrar da verdade", são coisas que se convertem em garantia de autenticidade entendida como verdade. Sua música sucumbe nesta contradição: o elaborado estilo da objetividade impõe-se ao material recalcitrante com a mesma violência e a mesma falta de necessidade, com que há cinqüenta anos se idealizou o estilo juvenil, de cujo repúdio se nutre até hoje todo objetivismo estético. A vontade de estilo substitui o estilo e assim torna-o objeto de sabotagem. No objetivismo não existe uma objetividade do que a criação artística desejaria por si mesma. O objetivismo se estabelece ao se eliminarem os rastros da subjetividade. E os espaços que permaneceram vazios desta subjetividade são proclamados células da verdadeira comunidade. A dissolução do sujeito, contra a qual a escola de Schoenberg se defende acirradamente, é considerada na música de Stravinski diretamente como a forma mais alta em que o sujeito deve superar-se e ao mesmo tempo conservar-se. Assim Stravinski termina por transfigurar esteticamente o caráter reflexo do homem de hoje. Seu neoclassicismo recria as imagens de Édipo e de Perséfone, mas o mito, que de tal maneira apresenta, já é a metafísica dos homens universalmente submetidos que não desejam nenhuma metafísica, que não necessitam de nenhuma metafísica e que zombam de seu próprio princípio. Desta maneira o objetivismo se determina como aquilo de que ele mesmo se horroriza e toda sua substância consiste em manifestar horror diante de si mesmo; determina-se como vã ocupação privada, própria do sujeito estético, como um truque do indivíduo isolado, que se mostra como se ele mesmo fosse o espírito objetivo. Mas mesmo se o espírito objetivo fosse hoje de tal natureza, esta arte não estaria por isso ainda legitimada, pois o espírito objetivo de uma sociedade integrada contra seus sujeitos em virtude de um domínio usurpado tornou-se transparente e revelou-se como não verdadeiro em si. Isto por certo suscita dúvidas sobre a garantia que o mesmo ideal de autenticidade possa dar. A rebelião da escola de Schoenberg contra a obra de arte fechada e conclusa, durante os anos expressionistas, sacudiu na verdade esse conceito, mas sem poder abater duradouramente seu predomínio, aprisionada como estava no resíduo real do que desafiava espiritualmente. Esse conceito compreende a exigência fundamental da arte tradicional: o

STRAVINSKI E A RESTAURAÇÃO   165

fato de que em Música algo deve aparecer como se existisse desde o começo dos tempos significa que esse algo repete o que existiu em todos os tempos, e que como real tinha a força de desalojar o que era somente possível. A autenticidade estética é uma aparência socialmente necessária: nenhuma obra de arte pode prosperar numa sociedade baseada na força, sem valer-se, por sua vez, da força; mas assim entra em conflito com sua própria verdade e já não pode representar uma sociedade futura que não conheça a força e não tenha necessidade dela. O eco do antiqüíssimo, a reminiscência do mundo pré--histórico que dá vida a toda exigência estética de autenticidade, é o traço da injustiça perpétua; a autenticidade estética a supera no pensamento, mas somente a ela deve, até hoje, sua universalidade e seu caráter obrigatório. O retorno de Stravinski ao arcaico não é exterior à autenticidade, mesmo quando, na fragmentariedade imanente da criação, a destrói. Quando Stravinski lança mão da Mitologia, deturpando assim o mito que ele viola, não se manifesta aqui somente a substância usurpadora da nova ordem proclamada por sua música, mas também o quanto há de negativa no próprio mito. Do mito fascina-o aquilo que, como imagem de eternidade, de vitória sobre a morte, através do medo da morte e através da submissão bárbara, se constitui através dos tempos. A falsificação do mito atesta uma afinidade eletiva com o mito autêntico. Talvez só pudesse ser autêntica a arte que se tivesse libertado da própria idéia de autenticidade, da idéia de ser somente como é e não de outra maneira.

MÚSICA NA PERSPECTIVA

Balanço da Bossa e Outras Bossas – Augusto de Campos (D003)

A Música Hoje – Pierre Boulez (D055)

O Jazz, do Rag ao Rock – J. E. Berendt (D109)

Conversas com Igor Stravinski – Igor Stravinski e Robert Craft (D176)

A Música Hoje 2 – Pierre Boulez (D217)

Jazz ao Vivo – Carlos Calado (D227)

O Jazz como Espetáculo – Carlos Calado (D236)

Artigos Musicais – Livio Tragtenberg (D239)

Caymmi: Uma Utopia de Lugar – Antonio Risério (D253)

Indústria Cultural: A Agonia de um Conceito – Paulo Puterman (D264)

Darius Milhaud: Em Pauta – Claude Rostand (D268)

A Paixão Segundo a Ópera – Jorge Coli (D289)

Óperas e Outros Cantares – Sergio Casoy (D305)

Filosofia da Nova Música – Theodor W. Adorno (E026)

O Canto dos Afetos: Um Dizer Humanista – Ibaney Chasin (E206)

Sinfonia Titã: Semântica e Retórica – Henrique Lian (E223)

Música Serva d'Alma: Claudio Monteverdi – Ibaney Chasin (E266)

Para Compreender as Músicas de Hoje – H. Barraud (SM01)

Beethoven - Proprietário de um Cérebro – Willy Corrêa de Oliveira (SM02)

Schoenberg – René Leibowitz (SM03)

Apontamentos de Aprendiz – Pierre Boulez (SM04)

Música de Invenção – Augusto de Campos (SM05)

Música de Cena – Livio Tragtenberg (SM06)

A Música Clássica da Índia – Alberto Marsicano (SM07)

Shostakóvitch: Vida, Música, Tempo – Lauro Machado Coelho (SM08)

O Pensamento Musical de Nietzsche – Fernando de Moraes Barros (SM09)

Walter Smetak: O Alquimista dos Sons – Marco Scarassatti (SM10)

Música e Mediação Tecnológica – Fernando Iazzetta (SM11)

A Música Grega – Théodore Reinach (SM12)

A Ópera Barroca Italiana – Lauro Machado Coelho (HO)

A Ópera Romântica Italiana – Lauro Machado Coelho (HO)

A Ópera Italiana após 1870 – Lauro Machado Coelho (HO)

A Ópera Alemã – Lauro Machado Coelho (HO)

A Ópera na França – Lauro Machado Coelho (HO)

A Ópera na Rússia – Lauro Machado Coelho (HO)

A Ópera Tcheca – Lauro Machado Coelho (HO)

A Ópera Clássica Italiana – Lauro Machado Coelho (HO)

A Ópera nos Estados Unidos – Lauro Machado Coelho (HO)

A Ópera Inglesa – Lauro Machado Coelho (HO)

As Óperas de Richard Strauss – Lauro Machado Coelho (HO)

Rítmica – José Eduardo Gramani (LSC)

Impresso nas oficinas da
Bartira Gráfica e Editora Ltda.
em novembro de 2011